CONTRE CULTURE

CHRONIQUES

JEAN ROUZAUD

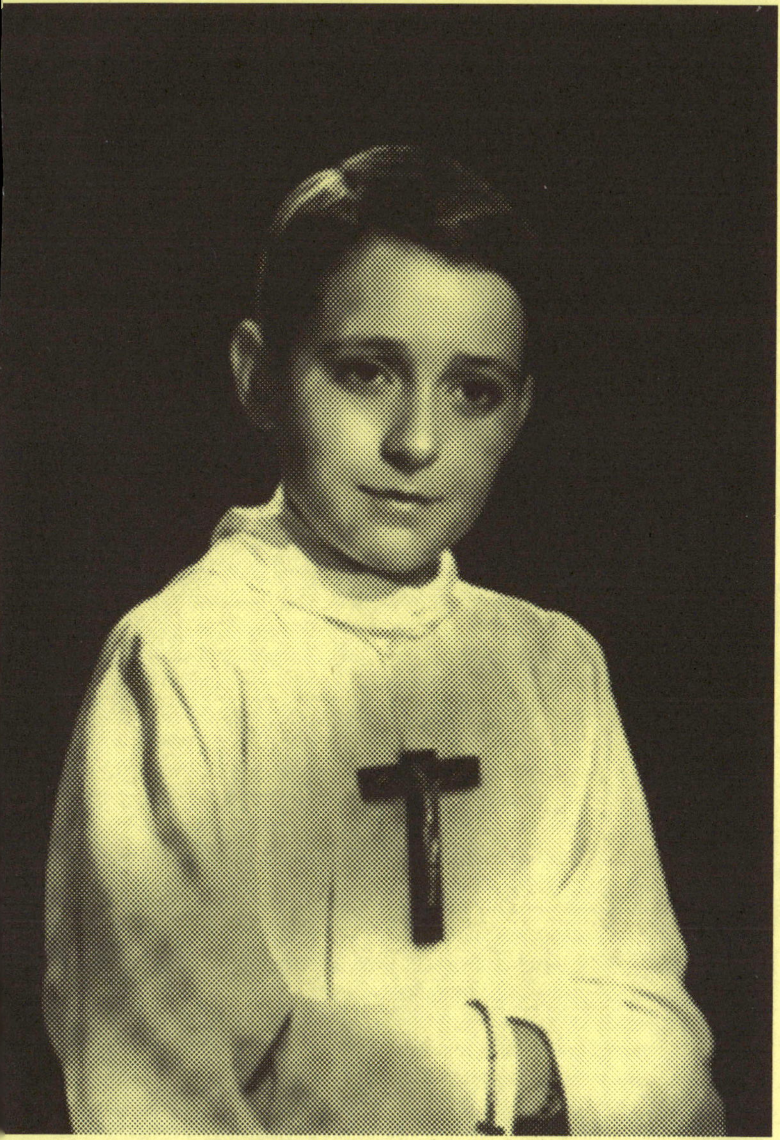

A

AMADO JORGE

Un grand auteur, doublé d'un militant

Jorge Amado (1912–2001), le Brésilien magique de Bahia, fut un auteur moderne et engagé, qui choisit de raconter la vie des exploités et des laissés-pour-compte. À 20 ans, il est à Rio pour des études de droit. Déjà il a dans l'idée de défendre les communautés noires et métisses, véritable prolétariat du Brésil. Ses engagements l'obligeront à s'exiler. Membre du parti communiste brésilien, il devra une première fois fuir en Argentine et Uruguay en 1941 et 1942. Marié à deux reprises, il aura un fils, Joao Jorge. Avec sa deuxième épouse Zélia Gattai, il se rend en Tchécoslovaquie puis en Union Soviétique, croise Picasso et Aragon au PC et revient au Brésil en 1955, où il lâche parti et politique. Il reste l'auteur le plus adapté au cinéma et à la télévision dans son pays. Et lorsque Mitterrand le décora en 1984, il était déjà primé et reconnu.

Sa façon de raconter les communautés de travailleurs noirs, leur exploitation sans limites dans cette première moitié du XXe siècle au Brésil, nous plonge dans une suite de l'esclavage, mais nimbée de bonne humeur, de naïveté et d'insouciance. Ayant lui-même été dans les exploitations de cacao de Bahia, il peut décrire la fatigue, la survie des journaliers travaillant dans les cosses qui leur encollent les mains et les pieds tandis qu'un bon maître leur reprend ce qu'il leur a payé en nourriture et cabane, quand il ne s'empare pas de leur fille ou de leur fiancée... C'est la vie des *fazendas*, dure et criante d'injustice. Et pourtant Amado (qui signifie « l'aimé ») tire de cette société une poésie tropicale et sensuelle où la moindre réunion prend des airs de fête. Mais si dans ses livres chacun accepte son sort en apparence, la rage bout et peut vite dégénérer en violente bagarre, voire en crime éclair.

Jeune, Amado le Blanc ressemblait à un bel hidalgo aux fines moustaches et cheveux gominés, et comme tout bon Brésilien, il mélange les amours des Noirs et des Blancs, les attirances enfantines ou animales entre des êtres pris dans une société féodale. Avec *Bahia de tous les saints*, ce sont les dockers, boxeurs et forts des halles qu'on côtoie, comme son héros et tendre colosse, Balduino, capable d'inventer des sambas et des chants que d'autres lui prendront pour les faire connaître, ou de tomber amoureux de la riche Lindinalva, aussi blanche qu'il est noir, aussi héritière qu'il est orphelin. Mais Balduino est aidé par Jubiaba, le sorcier, ou plutôt le prêtre candomblé, vaudou haïtien qui ouvre les portes de l'imagination.

Jorge Amado est un génie bienfaiteur au style fort et à l'originalité naturelle qui semble écrire sans plans ni arrière-pensée : un homme de bonne volonté, comme les héros de ses romans.

Anger Kenneth

Quand le diable hantait l'underground

Avec Kenneth Anger (1927–), le cinéaste de l'underground californien des années 1960 et 1970, on replonge dans cet univers de sciences occultes, de signes magiques et de décadence sulfureuse dans lequel baignèrent certaines colonies hippies. La réputation mondiale d'Anger est étonnante pour un homme qui n'a produit que des bribes de films mystérieux, sans son ni histoire, juste des visions autour d'esthétiques fortes. Des titres de courts métrages comme *Lucifer Rising* ou *Invocation of My Demon Brother*, ou son énorme tatouage « Lucifer » en lettres gothiques sur sa poitrine, ont néanmoins fait de lui le lien vivant entre contre-culture et satanisme. Aujourd'hui, il se dit historien de cinéma.

Né à Hollywood, gavé par sa grand-mère de *gossips people* et de films rétros, Anger va devenir connu dans les *sixties* avec son livre coup de poing *Hollywood Babylon*, ou l'envers du décor des studios. Grâce à des photos d'agences de L.A. et d'officines interlopes de détectives-indics, son livre brûlot raconte les dérives et les chutes de grandes stars (sexe, drogue et alcool). Parallèlement, il tourne avec des bouts de ficelles des séquences avant-gardistes sur travestis, *bikers* et cérémonies secrètes, ou des plans réalisés devant les grandes pyramides avec des pharaons, une marquise masquée dans les jets d'eau de la Villa d'Este à Tivoli, ou Marianne Faithfull en sorcière Lilith, se rendant à un culte nocturne entourée de moines tout droit sortis du *Nom de la rose*.

En 1950, Jean Cocteau le découvre avec un petit film (*Fireworks*) sur une *nude party* de Marines américains dignes des personnages de Tom of Finland. Doté d'un puissant sens esthétique, Anger rend certains styles cultes, notamment par son angle homosexuel et voyeuriste. Il se passionne pour Aleister Crowley, mage sataniste du début du siècle, et se convertit à sa religion, Thelema, basée sur le sexe magique. Les connexions entre Anger et tous les mondes occultes, son empreinte d'esthétique gay avant l'heure, vont faire de lui une sorte d'icône interdite, de cinéaste maudit et invisible, de mage du film magique. Il influencera Jimmy Page (Led Zeppelin) et Mick Jagger, mais aussi Bobby Beausoleil, jeune dealer californien qui sera impliqué dans la secte sanglante de Charles Manson. Il va même travailler pour Henri Langlois et la Cinémathèque française naissante.

Mais sa passion reste le côté obscur de la force et il réalisera beaucoup d'images (certaines disparues voire détruites) sur les sacrifices aztèques ou les orgies antiques (*Inauguration of the Pleasure Dome*, un de ses films manifestes). Les cérémonies d'envoûtement ou de désenvoûtement qui apparaissent furtivement dans certaines séquences vont créer une véritable mode de l'occulte chez les hippies et influenceront aussi les films de Philippe Garrel avec Nico, le *Rosemary's Baby* de Polanski, ou encore les films de Fassbinder ou Jodorowsky. Même Olivier Assayas ou

Gaspar Noé se disent marqués. *More* de Barbet Schroeder, tourné à Ibiza et Formentera, aura ce même parfum de malédiction et de paradis mêlés (sexe, drogue, soleil), accentué par la musique planante des Pink Floyd. Les Stones aussi, avec *Sympathy for the Devil*, rendront hommage à cette période où une jeunesse en révolte voudra croire au suprahumain, aux signes venus d'ailleurs ou de l'Au-delà. David Lynch, frappé par *Scorpio Rising* et ses motards fascisants et sacrilèges, gardera la musique (et son titre) choisie par Anger : *Blue Velvet*, inquiétante ballade portée par la voix éthérée de Bobby Vinton. Ce qui reste de ce moment de dérive se trouve dans les films de Kenneth Anger, dont le pouvoir de fascination n'a pas faibli.

COFFRET DVD *Kenneth Anger : The Magic Lantern Cycle*, Potemkine Films.

ANTI-TECHNO

On peut taper sur le progrès

Donnons un coup de pied salutaire au postérieur replet des techniques et des sciences en général, de ces fameux progrès qu'imposent les gouvernements ! Car n'en doutez pas : toute découverte ou technique doit d'abord servir l'État et les entreprises affiliées. L'histoire mondiale est jalonnée de ces inventions et techniques qui font trimer les peuples et sont sur-utilisées pour le travail, le contrôle, la colonisation, la guerre et les usines. Malgré les protestations de quelques penseurs ou philosophes, il n'existe aucun organisme international chargé de tempérer l'usage des inventions afin d'en prévenir les dangers, que ce soit en matière humaine ou écologique.

Chez nous, entre 1945 et 1975, l'ouvrier des mines de fer de Lorraine extrait dix fois plus de minerai grâce aux machines et les accidents et maladies professionnelles augmentent en proportion. Dans les mines de charbon, la mécanisation engendre des poussières qui multiplient les risques sanitaires. Pendant la révolution industrielle et dès la fin du XVIIIe siècle, chaque invention réduit au chômage des milliers d'hommes, et oblige les femmes à la prostitution – 200 000 prostituées à Londres au XIXe siècle – par manque de travail et sous paiement. Les bénéfices permis par les machines ne sont presque jamais partagés avec les employés. Seuls quelques dockers obtiennent par la force un peu de redistribution.

Au milieu du XIXe siècle, le train est caricaturé par le peintre Daumier, qui y voit la perte du contrôle de l'espace et du temps, et une invention de l'homme pressé. De son côté, Gandhi explique la conquête de l'immense Inde par les Anglais en invoquant également le train, qui permet l'envoi des troupes et du matériel et le contrôle de la colonisation. Dans son poème *Melancholia*, Victor Hugo dénonce aussi l'horreur mécanique et le travail des enfants. Zola rédige *L'Assommoir* pour décrire les atrocités des mines. Byron soutient les Luddites, ces émeutiers anglais qui détruisirent des métiers à tisser en signe de protestation. Les monstres industriels sont si puissants que Thomas Carlyle appelle cet âge mécanique le mammonisme ou culte du dieu Argent. Tout le mouvement romantique se bat contre le progrès inhumain et destructeur. Baudelaire déplore les idées grotesques de ces inventions « qui jettent des ténèbres sur tous les objets de la connaissance ». Seul Auguste Comte et le catéchisme positiviste des Saint-simoniens exaltent les sciences comme la continuation de l'œuvre de Dieu !

La guerre de 1914 va montrer ce que peut faire l'industrie : bloquer des armées entières enterrées sous les bombes, les gaz, les chars, les canons, les avions ! Un demi-siècle plus tard, les futuristes chanteront aussi le sublime progrès, la vitesse, l'avion, l'acier, dans une sorte de modernisme réactionnaire, mais les Nazis vont appliquer les coups de boutoir de l'industrie lourde à la guerre éclair. Jules Verne, qui pourtant adorait les inventions, finira par accuser les savants de folie. Un siècle plus tard, Philip K. Dick fera le même constat : le progrès rend fou et paranoïaque ; la science mène à un mode d'existence absurde et schizophrène.

Les partisans de la science sont souvent exaltés et mégalomanes, et ses détracteurs demandent la plupart du temps un dosage des progrès, et du temps, pour s'habituer. Mais les humains abusent d'abord des nouveaux pouvoirs avant de réfléchir aux horreurs qu'ils provoquent. Les richesses de la Terre sont pillées. Notez que ce ne sont jamais les inventions elles-mêmes qui sont en cause, mais l'usage abusif qu'on en fait.

LIVRE *Techno-critiques. Du refus des machines à la contestation des technosciences*, François Jarrige, La Découverte, Paris, 2014.

Arnimal

Transhumance

À une époque où les courants artistiques sont explosés, où la technologie, mais aussi la « rétromania » et les délires individuels ont envoyé l'art aux quatre coins de l'univers mental, découvrir une vraie tendance relève du défi. Pourtant on observe ces dernières décennies dans l'art contemporain – minimal, conceptuel, installations, performances et autres démarches – une répétition du thème « animal ». C'est une vieille obsession datant de l'Antiquité (Mésopotamie, Grèce, Égypte) où l'on déifiait nos amies les bêtes en grand. Puis vint le Moyen Âge avec ses gargouilles et ses animaux bibliques sur les cathédrales. Ce furent ensuite les monstres des enfers, suivis par les portraits des collections d'animaux de races croisées des ménageries des princes (chiens, chevaux, oiseaux rares). Restèrent enfin l'entomologie et quelques bronzes assez gothiques, avant que les temps dits modernes ne tuent l'inspiration avec les élevages en batteries et les abattoirs industriels.

Et puis, dans les années 1970, Niki de Saint Phalle bâtit des animaux géants et colorés comme une ode enfantine à la nature et aux créatures. Dans une tout autre démarche, et après avoir refusé de fouler le sol américain, Joseph Beuys se faisait enfermer à New York avec un coyote en guise de protestation contre la destruction de l'Amérique indienne et sauvage. Aujourd'hui, Gilles Aillaud ne peint que des animaux tristes, affalés sous des néons dans des ménageries en béton – constat à la Kafka. Gloria Friedmann, elle, reconstitue en plein musée des coins de nature avec des cerfs, daims et bœufs vivants ou empaillés, regroupés dans une série baptisée *Les Représentants*. William Wegman ne photographie que ses chiens (des Braques de Weimar), comme des mannequins et modèles de revues, mais aussi comme des miroirs ridicules de nous-mêmes. Les chats d'Alain Séchas ou les caniches de Jeff Koons sont tout aussi kitschs et dérisoires, un peu comme les cochons tatoués de Wim Delvoye (dont il vendra carrément la peau). Barry Flanagan propose des lapins en bronze, façon Bugs Bunny, qui folâtrent en dansant.

Benoit Huot surdécore des animaux empaillés, entre carnaval mexicain et chamanisme. Elizabeth McGrath crée un bestiaire imaginaire et fantastique d'animaux impossibles en porcelaine, entre époque victorienne et décoration gothique. Kate Clark reconstitue des cervidés à face humaine qui nous regardent fixement, de l'autre côté d'une manipulation génétique, genre *L'île du docteur Moreau*. Thomas Grünfeld recolle beaucoup de mammifères avec des têtes d'oiseaux naturalisées, genre Frankenstein. Damien Hirst a tranché des vaches et des requins entiers, dans la longueur, histoire de choquer avec des pièces quasi impossibles. Xavier Veilhan, au contraire, a stylisé chevaux et requins comme des avions furtifs – haute technologie et métal. Dernier arrivé dans cette galaxie : Chen Wenling. Après avoir multiplié des cochons obscènes, il vient de produire grandeur nature, en résine, un hippopotame volant et un taureau à réaction... Les raisons de ces artistes sont parfois obscures, voire inexistantes, mais la gêne coupable et la folie humaine meurtrière qui entourent le règne animal passif et silencieux, beau et mystérieux, restent palpables à travers tous les siècles.

Art américain

Le retour des oubliés

Hormis l'éternel Edward Hopper, les peintres américains des années 1930 demeurent largement inconnus en Europe. Or la Grande Dépression de 1929, ajoutée aux influences européennes, fit sauter bien des blocages. Le système américain, en crise, ne dictait plus de critères moraux ou esthétiques. Et grâce aux expressionnistes, futuristes et surréalistes, les artistes américains découvraient des possibilités incroyables. Ainsi allaient se faire jour un peu partout des personnalités marginales, avec des peintures libres, incroyablement variées, tant au niveau du style que du fond : des paysages, des paysans, des symboles, mais aussi des villes, des cinémas, des night-clubs ou des plages, et même des toiles de révolte ou d'angoisse – du jamais-vu chez l'oncle Sam, qui prônait jusqu'alors des peintures historiques, décoratives, mièvres ou idéalisées. Tout à coup, avec la crise monétaire et la surproduction agricole qui jette à la rue des milliers de fermiers, les vannes de l'inconscient s'entrouvrent.

À l'époque, le pays immense n'a pas vraiment d'académisme. Pour vivre, certains artistes doivent faire des illustrations de presse ou de pub, d'où cette liberté dans le choix des formes, des angles, des cadrages. Le style arty, inspiré des tableaux célèbres, ne s'est pas encore posé comme une chape de ciment, et l'Amérique n'a pas encore été frappée par l'abstrait, le pop, puis le minimalisme desséchant. On assiste alors à une floraison de personnalités originales, hors de tout cadre ou obligation, un peu comme notre facteur Cheval en France. Une série de cas uniques !

Thomas Hart Benton, qui fut le prof de Jackson Pollock, peint des scènes rurales, comme en mouvement. Paul Cadmus souligne excessivement les corps avec des vêtements comme collés à même la peau et crée une sensualité de foule. Georgia O'Keeffe met ses fleurs géantes au cœur de décors symboliques. Joe Jones montre un lynchage de femme noire par le Ku Klux Klan. Reginald Marsh est un Hopper plus raffiné et vibrant. Grant Wood dépeint comme un primitif flamand une Amérique rurale lisse et inquiétante, souvent vue d'avion. Tous ces styles forment un kaléidoscope de l'Amérique profonde, insondable, entre John Steinbeck et William Faulkner, deux auteurs qui ont su décrire cette période efflorescente et créative malgré les drames et la violence de l'entre-deux-guerres. C'est l'Amérique archaïque et variée, marginalisée par le monde moderne et le nouvel académisme artistique.

CATALOGUE *La Peinture américaine des années 1930*, musée de l'Orangerie, Hazan, Paris, 2016.

ART-NARCHY

De Jamie Reid à Devo

Chaque mouvement culturel digne de ce nom envahit notre environnement par tous les moyens : photos, musique, journaux, mode, magazines, déco, etc. Même le jazz fonctionnait avec des speakeasies enfumés, des mecs en costard sombre, des filles habillées arty ou carrément cocktail, et des magazines, affiches et pochettes de disques inspirés de l'art abstrait, géométrique, aux couleurs franches. Cette musique lança la mode urbaine, les bars, les caves, les existentialistes, le spleen, la dope et l'underground cool attitude. Vingt ans plus tard, c'est le mouvement punk qui viendra balayer près d'une décennie d'underground, de hippies, de folk, de psychédélisme rétro ou indianisant, de couleurs et de volutes cachemire. Mais le punk est diversifié, débordant d'individualités fortes et d'influences opposées. Le noir, le cuir, le SM et les épingles à nourrice ne sont que la partie émergée d'un iceberg assez monstrueux, qui tient compte de pas mal d'images héritées, charrie toutes sortes d'obsessions et compte des musiciens sortis d'école d'art. Cette génération de 1977, saturée d'images, utilisera toutes ses références – magazines, ciné, art, pop, mode et peinture – pour les transformer en autre chose.

Dans sa boutique, Vivienne Westwood est rockabilly (tout comme Malcolm McLaren), obsédée par les Teddy Boys et les Creepers. Jamie Reid, le premier et grand artiste punk – créateur des affiches des Pistols, des t-shirts « Sex » ou « Seditionaries » (les noms successifs du magasin Westwood) et de pochettes célèbres comme celle de *God Save the Queen* (la Reine Élisabeth avec épingle à nourrice) – n'est qu'un hippie avec tresses et cheveux filasses, toujours habillé en routard *baggy* (aujourd'hui encore des dreadlocks entourent son visage buriné de vieil Indien). Ne pas se fier aux apparences, donc. Et même si beaucoup de punks voulaient balayer les hippies, il y eut pas mal d'interconnexions entre les deux mouvements, notamment en Angleterre, où punks et rastas firent très bon ménage. Au nombre des bagages punks figuraient aussi du style pop, des couleurs fluos, des tatouages et des piercings, des mèches de couleurs (sur pelades rasées), des Dr. Martens (*skin*), des accessoires de quincaillerie high-tech ou de centre commercial. Et niveau « art », on retrouvait pas mal d'idées venant de la peinture expressionniste allemande, du suprématisme russe et du minimalisme européen en général.

Voilà donc le cocktail punk : le froid, le nul, le banal, le brouillon, le *trash*, l'ennui et l'absence de futur comme horizon. Mais attention, sous l'apparent désordre, il y a de belles maquettes à l'esthétique grouillante ou glacée, droite ou tordue, flashy ou dark, provocante ou rigolote. Les compositions et les typographies sont choisies et agencées avec soin à partir de caractères découpés dans des quotidiens, façon lettre anonyme. Les artistes punks déchirent les affiches de rues et les catalogues de vente pour en extraire des images ou des signes absurdes : talons aiguille, fers à repasser, chaînes, photos pornos, symboles militaires, écussons, ruines, couteaux ou pistolets, fouets et clous, femmes nues, images de guerre ou du quotidien. Car beaucoup de ces artistes, y compris les musiciens, sortent d'école d'art ou de graphisme. Ils savent fabriquer des images. Souvent, leur musique n'est venue qu'après. Enfin, les punks ont multiplié magazines et photos, et se sont même livrés à une mode expérimentale : vêtements couverts de *drippings* à la Jackson Pollock, lettres au pochoir comme les lettristes, slogans sur t-shirts et autres chaussures. Le maître mot de l'art punk est « détournement » : tout utiliser, tout récupérer. Et leur mot d'ordre lui-même – « *Do It Yourself* » – est un emprunt aux premiers hippies et autres hipsters.

LIVRE *Art of punk La musique, le graphisme, le stylisme*,
Alex Ogg et Russ Bestley, Hugo Image, Paris, 2012.

ARGENTO ASIA

Diva déjantée

Je lis souvent les journaux avec une semaine, un mois, voire un an de retard. L'effet est saisissant : 90 % ce qui a été écrit devient carrément stupide après-coup ! L'effet de scoop est un soufflet qui s'aplatit vite. Le film d'Asia Argento, *Scarlet Diva*, date de l'année 2000 : on est dans les temps pour voir si ce coup d'essai a tenu la distance... Même si elle avait déjà joué très jeune, c'était son premier film devant *et* derrière la caméra, elle avait une vingtaine d'années. Elle y incarne une starlette italienne qui se lance dans tout : baise, drogue, violence, groupisme, autodestruction. Bref, le catalogue presque complet des « interdits ». On note les points communs entre sa vraie vie et ce rôle à la limite du masochisme, puisque la jolie, sexy, branchée, rapide et gonflée Asia se fait quand même un peu ratatiner la tronche par une bande de pervers. Les autres personnages sont troublants, comme la copine qui aime se faire cogner ou le producteur obsédé et sans vergogne qui course Asia à poil dans les couloirs d'hôtels – producteur interprété par son ami l'artiste Joe Coleman, génial miniaturiste et prêcheur de l'underground.

Le film tient un peu du conte philosophique, puisque l'héroïne paumée franchit en disciple les étapes successives d'une quête d'amour désespérée censée la libérer et la mener au bonheur. Mais c'est aussi un voyage initiatique, une traversée des cercles de l'enfer à base d'extases et d'expérimentations, jusqu'au niveau final, mystique – Alléluia ! Enfin, *Scarlet Diva* a un côté « manifeste de la post-féministe ultra libérée », entre *Riot grrrl* et *Guerilla Artist*. Asia se paie même le luxe de citer son père Dario, avec une scène à la manière de son géniteur, filtrée aux gélatines rouge et verte, ambiance *Dracula*, façon *Giallo*. Elle parodie aussi son camarade réalisateur Abel Ferrara (qui l'a fait tourner dans *New Rose Hotel* en 1998) dans un délire créativo-destroy avec un multi-addict génie hystérique, sale, sanglant et puant.

Depuis, Asia a réalisé *Le Livre de Jérémie* (2004) avec Marilyn Manson. Plus éclectique et active que la plupart des acteurs confits dans le ciné, elle fait aussi de la musique avec le génial bluesman portugais The Legendary Tigerman. Elle a même mixé à Nova, et sorti un album électro : *Total Entropy*. Bref, la petite Argento reste drôle et intéressante malgré ses provocations en rafale, ses excès en tout genre et ses dérapages contrôlés, aidée par un corps flexible et une belle tête de Gréco-latine. Alors même si je n'ai pas tout compris à *Scarlet Diva* – film « coup de pompe dans les burnes », où les hommes sont pires que tout – au moins aurais-je tenté de cerner cette citoyenne du monde postmoderne, au charme si singulier.

DVD *Scarlet Diva*, d'Asia Argento, Bach Films.

Ayers Kevin

Surdoué discret

Kevin Ayers (1944 – 2013) était un chanteur touché par la grâce. Ce représentant du « cool » a joué avec les plus grands, la bande de Gong et celle de Soft Machine (où il tenait la basse). Avec le merveilleux Robert Wyatt, il nous a offert des musiques pop et psychés, inventives, variées, poétiques et toujours mélodieuses, aux trouvailles et variations dignes de Captain Beefheart.

Avec Kevin Coyne, Syd Barrett, John Cale et quelques autres, Ayers appartient à la frange magique des grands auteurs interprètes du début des années 1970 – des artistes complets plus que de simples rockers. L'étiquette de « rock progressif » ne convient pas à cet homme trop aérien et trop doué pour correspondre à cette école intello et parfois lourdingue. Réécoutez *Lady Rachel* ou une autre de ses ballades inspirées : sa voix grave ultra douce vous fera comprendre ce que le mot « doué » veut dire. Il a pourtant préféré quitter le showbiz dès les années 1970 et se tirer aux Baléares. Ensuite il est parti dans le Sud-Ouest de la France, en quête de coins tranquilles. Sans doute ne se reconnaissait-il plus dans les époques 1990 et suivantes. Et puis son honnêteté lui interdisait de se répéter. Voilà ce qu'on peut dire d'un garçon dont nous avons finalement été privés, pas fait pour le business, mais qu'il faut réécouter, pour un supplément d'âme.

B

Balenciaga Cristóbal

Le prêtre de la mode

Tout le monde connaît le nom de Cristóbal Balenciaga (1895–1972), mais personne ou presque n'a la moindre idée de la démarche de ce couturier à part qui passe pourtant pour un grand classique. Christian Dior, qui l'appelait « le maître », disait : « On ne fait que suivre ce qu'il indique. » Hubert de Givenchy affirmait qu'il était sa religion avec l'Église. Ses clientes n'étaient pas seulement riches, mais aussi de haute noblesse, reines ou princesses. Ses défilés étaient silencieux, il ne jouait pas le *show* et ne s'intéressait qu'à la coupe. Né pauvre au Pays basque espagnol, Balenciaga travailla dès l'âge de 14 ans. Très vite, son talent lui permit d'ouvrir des maisons de couture en Espagne et en France. Les photographes, qui rêvaient d'immortaliser ses robes, ont magnifié ses allures extraordinaires sur des mannequins au sommet de leur métier. Et le couturier a conquis l'Amérique comme il avait séduit l'Europe. Il a lancé le noir, qu'il plaçait haut dans la gamme de l'élégance, car il voulait le dessin et la ligne, comme tracée à l'encre, mais dans la réalité.

Discret mais aussi puritain, toujours impeccable en costume trois-pièces sombre et ultra classique, Balenciaga voulait que le corps n'apparaisse pas trop, voire pas du tout. Il a donc inventé des coupes et des volumes amples, des arrondis, des cols châles immenses, des manches larges, des plissés, des volumes artificiels, des robes basculées dans le dos, des froncés ou bouillonnés devant, des chapeaux surdimensionnés... Il avait l'obsession d'une silhouette qui n'existe pas : à part la taille, parfois prise, il regonflait tout, accentuait les courbes et inventa presque la posture des mannequins : bassin en avant, tête en arrière, une jambe tendue et l'autre inclinée pour le déhanché. Ainsi, ce pape de l'austérité, ce catholique fervent, cet inventeur de l'élégance absolue, cet homme qui recréa la « classe » moderne, dira-t-il sur le tard que la vie de couturier est une « vie de chien ».

La grande inspiration de cet enfant pauvre du Pays basque était le vêtement de travail des marins ou des ouvriers, en coupe simple et toile épaisse qui donnent justement ces volumes, cette ampleur et ces plis majestueux. Balenciaga tenait tant à la « tenue » des tissus qu'il fit créer une matière, le gazar, pour réaliser ses architectures. Il fut le maître de la sculpture en mode, utilisant tout son talent pour décaler et décintrer les lignes. Et il devint ainsi le seul « couturier des couturiers », reconnu par tous, et encore inégalé aujourd'hui.

BARRETT SYD

Poudre de Pink Floyd

Syd Barrett (1946 – 2006) est le membre mythique des Pink Floyd, qui après quelques morceaux étincelants fit une plongée libre dans le LSD et disparut par étapes entre 1967 et 1972. Cette icône du rock psychédélique devint un mythe rimbaldien, abandonnant comme le poète son art pour se lancer dans d'autres activités plus obscures (le trafic d'armes en Éthiopie pour Rimbaud). Tout commence entre 1962 et 1966. Aspiré par la Beatlemania et la vague de la British Invasion, Barrett accumule groupes rock et tentatives diverses. Au Technical College de Cambridge, il fait la rencontre de David Gilmour et s'essaie à la peinture et aux stupéfiants. À partir de là s'enclenche la démarche classique des bons potes, qui enrôlent un à un les membres de l'énième groupe qui va enfin marcher, manager et label compris. Barrett joue et répète ses gammes du rock, du succès, des dérapages, des coups de génies et des coups du sort qui font le parcours du combattant rock et seront modulées à l'infini durant les cinq décennies suivantes.

On ne peut pas imaginer ce que fut la folie des hallucinogènes dès 1964, et la frénésie avec laquelle une génération entière se jeta dessus. Pourtant les récits ne manquent pas du Swinging London sous LSD, véritable passion venue de Californie, mais portée à l'extrême d'un style de vie dans la capitale britannique.

Au cœur de ce cyclone, Syd Barrett se retrouve vite entouré des plus extraordinaires poètes et musiciens : Robert Wyatt, Kevin Ayers et les tribus de Gong et Soft Machine, tous amateurs de jazz, de musique rare ou baroque, et paroliers inspirés. Il crée le nom « Pink Floyd » avec le prénom de deux bluesmen qu'il croise, Pink Anderson et Floyd Council. Auteur de trois singles, puis des titres du futur premier album du groupe, Barrett enclenche la mise à feu de la fusée Pink Floyd, qui devient dès 1966 le groupe psyché le plus célèbre de la planète pop rock.

En 1967, secoué par le génie des Beatles qui viennent d'abasourdir le monde avec *Revolver* et *Sgt. Peppers*, emporté par des expériences de toutes sortes – argent, sexe, errance, crises, mélanges ahurissant de substances, visions, mutisme ou exhibitionnisme – la créativité de Barrett vire au cauchemar. En deux années de folie, d'excès, de délires, devenu un pur poète psyché, vêtu de satin, de couleurs fluo, maquillé, échevelé, pieds nus ou en *platform boots* lézard, affichant un comportement erratique ou hébété, il est abandonné. Ses managers le lâchent, puis son groupe : Gilmour remplace à la guitare celui qui est absent, en retard ou pas en état d'aligner deux notes ! Mais sa légende est en train de naître. C'est le début des mystères, de la disparition et d'un jeu de cache-cache avec les journalistes rock qui durera jusqu'à sa mort, quarante ans plus tard.

En allant voir sur le Net ou en écoutant des morceaux, on aperçoit ce visage pâle aux immenses yeux noirs, ces couleurs floues et ces ballades à la guitare qui deviennent planantes et tournent parfois au dévissage galactique, saturé *noise*. Les Pink Floyd perpétueront ce « message » barrettien, avec des claviers bidouillés par eux, pour des échos, *glissendos* et réverbs qui feront date. Le personnage « *too fast to live, too young to die* » de Barrett inscrit donc les commandements d'un rock illimité et d'un comportement considéré comme antimatérialiste, suicidaire mais résolument poétique. On le surnomma le « Diamant noir ». À vous de voir si le sabordage va plus loin que la réussite, et si le détachement matériel allant jusqu'à l'oubli de soi est plus noble et chic que le succès.

LIVRE *Syd Barrett, le rock et autres trucs*, Jean-Michel Espitallier, Le Mot et le Reste, Marseille, 2009.

BARTHES ROLAND

Dictionnaire franco-Barthes

Au début des années 1970, une fois passés les délires révolutionnaires, maos, guévaristes ou trotskistes, déferla une vague d'intellectualisme agressif avec un clan d'intellos tenant le haut du pavé. Les groupies allaient les écouter dans des facs. Étudiants et diplômés squattaient leurs séminaires. On ne jurait plus que par Deleuze, Guattari, Sollers, Foucault ou Lacan, dans un pot-pourri d'idées, d'avant-garde, de philo, de dialectique, et de psychanalyse. Il n'y en avait plus que pour le « surmoi », le « ça », l'inconscient – souvent collectif – le tout enveloppé d'un parfum de libération, de sexualité et de « quête de sens ». Tout était prétexte à analyse, démontage du sens caché, prise de conscience et prise de tête : argent, prison, sexe, information, comportement, violence et passion. Toute la vie était captive de ces savants cerveaux à la mode, qui avaient remplacé les vieux mandarins des institutions et des universités. Un clou chasse l'autre.

C'est alors que mes camarades d'*Actuel*, Patrick Rambaud et Michel-Antoine Burnier, commencèrent à contre-attaquer. Leur première parution, *Le Roland Barthes sans peine*, d'une réussite, d'une drôlerie et d'une pertinence toujours renouvelées, parodiait le style du sémiologue des beaux quartiers, mais comme un « mode d'emploi » avec exemples, commentaires et exercices à faire sur cette nouvelle grammaire jargonneuse. Redéfinir notre monde à travers ses signes, ses symboles, comme un langage caché de nos intentions et de nos pulsions, c'était très bien, mais il y avait abus ! D'où ce délicieux pastiche (ils en firent d'autres), avant de scénariser mes parodies de bande dessinée dans *Actuel* puis en albums (de Tintin à Astérix, de Gotlib à Druillet – toutes les idoles des bédéphiles y passèrent). Il est temps de recommencer à parodier tous les petits maîtres d'aujourd'hui.

LIVRE *Le Roland Barthes sans peine*, Michel-Antoine Burnier et Patrick Rambaud, Éditions Chiflet & Cie, Paris, 2015 (réédition de l'ouvrage initialement paru aux éditions Balland en 1978).

Bashung
Alain

Rocker cultivé, donc paradoxal

C'est Nova qui ressort en livre les meilleurs moments d'Alain Bashung (1947 – 2009), des propos échangés avec quelques journalistes plus curieux et sentimentaux que les autres. Le résultat est émouvant. Non seulement le chanteur parle franchement de son enfance isolée, de sa famille pas terrible, de sa différence et de ses frustrations, mais il analyse aussi ses échecs, les affres du showbiz français (le pire ?) et les contorsions auxquelles doivent se soumettre les artistes pour s'exprimer. C'est dit : les directeurs artistiques étaient tout sauf artistiques et encore plus bourrins dans le rock-cliché. Alain Bashung était un oiseau trop exotique pour les franchouillards et il fallut les jeux de mots de Boris Bergman pour le sortir de l'ornière (une peu comme Dutronc avec Lanzmann). Je rappelle que Nino Ferrer s'est flingué. Car les *sixties* s'étaient attardé sur l'Hexagone, et Bashung s'accrochait à ses pairs, d'Édith Piaf à Gene Vincent. Il n'a pas peur de citer Aznavour ou Ray Charles comme des incontournables, mais la suite de ses références est tout aussi éclectique : Link Wray, Arto Lindsay et même Scott Walker (renseignez-vous, ça vaut le coup).

Si les mots « bizarre » ou « incompréhensible » lui collaient à la peau, il s'agit en réalité d'un artiste qui ne prenait pas le public pour un con et qui a trouvé en lui une note rare, des paroles poétiques et décalées, sans genre répertorié par le marketing. L'autre grande idée de ces entretiens est que Mister Bashung ne se sent pas donneur de leçons. Il pense que les injonctions morales sont inefficaces, qu'il faut parfois jouer le paradoxe rock'n roll – sexe, drogue, etc. – et que chacun dosera. Ce sont les propos tout en nuances d'un homme détaché. Parce qu'il en a vu pas mal dans son parcours du combattant (il a travaillé avec Gainsbourg, Miossec), et il peut citer Moondog, Terry Riley, Tangerine Dream et d'autres minimalistes ou répétitifs. À l'inverse, il désigne aussi la puissance du punk (un des derniers grands mouvements culturels) et cite Richard Hell ou encore Nick Cave. De toute façon, un mec qui à 13 ans faisait des reprises des Spotnicks est forcément un type pointu et original... parti trop tôt.

LIVRE *Ultime : Alain Bashung. Interviews & conversations*, **Éditions Nova, Paris, 2017.**

BATAILLE GEORGES

Saint provocateur

La première moitié du XXe siècle fut une des périodes les plus agitées de l'histoire, avec deux guerres mondiales, une activité culturelle intense – philo, art, révolution culturelle en Russie – et une Europe frénétique de découvertes. L'invraisemblable Georges Bataille (1897 – 1962) fut un des représentants de cette folie créatrice, de cette curiosité sans limite, de cette agitation idéologique et de ce désir irrépressible de chambouler le monde et de le pousser dans ses derniers retranchements. Auteur d'une œuvre inclassable dont il se vantait – philo, économie, anthropologie, sociologie, histoire de l'art – mais aussi d'envolées mystiques et de livres qualifiés de pornographiques, Bataille critiquera aussi bien les Soviétiques que les surréalistes, tout en les comprenant. Fondateur de revues (*Documents*, *Minotaure*, *Acéphale*, *Critiques*), il sera suivi par Salvador Dalí, Pablo Picasso, Michel Leiris, René Char, André Masson et beaucoup d'autres, reléguant André Breton au musée comme un vieux proviseur desséché.

Bataille analyse les artistes les plus décalés – Proust, Kafka, Genet, Sade – affirmant que la littérature et le mal sont liés. Ne s'imposant aucune censure, il écrira les pages les plus choquantes de la littérature française dans *Madame Edwarda*, *Le Bleu du ciel* ou *Histoire de l'œil*. Inceste, orgie, sadisme, masochisme ou sexe effréné, il réinvente les mots « choquer » et « provoquer ».

Mais un peu comme Jean Genet, il porte le péché et le scandale vers une religion purificatrice et sacrificielle, affirmant que « la littérature est l'essentiel, ou n'est rien ». Comme Artaud, il est attiré par la mystique chrétienne, puis songe à créer une mythologie et une religion nouvelles, entraînant quelques amis dans des rituels presque chamaniques, avec sacrifice humain – attitude monstrueuse, qu'il reniera. Mais il se ruinera tout de même pour une prostituée.

Anti-bourgeois et anticapitaliste, détestant les institutions et le nationalisme, Bataille repère la perversité du fascisme. Ne croyant pas aux mouvements prolétariens, il tente d'inventer l'intellectuel révolutionnaire. En réalité sa démarche est unique, il n'est lié à personne. Ses études culottées, extrémistes, visionnaires, notamment sur le comportement et l'esthétique, ne connaissent pas de limites. Il multiplie les écrits sur quantité de sujets : émeute, révolution, prostitution, politique ou argent. Fasciné par le corps, le péché, le sexe, la prostitution, le délire, le sacré, le crime, la mythologie, le tragique, la mort, il aura une vie très agitée (même avec ses compagnes comme Sylvia Bataille, une actrice qui finira avec le psychanalyste Jacques Lacan), se fâchera souvent avec ses amis artistes, qui pourtant vendront leurs œuvres à son profit, pour qu'il s'achète un appartement : Georges Bataille, souvent fauché, a besoin d'un toit.

Lui, l'antisocial, l'antinational, l'anti-idéaliste, l'anti-tout, fascine son époque. Si certains le traitent de pervers ou de malade, l'étendue de ses écrits et idées lui valent un respect quasi absolu. Tous les révolutionnaires comme Michel Foucault le citent comme une influence majeure. Lire Bataille, c'est se pencher au-dessus du vide et fixer l'infini de l'homme, jusque dans ses excréments.

BAUDELAIRE CHARLES

Poète et incorrect

Je savais que Baudelaire (1821–1867) n'aimait pas les Belges, qu'il considérait comme un peuple inférieur. Ils se sont magnifiés depuis avec Magritte, Delvaux, Hergé, Jacobs, Franquin, Ensor... Mais grâce à son essai inachevé, *Mon cœur mis à nu*, il dévoile l'ampleur de son mépris et ses adversaires sont nommés. À vous de découvrir, avec stupéfaction ou délectation, le culot et la franchise de cet immense poète. De nos jours, la liste de ses victimes l'enverrait au tribunal. Même déçu, amer et dégoûté du monde, il trouve la force de dire son opinion envers et contre tous : « Je veux faire sentir sans cesse que je me sens comme étranger au monde et à ses cultes. » Si nous voulons des poètes vrais, sensibles, épidermiques, médiumniques, alors nous devons prendre les crachats et les crises avec le génie. Bien d'autres grands sont cruels ou sans pitié. Il ne manquerait plus que les pirates ne passent plus à l'abordage ou que les courtisanes minaudent !

LIVRE *Mon cœur mis à nu*, Charles Baudelaire, Éditions Nova, Paris, 2017.

BEAT GENERATION

Quelques vérités sur la littérature dite « beat »

Il faut savoir que les trois mousquetaires de l'écriture « beat » que furent Kerouac, Burroughs et Ginsberg – et les autres : Cassady, Corso, Ferlinghetti, Gysin, Huncke (le « vrai » inspirateur du mot « *beat* », qui veut dire crevé, battu, foutu, et pas béat ou rythme) – n'avaient en réalité pas grand-chose en commun. C'est un coup média de l'époque, et en prime on vendit les premiers « *beat books* » comme des romans scandaleux bourrés de sexe – une littérature de gare pour refoulés ! Les couvertures ne montrent que des filles déshabillées et des fêtards en rut, un peu l'équivalent de nos existentialistes de Saint-Germain-des-Prés, avec les mêmes principes de base : sortir, boire, baiser. Le vécu, le réalisme poétique, la souffrance de la rue ne font pas vendre. Cela n'enlève rien à leurs idéaux, au rythme échevelé de Kerouac, à la sobriété sans concession de Burroughs ou aux premières visions de Ginsberg. L'originalité des auteurs est réelle, mais le groupe, lui, est disparate. Et avec le temps et l'argent sont arrivés les escrocs. Après une dizaine d'années, le mouvement hippie est venu montrer l'ampleur de leur influence, mais aussi les limites d'une génération désengagée et fuyant la réalité mercantile ou guerrière. Ensuite se sont abattus les effets pervers d'une généralisation massive d'attitudes, au départ individuelles.

Pour comprendre ces glissements, ces errements, ces frimes et autres trahisons d'idéaux beatniks, le cas de Charles Bukowski est idéal. Et c'est lui qu'a choisi l'écrivain et journaliste Jean-François Duval pour son enquête sur la Beat Generation, intitulée *Buk et les Beats*. Bukowski, l'écrivain maudit, entre John Fante et Jack Kerouac, n'a rien à envier aux poètes beats en matière de beuveries, coucheries et bagarres. En plus c'est un kamikaze qui, au moment de l'enquête de Duval, n'a plus rien à prouver et peut tout se permettre. Et comme très peu d'auteurs trouvent grâce à ses yeux, on échappe aux légendes flatteuses de fans et autres victimes du culte beat.

Dans *Buk et les Beats*, il y a un historique pour vous rafraîchir la mémoire, puis des histoires autour de Bukowski observant la montée du soi-disant mouvement beat, avec la gloire qui va empoisonner Kerouac, et enfin une longue interview plus générale de Bukowski lui-même, réalisée vers 1985 en présence de sa femme. Ce grand méchant loup y dévore les illusions qui pouvaient rester, une trentaine d'années après les faits, et après la mort de Kerouac (Bukowski lui, vivra encore une dizaine d'années). Bukowski-Chinaski (son double littéraire) n'y va pas de main morte dans cet entretien : chaque idole a son couplet et sa fausse note épinglée par le vilain Buk, empêcheur de tourner en rond, qui avait quitté le plateau d'*Apostrophes* (émission cuculte de Bernard Pivot), écœuré devant ce parterre de snobs parlant d'eux-mêmes. Hormis les deux rescapés Dostoïevski et Céline, tous les autres sont trop tendres ou complaisants à son goût : William Burroughs, qu'il a refusé de rencontrer, devenu un post-junkie froid et cérébral ; Allen Ginsberg, qui a viré Hare Krishna hippisant ; et même Jack Kerouac, qu'il accuse d'avoir déformé et vampirisé le seul vrai aventurier de l'histoire, Neal Cassady, héros de *Sur la route* et modèle des écrivains beat. Du coup, on obtient une vision écrémée, purifiée et simplifiée de cette période, débarrassée des mythes béats sur la liberté, la dérive, les vibrations cosmiques et autres inventions dues aux amphétamines, joints, vins et autres whiskies frelatés.

LIVRE *Buk et les Beats* (réédition augmentée), Jean-François Duval, Michalon, Paris, 2014.

Beaton Cecil

Vive les snobs !

Cecil Beaton (1904 – 1980) fut très connu comme photographe de mode et comme portraitiste de la cour d'Angleterre. On sait moins qu'il a dessiné des costumes pour le théâtre et le cinéma, notamment les tenues de *My Fair Lady* de George Cukor avec Audrey Hepburn et Rex Harrison. Et la plupart ignorent qu'il rédigea en 1955 un livre de souvenirs, témoignage unique réédité par les éditions Séguier avec une préface de Christian Dior et des dessins de Cecil Beaton *himself*. Initialement appelé *The Glass of Fashion*, revoilà l'ouvrage plus clairement intitulé *Cinquante ans d'élégances et d'art de vivre*. Celui qu'on surnommait le « prince des photographes » s'y révèle un chroniqueur efficace, ultra pointu, avouant sa passion des détails et de la mode, analysant les évolutions mieux qu'un sociologue et livrant des informations qu'aucun historien ne pourrait même comprendre.

Il n'est question dans ce livre que de « futilités », d'apparences, de manières et d'anecdotes sur les élégantes et dandies du début du siècle aux années 1950, avec tout ce que cela comporte de *way of life*, cette vie mondaine des anciennes stars et people qu'on appelait « Café Society ». C'est un défilé de femmes hors du commun, excentriques ou strictes, réinventant leur allure et dictant au monde ce qui « allait se passer ». Avant-garde et caprices se mêlent à de vraies visions de la société et à d'incroyables inventions vouées à disparaître ou à influencer la vie moderne. Seuls quelques stylistes uniques sont cités : Paul Poiret, Cristóbal Balenciaga (le maître absolu), Edward Molyneux, Elsa Schiaparelli, Coco Chanel. Car Sir Cecil Beaton se passionnait pour les dames du demi-monde, ces cocottes déraisonnables, artistes inspirées comme Cécile Sorel, Gaby Deslys, Jacqueline Forzane, la marquise Casati. On trouve dans cet ouvrage beaucoup de Français et Françaises, imbattables « sapeurs » !

La « sape » comme religion, comme arme, comme carte de visite, comme exercice d'excellence ! Ce fut l'Angleterre en bastion des « basiques » – smoking, trench, tweed, *whipcord*, tartans, *shetland* – mais la France en royaume de la futilité, portée au sommet d'un artisanat d'art et de qualité. C'est le « goût » français, à la fois impertinent et ultra dosé, reconnu du *Harper's Bazaar* au *Vanity Fair* où Beaton publiait régulièrement. Car il connaissait les moindres ficelles du genre et décrivait la mode comme un critique d'art analysant les robes comme des toiles de maître. Bien sûr il y a du *bling* à tout-va et des dépenses somptuaires dans ces souvenirs, mais aussi une grande lucidité sur la chute de ces élégants qui finirent ruinés.

Cinquante ans compte également des portraits saisissants de ladies de la Belle Époque réinventant leurs propres collections de mode, leur look personnel, inimitable, aux règles strictes et aux effets visuels si puissants que de nouvelles « silhouettes » apparaissent, totalement inédites. Ces femmes aux allures de lampadaires, de crevettes géantes, parfois de lustres en cristal, ont fasciné l'auteur, le photographe, le dessinateur et le costumier qu'était Cecil Beaton. Comme un ensemblier, il finit par décrire leurs intérieurs. Un chapitre de décoration clôt même ce monument de bonnes et mauvaises manières, excessives mais souvent géniales. C'est le livre d'une histoire secrète, mais dont nous apercevons encore les effets aujourd'hui.

LIVRE *Cinquante ans d'élégances et d'art de vivre*, Cecil Beaton, Séguier, Paris, 2017.

Bergman Ingmar

Shoots de Moyen Âge

Si comme moi vous aimez le Moyen Âge – que j'estime méconnu, mal jugé, voire déformé – alors tout est bon pour s'y baigner régulièrement, comme dans une fontaine de jouvence. C'est ce que proposent *La Source* et *Le Septième sceau*, deux diamants bruts du cinéaste Ingmar Bergman (1918 – 2007), avant qu'il ne se perde dans les méandres de la psychologie féminine, du couple, du sexe, de la jalousie et autres joyeuses perversions à la sauce suédoise. Considérez *La Source* (1960) comme un hors-d'œuvre. Ce film raconte la légende nordique d'une jeune fille violée dans une clairière, où jaillira une source claire – miracle, purification, symbole inversé. Vous ne pourrez pas rester insensibles à la ferme au design « chaumière viking », aux êtres rustiques couverts de cuir, peaux et lourdes étoffes, à la blonde héroïne au destin éphémère, et à l'imparable burger de crapaud, délicatement fourré par la belle sorcière.

Mais voyez surtout *Le Septième sceau* (1957), un modèle du genre. Un chevalier noir – retour des croisades, plages de galets et cotte de mailles luisante – joue aux échecs avec la mort, croise des baladins (Bibi Andersson, sublime) et quête son Graal de savoir. Une véritable *commedia dell'arte* à la nordique. Max von Sydow, croisé au visage de christ roman, comme taillé dans le bois, corps de géant aux cheveux d'or, nous interroge sans cesse sur le sens de la vie tandis qu'il repousse la Faucheuse devant un échiquier. Un cinéma culotté, sans peur de rien, au cadre somptueux de simplicité, tourné en pleine nature, et au sens subtil et ambigu. John Huston a dû voir ce film, et vingt ans plus tard il a réalisé *Promenade avec l'amour et la mort*, avec sa fille Anjelica en gente dame superbe.

Et si le cinéma n'a pas étanché votre soif de culture médiévale, le musée de Cluny à Paris présente la grande tapisserie du XVe siècle, *La Dame à la licorne*, de retour d'un rafraîchissement en Chine. Là encore, simplicité, somptuosité et sens caché : en l'occurrence les cinq sens (ouïe, toucher, vue, goût, odorat) et, paraît-il, un sixième sens mystérieux. Mais aussi l'amour, le don et même le sexe au détour de cette immense tenture rouge et fleurie aux accents de symbolisme ésotérique. Le Moyen Âge vient équilibrer notre débauche de technologie superflue et continuera d'accompagner l'avenir.

DVD *La Source* et *Le Septième sceau*, d'Ingmar Bergman, Carlotta Films.

Berlin

Du post-punk à la chute du mur

Folle période inconnue que cet intervalle 1979 – 1980 (et après) où les Berlinois, isolés dans une ville à moitié en déshérence, ont recommencé à créer. À peine remis du krautrock – Tangerine Dream, Klaus Schulze,

Kraftwerk, Ash Ra Tempel, Can, Neu, Popol Vuh, etc. – nos Allemands écoutaient encore Beefheart, Eno ou du prog rock, quand la vague punk est arrivée. Bien qu'intéressés par le rock speedé des Anglais et leurs cris anarchistes, les vrais Teutons, romantiques et intellos à la fois, jugèrent le message punk un peu court et la musique bien pauvre. Même Nina Hagen resta une Valkyrie, sans jamais copier Siouxsie ou Poly Styrene (X-Ray Spex). Car l'idée forte est que les Allemands sont de très bons musiciens, performeurs au sens expressionniste, très théâtraux, et n'ont pas perdu leur fibre Dada !

Blixa Bargeld, Gudrun Gut, Jäki Eldorado, Beate Bartel, Mona Mur, Kiddy Citny, etc. – tous ces artistes voulaient faire quelque chose de neuf, de fort, de radical : du punk à l'allemande ! Le groupe phare Einstürzende Neubauten (bâtiments neufs détruits) utilisait marteaux-piqueurs, perceuses, plaques de métal, tuyaux d'aération, bidons et barres de fer. Ceux qui les ont vus n'ont jamais oublié la déflagration de leurs *shows*. Mais les filles de Malaria ou de Mania D n'ont rien à leur envier : ces Amazones souvent très belles, aux yeux charbonneux et cheveux en épis, ont aussi ému par leur présence, l'air tout droit sorties de tableaux d'Egon Schiele, Otto Dix ou Max Beckmann. On ne peut comprendre la « Germanie » qu'à travers son art.

Cette scène berlinoise inspirée attirait alors des gens aussi différents que Genesis P-Orridge (de Throbbing Gristle), Nick Cave (Birthday Party puis Bad Seeds), Lydia Lunch (Teenage Jesus) ou David Bowie et Iggy Pop en quête de renouvellement. Ces artistes, partis de rien, dans une ville en ruines, ont relancé l'intérêt pour cette vieille capitale du cabaret. Ils ont improvisé concerts, vêtements, peintures et performances, utilisé la récupération et le « *Do It Yourself* », sorti leur musique en cassettes audio, squatté les lieux anciens et grafitté le béton. Il est temps de redécouvrir ces bandes de post-punk « arty », unies comme une famille, dans leur dénuement et par leur culot – une drôle d'aventure bizarre de l'art, sous la guerre froide, faite de ruptures, de courage et d'intransigeance.

LIVRE *Berlin avant la techno : Du post punk la chute du mur*, Frédéric Cisnal, Le Mot et le Reste, Marseille, 2015.

BERTOLUCCI BERNARDO

Surfer branché du cinéma

Réalisateur du *Dernier tango à Paris*, de *Prima della revoluzione*, mais aussi de *1900*, du *Dernier Empereur* ou de *Little Buddha*, Bernardo Bertolucci (1941–) est un cinéaste atypique. Issu du gauchisme, de la révolte et de l'underground, il va néanmoins passer par la case « Hollywood, succès et prix ». Comme si après avoir été un jeune homme en colère, il avait traversé le miroir pour rejoindre les nantis. Bien qu'il ait travaillé avec Pier Paolo Pasolini ou Sergio Leone, il n'a rien de ces monuments italiens un peu monolithiques de la création cinématographique mondiale que sont Rossellini, Fellini ou Risi. Rajoutons qu'il a également collaboré avec Dario Argento – le réalisateur gothique aux films sanglants, ces *Giallos* un peu grandguignolesques – pour l'écriture du scénario d'*Il était une fois dans l'Ouest*.

Bertolucci arrive dans les années 1950–1960, en pleine révolution des mœurs, des médias et du cinéma. Avec Antonioni (*Blow Up*, *Zabriskie Point*), il fait partie de la Nouvelle Vague italienne tentée par Godard comme par le cinéma indépendant américain et britannique. D'où son côté touche-à-tout, curieux, balloté dans les grands mouvements de jeunes, de mode ou de mœurs : suit-il ses intuitions ou se laisse-t-il emporter par les divers courants des époques successives ? Avec *1900* ou *Le Dernier empereur*, où il est le successeur de Visconti (*Le Guépard*, *Mort à Venise*, *Les Damnés*), il donne dans la fresque historique parfaite et impressionnante, avec de magnifiques reconstitutions dramatiques et des acteurs prestigieux. Mais avec *Le Conformiste* ou *Le Dernier tango*, on pense au cinéma indépendant américain, presque marginal, à la limite de l'underground, avec des scènes anti-commerciales voire carrément choquantes.

Il y a certainement chez Bertolucci une part de cruauté, de sadisme assumé ou de cynisme, qui lui permet de filmer et de peaufiner comme un spectacle des scènes dures, à la limite du supportable. Mais il y a de tels moments de sensualité, de finesse ou d'intimité entre De Niro et Dominique Sanda dans *1900*, entre Brando et Maria Schneider dans *Le Tango*, ou entre Jean-Louis Trintignant et Stefania Sandrelli dans *Le Conformiste* (film sur la montée du fascisme), qu'on a tendance à se laisser charmer. Voilà tout le paradoxe de cet homme entre deux époques, la classique et la moderne, la logique et la dérivante. Bertolucci est sans doute un créateur un peu coupé en deux, avec une dualité marquée, à la fois enfant gâté de la liberté et gourmand des choix qu'offrent les auteurs, lui qui a été fils de poète et d'éditeur, entouré d'artistes.

Ma génération fut sensible au fait qu'il faisait tourner les nouveaux acteurs considérés comme underground : Pierre Clémenti, Dominique Sanda, Tina Aumont, Depardieu à ses tout débuts, ou encore récemment Louis Garrel et Liv Tyler. À ses talents d'artiste ambitieux, curieux et doué, il faut ajouter tout l'art théâtral italien, ces grands plans d'opéra, un lyrisme contrarié par des psychologies souvent atypiques, brutales ou tortueuses. Bernardo Bertolucci est un homme déchiré entre des tensions diverses, un être tiraillé par des événements chaotiques, mais aussi un individu voyeur et sensuel, dont l'intellect contrôlerait tous ces messages dans un dérapage plus ou moins réussi : un portrait de l'homme moderne.

Enfin, un souvenir. Un ami, Pierre Edelmann (producteur, scénariste), qui tournait seul un *making-of* du *Dernier Empereur* (1987), m'en montrait les superbes rushes inédits. On y voyait Bertolucci entre deux scènes, dans la Cité interdite, atterré par les ennuis que lui créait l'administration chinoise. Bloqué avec des centaines de figurants et des équipes énormes, fulminant contre le sort. Ce *backstage* m'avait frappé.

C'était l'envers du décor, une vision réaliste du réalisateur-producteur qui doit avoir le sens pratique, la volonté et la constance d'un artisan pour construire une œuvre. Le métier du cinéma a dû souvent remettre les pieds sur terre à ce « surfer branché » de la création, brillant parce qu'il fait oublier les pesanteurs du quotidien et planant parce que ses plans nous emportent, même lorsque s'y déroulent des choses terribles.

BIZARRE

L'art fantastique de nos ancêtres

L'art fantastique, gothique, diabolique fait des apparitions remarquées et régulières depuis plus de deux siècles. En 1770, on ne croit plus au discours critique de Voltaire ni aux utopies de Rousseau. La Révolution gronde et les romans deviennent fantastiques. Après la cour d'Espagne, en soie turquoise et rouge, Goya va peindre des sabbats de sorcières et des malédictions. Le siècle des Lumières va s'éteindre. Les Français imaginent des moines et des nonnes dévoyés et diaboliques. Puis ce sera la Terreur, la guillotine, et les guerres napoléoniennes. Là encore, la « vertu » révolutionnaire se corrompt et le soleil de l'Empire fait place à l'obscurité des ravages dans toute l'Europe. On lit Dante et son *Enfer*, Goethe et son *Faust*. On ressort des mythologies antiques avec des monstres : gorgones, minotaures, cyclopes. L'Anglais William Blake multiplie gravures et aquarelles mythologiques avec démons, nymphes ou anges déchus tirés de vieilles légendes et de récits bibliques. Les peuples doutent de la raison, qui échoue devant la réalité. *Le Discours de la méthode* de Descartes se brise devant l'irrationalité des événements. Accepter l'irréel, peindre le purgatoire, les démons et les dragons de l'Enfer, mais aussi les fantômes, les ruines et les paysages inquiétants, les brumes propices aux apparitions et aux visions, voilà ce qui tente les artistes.

Un siècle passe, et contre la société puritaine, victorienne et hypocrite, les Anglais imaginent *Dracula* et *Frankenstein*, des romans à succès où des vampires importés des Carpates pompent le sang des vierges et où des monstres recréés avec des cadavres et de la foudre reviennent du royaume des morts, plus forts que les vivants ! L'Égypte passionne avec ses mystères et ses momies ; les pharaons revivent quand on prononce les formules magiques. À Londres, à Paris et au Caire, les sociétés occultes se multiplient. Les peintures et sculptures montrent grottes du royaume des morts, crevasses rougeoyantes des Enfers, masques mortuaires et visages de succubes et de méduses qui sont les thèmes de prédilection des romantiques, qu'on appelle aussi symbolistes. La femme est un élément de ce théâtre de l'autre monde : elle incarne la tentatrice maléfique, la beauté spectrale qui hypnotise. Les peuples du Nord peignent des glaces fracassées, des montagnes acérées, des forêts noirâtres sous des ciels plombés, des falaises et des chutes vertigineuses, royaumes des fées, des elfes et des magiciens.

Puis les artistes se libèrent des textes anciens qui servent d'alibi. *L'Île des morts* de Böcklin ou *Le Cauchemar* de Füssli sont des créations originales, qui font scandale dans les Salons. Baudelaire écrit « Le beau est toujours bizarre » et doit même défendre Delacroix considéré comme un peintre aux sujets torturés, aux personnages maladifs et fiévreux. Le romantisme, le symbolisme, sont des écoles de peintures suspectes. « L'art classique est sain, le romantique est malsain », clament les institutions. Les artistes devront choisir leur camp. Toute la fin du XIXe siècle sera marquée par ce mouvement romantique. Hugo peint des ruines, des tours gothiques, des châteaux mystérieux et écrit *Notre-Dame de Paris* où un monstre sauve des flammes une gitane accusée de sorcellerie. La mode gothique est née. L'élite préfère les contes horrifiques d'Edgar Poe, de Lovecraft ou de Barbey d'Aurevilly à la réalité de l'industrialisation, de la science et des usines qui envahissent le monde. À peine passées la Belle Époque 1900 et les Années folles que les surréalistes vont définitivement asseoir ce genre spectaculaire dans la culture populaire. Le XXe siècle va se gaver de fantastique et d'horreur grâce au cinéma, art parfait de l'illusion, et tous les succès et images de la peinture fantastique vont envahir les écrans.

CATALOGUE *L'Ange du bizarre*, musée d'Orsay, Hantze Cantz, Berlin, 2013.

Black Power

Soul of a Nation

La compilation Soul Jazz intitulée *Afro-centric visions in the Age of Black Power – Underground Jazz, Street Funk & The Roots of Rap (1968–79)* se paie un panorama de l'afrocentrisme US des années 1960–1970, avec un livret de 35 pages retraçant l'historique Civil Rights, Black Power et *consciousness* tous azimuts. Car ce fut bien une prise de conscience, martelée par Malcolm X, de l'égalité des droits pour les Noirs en Amérique, après deux siècles d'esclavage et cinq décennies de ségrégation. Martin Luther King y a laissé sa vie, assassiné comme Malcolm X. Mais dès les années 1920, avant de devenir le prophète jamaïcain que l'on sait, Marcus Garvey s'était déjà élevé pour la dignité noire en prônant un retour vers l'Afrique et les racines, en créant notamment à cette fin une compagnie maritime. Vers 1960, une deuxième « Harlem Renaissance » – en réalité un grand mouvement de droits civils et de reconnaissance – a lancé toutes sortes de créations, parmi les mouvements pop, hippie et Flower Power.

Cette compilation Soul Jazz vient accompagner et appuyer ce revival mal connu en Europe et montrer les facettes d'un mouvement qui depuis n'a cessé de se développer. Avec 13 titres de personnalités et groupes concernés, l'esprit militant et l'afrocentrisme sont à l'honneur. La couverture du CD, qui représente un superman noir à coupe afro et lunettes noires, est une peinture de Barkley L. Hendricks, hélas coupée à l'endroit où figurait le sous-titre « Superman n'a jamais sauvé un Noir – Bobby Seale », Seale étant un leader militant des droits civiques emprisonné au moment de la réalisation de l'œuvre (1969). Ce disque nous replonge dans une ambiance de révolution, de prise de conscience et de revendication qui se multiplièrent du début des années 1960 à la fin des *seventies*, jusqu'à ce que le showbiz et la délinquance ne noient les espoirs et les promesses. Car aujourd'hui on en est à « *Black lives matter* » (les vies des Noirs comptent), au moment où la jeunesse afro-américaine est en rupture, ou en procédure de justice, et où une police harassée ressort les armes. Les titres des morceaux, de « La révolution ne sera pas télévisée » à « Est-il déjà trop tard ? », devinaient déjà l'issue d'une minorité dispersée dans une nation militarisée, et sous la foi d'une religion de Blancs, chrétiens et fondamentalistes.

Les musiques sont jazzy, teintées de tambours et de rythmes africains ; les chanteurs prêchent ; un funk répétitif s'installe, s'orientant vers les percussions ou les cuivres, quand ce ne sont pas des riffs de guitares sautillants ou saccadés, avec de longues tirades, à la façon du free speech, teinté de jazz cool. Gil Scott-Heron, Don Cherry, Roy Ayers, Oneness of Juju, Sarah Webster Fabio et tant d'autres y ont cru et ont conseillé l'éveil de la conscience et la reprise en main des communautés noires par elles-mêmes. La suite fut mouvementée et chaotique. En attendant, ce morceau d'histoire d'un futur qui n'a pas eu lieu a permis à nombre d'artistes afro-américains de se créer, de s'imposer et d'influencer le monde comme les plus grands représentants de la pop music, après le jazz et le rythm & blues ou la soul.

CD *Soul of a Nation. Afro-Centric Visions in the Age of Black Power Underground Jazz, Street Funk & The Roots of Rap 1968 – 1979*, Soul Jazz Records.
CATALOGUE *Soul of a Nation. Art in the Age of Black Power*, Tate Gallery, Thames & Hudson, Londres, 2017.

Blanquet Stéphane

Moine copiste

Stéphane Blanquet (1973 –) est l'un des meilleurs dessinateurs français du moment. Pourquoi ? Parce qu'il ne copie rien ni personne, qu'il a créé son style en dehors de toute mode ou tendance. Son univers unique et tout en finesse est constitué de nombreuses ombres chinoises ; ses silhouettes noires viennent du théâtre d'ombres. Son vocabulaire est composé de formes inattendues, qui le rangent dans une classe à part : mandragores, homoncules, lutins à tête de potiron, corps en feuilles dentelées, membres en plantes grimpantes, quelques épines, orties, lierres, le tout anthropomorphique, avec des yeux malicieux et des griffes de chat. Blanquet travaille en finesse, tout en motifs cachemire, en pattes d'insectes velues, en jambes de faunes et bébés hydrocéphales, dont les crânes sont perforés de gouttelettes de lumière. On pense au théâtre indonésien des marionnettes du Râmâyana, mais aussi à la cosmogonie chinoise : dragons, plantes et insectes, posés en noir sur des fonds colorés, comme des broderies sur des soies précieuses. Le découpage infini des formes et la finesse des détails rappellent aussi les sarongs indonésiens et les motifs de la Cité interdite. L'abondance d'êtres étranges et de démons maléfiques, mi-dieux, mi-bêtes, fait écho aux Tangkas du Tibet. Une autre partie de son travail est composée de hachures : dessins réalistes à la plume, faits de croisillons dans la grande tradition de la gravure. Lui-même vient d'un background underground, de contes et légendes noirs, plein de viscères, de plantes, de poils et de reflets, surpeuplé d'êtres étranges opposés aux canons classiques. Ajoutez quelques scolopendres, paramécies et autres mille-pattes, puis saupoudrez de quelques gouttes, larmes, vers à soie et autres coléoptères et vous aurez une idée de ce monde, bien plus fou que ceux de Tim Burton et Edward Gorey réunis. Blanquet est-il un moine rouge ou un moine noir ?

Bonnard Pierre

Inaccessible aux daltoniens

Pierre Bonnard (1867 – 1947) appartient sans doute à l'âge d'or de la peinture française, avec Monet, Matisse, Degas et Vuillard. On est alors au panthéon d'un genre, au tournant d'un siècle, où peindre représente encore un idéal de vie et de bonheur. Bonnard pousse la porte de l'art moderne. Ni impressionniste, ni fauviste, il aurait fait partie des Nabis, des symbolistes décoratifs qui ne lui ressemblent pas, et aurait été amateur du japonisme, mais là encore, le côté « à-plats » avec cloisons, ce n'est pas lui du tout. Alors voilà : il flotte ailleurs, dans un espace qui lui est propre.

On a dit tout et son contraire sur ce peintre tellement heureux et épanoui en apparence, travaillant une grande gamme de coloris. Pierre Bonnard embrasse, sans alibi ni limite, toutes les magies de la couleur. On sait qu'il « recadrait » ses toiles en coupant ou rajoutant un morceau. Il allait jusque dans les musées pour retoucher ses œuvres. Alors on le dit exigeant et perfectionniste. Mais tous les artisans le sont ! Ses nus et ses paysages vibrent de tons et de touches qui ont l'air de bouger sans cesse, car chaque élément est fait de couleurs encore en train de se mélanger. Il met du vert dans le violet ou du bleu dans le jaune – des tons qui ne « devraient » pas aller ensemble. Il juxtapose des tons fins, rabattus de blanc, sensibles comme notre rétine, dansant ensemble dans des floutés qui enchantent ce que l'on voit. Il serait alors, comme le pointilliste Seurat, peintre de la « persistance rétinienne », phénomène optique qui mélange, à notre insu, des nuances – par leur durée dans nos capteurs optiques – qui vont déborder sur les couleurs suivantes, un peu comme des diapositives superposées. D'ailleurs Bonnard faisait beaucoup de photos. Notes, indications, exemples, images de voyages... On ne peut pas tout peindre ou dessiner, alors il utilisait la photographie, et s'en trouvait influencé.

Les cadrages de ses toiles sont nouveaux, modernes : la femme dans la baignoire est vue d'au-dessus, un mur cache à moitié un autre personnage, qui devrait être central, et se retrouve décalé. Les paysages sont vus à travers une fenêtre ou une porte, un bout d'intérieur (Matisse et Vuillard feront de même). Il suffit parfois d'une rampe d'escalier, d'une amorce de table ou d'un mur au premier plan pour changer le regard de ses contemporains. Quant à l'« art de vivre » français dont on nous parle tant, il est là, représenté directement : images tremblées, délicates et chatoyantes, osant toutes les teintes, ne craignant ni le joli ni le décoratif – bref, totalement décomplexées et livrées au seul bonheur d'exister. Voyez par vous-mêmes ces coins de paradis.

CATALOGUE *Pierre Bonnard (1867 – 1947)*, musée d'Orsay, Hazan, Paris, 2015.

Bossa nova

Pour bosseurs noveurs fanatiques

« Quand le rythme de la musique change, les murs de la ville tremblent », affirmait une couverture d'*Actuel*. C'était de l'utopie hippie des *seventies* empruntée à l'un de ces auteurs-gourous dont raffolait cette génération (Frank Zappa, en l'occurrence). Mais cela venait bel et bien d'arriver au Brésil (et allait se produire en Jamaïque et à Londres) malgré les dictatures. Des siècles après tous les envahisseurs, le continent sud-américain s'éveillait à sa propre vie. Au Brésil, on en était à la samba de type carnaval, binaire et speedée, véritable marche forcée à deux temps, frémissante et bombardée de percussions. Les classes laborieuses s'y reconnaissaient, entre défouloir et expression corporelle totale. Mais à la fin des années 1950, le Brésil eut ses Rois mages : le compositeur Antônio Carlos Jobim, le chanteur João Gilberto et le poète Vinícius de Moraes, qui représentaient toute une jeunesse des quartiers d'Ipanema et Copacabana de Rio de Janeiro, prête à une nouveauté qu'elle portait déjà en elle. Dès 1958, le disque *Chega de saudade* va répandre le nouveau son. On trouve sur cette galette trois chansons du trio et d'autres de Carlos Lyra, car cette nouvelle forme va rallier de plus en plus d'adeptes durant cet âge d'or allant de 1960 au début des années 1970. En 1963, João Gilberto travaille avec le saxophoniste Stan Getz, et c'est la planète qui est contaminée par la bossa nova, cette attitude, ce don, ce « cool absolu », extrêmement mélodique et d'une grande finesse de rythmes. Avec *The Girl from Ipanema*, chantée notamment par Astrud Gilberto, le monde va commencer à onduler sérieusement au son bossa et à planer sur cette diction étirée, modulée, paresseuse et sensuelle, toute en retenue – l'autre face du Brésil, si douce et si rêveuse, dont le monde avait besoin sans le savoir. « Bossa nova », comme dans l'expression française « avoir la bosse des maths », veut bien dire un don, une vocation, et là-bas une attitude, une manière nouvelle, avec plus de style, de personnalité.

Jean-Paul Delfino, passionné de Brésil auquel il a déjà consacré plusieurs romans, est l'auteur d'une somme de 300 pages sur cette aventure bossa, qu'il fait démarrer bien avant son invention, dès la fin du XIXe siècle, comme un pan entier de la culture brésilienne et de sa formation : flash-back utile et racines indispensables pour comprendre toutes ces formes musicales – batucadas, choros, valses, modinas – avec leurs parfums indiens, latinos, portugais, africains et même américains. Delfino nous promène dans les prémices de la naissance d'une nation, avec ses accidents, l'ombre de l'Amérique, et tous les acteurs moins connus de la création, personnages fugitifs ou déterminants de l'entourage des chefs d'œuvre : Newton Mendonça, auteur de *Desafinado* avec Jobim, succès planétaire ; Jorge Amado, qu'il faut absolument lire ; Norma Bengell, chanteuse, actrice, réalisatrice et productrice qui fut une des premières chanteuses de bossa nova et une beauté du Brésil moderne ; Baden Powell, ce guitariste génial au nom de scout à qui l'on doit des cascades de notes dignes du flamenco ou du classique. Le livre offre également une douzaine d'interviews de « grands » – Caetano Veloso, Maria Bethânia, João Gilberto, Baden Powell – mais aussi nos fans français : Pierre Barouh, Georges Moustaki, Claude Nougaro... La France fut un stade bondé pour la bossa. Pourtant les débuts furent difficiles. Qui aurait cru que le film du français Marcel Camus, *Orfeu Negro*, adapté de Vinícius de Moraes en 1959, avec en directeurs musicaux Antonio Carlos (Tom) Jobim et João Gilberto, si beaux et glorieux, si évidents et admirés, était né d'histoires dures et angoissantes ? Car la bossa fut une révolution, la voix de Gilberto posée sur une branche inconnue (une diction qu'admirait Miles Davis), avec des accords suaves, « différents », des touches de jazz, des prises de son inédites, des accords de guitare indéfinissables... Les murs des studios et des théâtres en ont tremblé.

LIVRE *Bossa nova – La grande aventure du Brésil*, J.-P. Delfino, Passage, 2017.

Bowie David

styliste pop

Dans les années 1960, alors que tous les Anglais réussissent à monter des groupes à succès – Yardbirds, Kinks, Who, Beatles, Stones, Small Faces, Pretty

Things, etc. –, seul le futur Bowie (1947 – 2016) se plante ! Celui qu'on appelle encore David Jones s'essaie à tous les genres et tous ses groupes, dans la palette « *fashion-arty* » – The King Bees, The Manish Boys, The Lower Third, The Buzz –, sont des échecs. Il faut dire qu'à Londres, les modes et les genres changent tous les six mois : skiffle, mods, R&B, folk, vaudeville, psychedelic, prog, glam. Ce sont des années explosives où les groupes valsent et où la musique britannique envahit le monde au pas de charge. Bowie, lui, se perd dans des expériences maniérées, trop stylées et raffinées pour le grand public, mais chacune lui sera utile dans son œuvre à venir, y compris faire le clown blanc avec le mime Lindsay Kemp ! C'est finalement les Stooges avec Iggy Pop, et le Velvet, qui vont servir de piliers à sa construction stylistique. Tony Visconti, arrivé de Brooklyn, sera l'arrangeur de ce début d'édifice complexe – car les esthétiques de Bowie produisent un hybride inconnu. Deux noms de groupe, Turquoise et Feathers, donnent le ton de spectacles poétiques où cabaret, folk, bouddhisme et mime se télescopent – tout un programme dans la tête chercheuse et ambitieuse du Bowie naissant de 1967.

L'homme commence vraiment à intriguer en 1970 lorsqu'il apparaît habillé en jeune fille romantique sur la pochette de *The Man Who Sold the World*. Puis le glamour rock va enfin l'emporter avec trois albums devenus historiques : *Hunky Dory*, *Ziggy Stardust* et *Aladdin Sane*. Bowie a trouvé comment s'épanouir : un personnage par disque, une ambiance, une tenue, comme des petits opéras où il peut satisfaire toutes ses facettes, littéraires, poétiques, théâtrales. Il est la rock star incarnant le héros, le Peter Pan, le Martien. Et avec ses acolytes, les Spider from Mars, il apporte aux Terriens images, sons et fascination. Évidemment, les purs et durs crient au déguisement, au mauvais goût, au music-hall pour garçons coiffeurs quand Aladdin Sane apparaît en *platform boots* rouges, surmaquillé, moulé dans une combinaison pailletée, les cheveux orange dressés dessus, longs derrière, aussi scandaleux que ses modèles Jean Genie (Jean Genet) ou l'iguane peroxydé des Stooges (Iggy Pop). Deux ou trois ans plus tard, les New York Dolls s'habilleront pareil, en filles glam mais *trash* – la ligne droite vers le punk. Pourtant aujourd'hui encore personne ne voit cette filiation directe entre le glam et le punk, apparemment opposés. Bowie visionnaire.

Puis vient le temps des tournées, de la vie américaine et du succès planétaire pour le *showman* Bowie, jusqu'aux excès typiques : dope, argent, occultisme, magie, mégalomanie. Même ses détracteurs reconnaissent ce parcours initiatique assumé jusqu'au bout par celui qui voulait tout contrôler. Il fuit ensuite les démons américains en compagnie d'Iggy (dans le même état que lui) pour rejoindre l'Europe, Berlin, le punk naissant et de nouvelles inspirations. C'est déjà un premier rétablissement spectaculaire, là où tant de stars *sixties* ont laissé leur peau : Marc Bolan son compagnon de l'aventure glam, Jim Morrison théâtral comme lui, Jimi Hendrix un autre extraterrestre, Janis Joplin, etc. En prime, Bowie a laissé derrière lui deux productions historiques : *Raw Power* des Stooges et *Transformer* pour Lou Reed. Puis il va produire deux autres merveilles pour Iggy: *The Idiot* et *Lust For Life*, albums-clés d'une inspiration retrouvée – étape magnifique d'un Iggy sombre, électrique, noisy, mais aussi éclatant et crooner. Et pour lui-même, Bowie donnera naissance à la trilogie – culte pour beaucoup – *Station to Station*, *Low* et *Heroes*. Avec ces trois albums-manifestes, il va influencer durablement le rock, la pop, le punk puis la new wave. Le pygmalion de studio écrit, joue, orchestre et chante, entouré de ses fidèles, les meilleurs pour chaque genre. Il choisit chacun pour ses apports, superposant des couches d'influences, multipliant des portions d'orchestres.

À la fin des années 1970, Bowie est devenu un maître difficilement contestable. S'il a encore des détracteurs au nom des purs rockers façon Stones qui ne changent jamais et rejouent inlassablement leurs classiques, la secousse punk – qui a renversé bien des idoles pop – l'a hissé sur un trône de marbre. Son goût, sa maîtrise, son avant-gardisme, son culot à mixer les genres, sa culture et ses prémonitions ont transformé ses ambitions en résultats indéniables. Sa musique très travaillée, montée en neige, presque baroque, ne perd jamais sa ligne rock. Malgré son côté indestructible, le « mince duc blanc » (Thin White Duke) va encore souffrir, se fourvoyer un peu dans ces années 1980 flamboyantes, où l'aura de gourou de Bowie et de ses avatars pâlit. Reggae, disco, punk, new wave, world, rap le font rebondir sur les cordes du ring, mais il n'est pas KO. En banane blond platine et costume *fifties* bleu électrique, il fera encore danser ses fans, entre rockabilly et dance.

Fin des années 1980 – son « Glass Spider Tour », méconnu en France, est un supra *show* où il a tout mis : cyberpunk, sportswear, résille, cuir, hommes araignées... Avec ce grand spectacle, le créateur déguisé en papillon aux ailes bleutées marque le pas et se perd un peu dans les délires *overdressed* autorisés par la new wave. Mais Michael Jackson reprendra cette idée de *show* total à celui qu'il admire. Même dans ses exagérations, Bowie essaime encore. D'ailleurs il se reprend très vite et inverse la vapeur avec un pur groupe de rock, Tin Machine, puis des essais d'intégration de rythmes speedés de jungle et drum & bass, toujours encastrés dans des riffs rocks ! Bowie et sa boussole. Et il a ses piliers, sur lesquels il s'appuie depuis toujours : de Carlos Alomar à Eno, de Tony Visconti à Peter Frampton. Et des dizaines de virtuoses ont travaillé avec lui, y compris Lennon et Jagger, en plus d'Iggy et de Lou.

Bowie n'a jamais oublié les leçons, toutes les leçons, et les époques auxquelles il est redevable. En retour, il me semble qu'on ne peut que lui être reconnaissant pour tous ces morceaux électriques et vibrants qui ont marqué des générations et restent un formidable catalogue d'inspiration.

LIVRE *David Bowie, l'avant-garde pop*, Matthieu Thibault, Le Mot et le Reste, Marseille, 2016.

Brantôme

Chroniques galantes

Pierre de Bourdeille (1537–1614), dit Brantôme, fut un exceptionnel chroniqueur de l'histoire de France. Ce gentilhomme fortuné propriétaire d'une abbaye était aussi un militaire et surtout un diplomate et un ambassadeur, intime des têtes couronnées. Très lié à Henri III, au camp des Guise (catholique), il fut le confident de Catherine de Médicis et de la reine Margot. Il assista à la Saint-Barthélemy et aux guerres de Religion, ainsi qu'à celles menées en Italie ou en Espagne. Ces quelques faits afin d'évaluer le statut de cet homme de cour, et de réaliser à quel point ses récits sont décalés par rapport à sa vie de grand seigneur français.

Les Dames galantes, son grand témoignage, relate sur 600 pages les petites histoires et autres souvenirs des cours d'Europe – une véritable chronique des mentalités et des mœurs des grands de ce monde. Bien qu'écrit en vieux français un peu archaïque, le modernisme de ce personnage éclairé rend ses anecdotes rapides, vivantes, piquantes et étonnamment libres de ton et d'esprit pour un ouvrage du XVIe siècle. Courtisan modèle, intouchable et savant, Brantôme a choisi, à côté de quelques faits historiques, de conter par le menu les manières sexuelles de ces grands nobles puissants et impétueux. Et les histoires de fesses de cette aristocratie libertine du XVIe siècle ne manquent pas de cocasserie. Encouragés par une atmosphère d'exploits et de fêtes, ces femmes et ces hommes avaient un tempérament très porté sur la chair et le sexe, et une morale dénuée de tout scrupules.

Alors oui, on trouve dans *Les Dames galantes* des histoires de lesbianisme exacerbé, de coucheries folles ou irrépressibles, avec artifices, tenues, trucages et autres godemichés. Des maris exhibent leurs femmes et des nobles donnent leur épouse en pâture à de beaux chevaliers qu'ils s'empressent de vouloir posséder à leur tour, parfois pendant qu'ils sont encore à l'œuvre – triple burger ! On trouve un chapitre sur chaque catégorie sexuelle, avec les records du genre, mais aussi les détails physiques de membres ou d'infirmités qui viennent s'ajouter à la perversité et à la violence des accouplements. Un chapitre, par exemple, détaille les mauvais traitements que ces nobles faisaient subir à leurs épouses, par amour ou par mépris. Mais dans l'ensemble, la paillardise rafle la mise et pour Brantôme, seuls les plus vaillants l'emportent, surtout si la nature les a dotés des armes nécessaires pour assouvir leur désir. Et tout cela est enjolivé de rappels à la mythologie grecque, où dieux et faunes, magiciennes et nymphes, s'enfilent à tour de reins ou de bras, comme pour nous dire : les dieux l'ont fait, nous aussi. Avec *Les Dames galantes*, on réalise à quel point, bien avant la pilule ou le préservatif, ces peuples savaient déjà tout, et plus encore, sur le plaisir.

Braque Georges

L'incompris

Tout le monde croit connaître Georges Braque (1882–1963), l'inventeur du cubisme puis des collages, le peintre de l'harmonie moderne, des formes nouvelles et des guitares aux oiseaux stylisés. Pourtant, les trouvailles successives de cet artisan profond, de ce moine-soldat de la plastique, ne sont pas clairement enregistrées à cause de la profusion d'œuvres et d'écoles de cette période dite de l' « art moderne », de 1900 à 1945, dans laquelle il fut emporté. Pendant ces décennies agitées où l'art était au pinacle, les fauvistes, cubistes, futuristes, dadaïstes, suprématistes, orphistes, constructivistes, puis surréalistes firent exploser l'esthétique et bouleversèrent tous les codes visuels. Les peintres étaient alors des stars mondiales, à l'instar des acteurs et des chanteurs d'aujourd'hui, et influençaient tout : déco, design, mode, architecture.

Fils d'un peintre en bâtiment du Havre, Braque va d'abord tenter de gravir un échelon en faisant les Beaux-Arts, mais il n'aime pas l'Académie et devient vite un peintre fauve, comme ses maîtres Derain et Matisse. Puis il comprend qu'avant de poser ses couleurs, il faudrait se poser la question des formes, des lignes, du dessin. Comment représenter les choses autrement que par les conventions classiques de l'imitation ? Braque repart alors de Cézanne, « celui qui a réinventé la lumière ». Les vibrations et les touches si particulières de ce peintre sont comme des mosaïques dues à une diffraction lumineuse sur la surface des choses. Ses nus, ses paysages ou ses objets s'effacent derrière cette vision, cette traduction. Justement, Braque veut comprendre et traduire, et croit fortement aux messages des maîtres. Il fera un nu, puis une série de maisons, et très vite il peint avec des surfaces, des plans. Un critique parlera de « petits cubes », puis de « cubisme », comme par plaisanterie – vers 1907 – 1908. Mais Braque insiste et finit par tout peindre avec des tas de surfaces entremêlées, presque sans couleur : du gris, de l'ocre, du noir et du blanc, juste pour marquer les plans et les ombres. Très connus, ces grands tableaux ressemblent à des verres et des assiettes cassés. La toile est comme recouverte de débris, de morceaux juxtaposés de triangles, carrés et cylindres, avec des ombres pour donner le volume. On n'y voit plus rien ou presque – scandale, mais aussi révolution. De sensible, la peinture devient intellectuelle. Nouvelle technique, nouveaux principes, nouvelle vision du monde. Plus rigide, plus mécaniste, plus pensée. Cette rupture mystérieuse est-elle artificielle ?

Après la guerre de 1914 qui a tout boqué et où il a été blessé, Braque déclare aux journalistes : « Le cubisme, je ne sais pas ce que c'est. » Or partout dans le monde de l'art, cette vision géométrique est présente : du Bauhaus – l'école allemande qui lancera Kandinsky – aux Russes constructivistes avec Malevitch, en passant par les futuristes italiens qui décomposent aussi objets et mouvements en surfaces, comme stroboscopiques. Picasso comprend la révolution qui s'annonce et se jette sur Braque au point de faire les mêmes toiles. Car Braque a trouvé une nouvelle idée : le collage, avec des bouts de papier et des journaux posés au milieu des compositions cubistes. C'est un contre-feu, parce qu'il est attaché à la représentation du réel et craint que le cubisme n'entraîne tout le monde vers l'abstrait (il expliquera que lorsqu'il insère un journal, des titres avec des lettres, un bout de guitare ou une pipe, c'est pour rappeler qu'il dessine la réalité concrète et pas une marqueterie imaginée – comme le feront Mondrian et les abstraits).

Le cubisme l'a transformé en gloire mondiale. On l'appelle « le patron », comme Molière au théâtre. Mais Braque déteste les règles, les lois du cubisme devenu à la mode et recopié dans tout : tissus, imprimés, panneaux décoratifs et mobilier. Vers 1920, il réalise une première rupture avec des nus qu'il appelle « canéphores », en hommage à l'antique. On l'accuse de trahison. Les modernistes ne supportent pas que lui, le révolutionnaire, le visionnaire, se réclame des classiques et des anciens. Mais Braque est un calme. Il continue de chercher et ses natures mortes où les objets s'entremêlent et changent de forme sont des réussites, à nouveau reconnues. Les toiles sont équilibrées, statiques et fortes : elles s'imposent par leur composition et les trouvailles de leur dessin. Pourtant la palette est triste, sans effet de couleur gratuit. Braque peint sur fond noir, avec beaucoup d'ocre, de gris, de verts et de bruns – des tons froids à force d'être sourds. Mais il invente des parties en négatif, fond noir avec traits blancs, qui seront très copiées. Il réalise aussi des séries de gravures « fil de fer », un peu comme Calder puis Miró – des personnages en entrelacs de lignes fluides dessinées d'un trait continu et virtuose.

On pourrait continuer avec ses vases, ses oiseaux-lyres et ses statues de chevaux comme sortis de la Grèce archaïque ou de la Méditerranée antique. Braque n'a cessé de trouver des idées, des formes, des graphismes – tout ça dans son coin, loin des médias, des salons, des coteries et des « people » naissants comme Picasso ou Dalí. Il nous a légué un nouveau vocabulaire de formes mystérieux et difficile à déchiffrer, comme tous les chefs d'œuvre – un cadeau inappréciable et durable.

CATALOGUE *Georges Braque 1882 – 1963*, RMN, Paris, 2013.

BREKER ARNO

Comment l'art est devenu politique

Arno Breker (1900 – 1991), sculpteur néoclassique des années 1930, fut un artiste maudit et intrigant marqué par un destin hors du commun, avec grandeur et décadence à la clé. Né avec le siècle, il en subira les remous et succombera aux sirènes nazies et à la mégalomanie de son époque. Dans les années 1920, à Paris, Breker est l'ami de Maillol, de Cocteau, de Kiki de Montparnasse et de tous les esthètes et bohèmes de l'époque. Fêtes et sorties au Bal Nègre ou chez Maxim's, mariage avec un modèle de Picasso, la belle Grecque Demetra Messala – il est le parfait branché des Années folles. Mais il va être pris dans une guerre artistique totalement gangrenée par la propagande. C'est un peu les anciens contre les modernes. Mussolini a ouvert le feu avec des stades et des lieux néoclassiques où des colosses culturistes de 3,5 m jouent les dieux grecs – le modèle de l'Empire romain ! Breker, lui, est un inconditionnel de la sculpture antique grecque – Parthénon et colonnes doriques, temples et Adonis, déesses et physiques héroïques – où le corps humain est la valeur ultime, avec Phidias comme maître. Sauf qu'il est un cran au-dessus des autres classiques. Sa touche est forte et expressionniste. Ses visages ont des traits dynamisés, ses corps un côté « top model ». S'en dégage une énergie extrême, un peu caricaturale, le tout dans une délicatesse presque malsaine. Breker est un surdoué, à part.

Le Reich allemand enrôle tous les talents possibles pour sa publicité. Fritz Lang, le cinéaste du *Docteur Mabuse* et de *M le maudit*, a fui en Amérique comme pas mal d'autres artistes dits « dégénérés ». Mais Breker, lui, ne résiste pas à l'appel du Führer. Passionné d'art, Hitler veut impressionner le monde avec des bâtiments titanesques et des sculptures géantes. En matière de dépassement et d'héroïsme chers à son art, Breker est servi, asservi, puis écrasé par la masse de projets. De 1938 à 1943 environ, ce sont cinq années de production folle, dont on ne mesure plus l'énormité. Breker eut le tort de croire que l'art pouvait traverser les cercles de l'Enfer. Ses réalisations l'auront maintenu en vie, mais une vie de paria. Suite au désastre, l'art héroïque deviendra un art pompier, maudit, et le corps humain triomphant une expression impérialiste et totalitaire.

À partir de 1945, quelques anciens survécurent, mais tout l'art moderne s'orienta vers la critique et le questionnement, la culpabilité et la contestation des valeurs. Seul Staline persévéra dans le gigantisme et un réalisme socialiste héroïque. Puis Mao en fit autant, et tous les pays totalitaires continuèrent d'élever des géants et des palais à leurs tyrans. Une histoire sans fin, dans laquelle les arts plastiques sont devenus un enjeu idéologique où règne le politiquement correct. Quant aux surhommes, ils sont allés se réfugier dans les super-héros américains puis japonais, dans les films d'action et de science-fiction, et enfin dans les jeux vidéo violents ! La guerre continue, et l'empire contre-attaque.

LIVRE *Arno Breker, une biographie*, Joe F. Bodenstein, Séguier, Paris, 2016.

BRÉSIL POP

Le pays des mille danses

Comment ne pas se perdre dans la jungle ultra touffue de la musique brésilienne ? Avec ses arbres géants, ses plantes grimpantes, ses fleurs enivrantes et ses espèces variées, la forêt d'émeraude et de sons ne s'aborde pas sans guide. Voici donc quelques repères pour se retrouver dans les méandres rythmiques et mélodiques d'un pays-continent où tout le monde chante et danse.

La bossa nova vient du samba, mais avec des accents toniques changés et joués ultra cool et intimiste, par opposition à ces genres destinés à la foule. Son rythme batida, samba décalée, avec temps forts et faibles, permet des souplesses onctueuses – merci à João Gilberto et aux Cariocas. Quant au forro, genre où l'on puise encore pour des musiques festives, il vient du Nordeste séminal, ce Nord pauvre et magique tant cité, rural et authentique, grand comme la France et qui coule telle une source perpétuelle d'inspiration. Plus magique encore : le sertao, bande aride du Nordeste. Il faut voir les films brésiliens sur les *cangaceiros* (sorte de bandits justiciers) comme *Os Bandeirantes* de Marcel Camus ou *Dieu noir et diable blond* et *Antonio das mortes* de Glauber Rocha pour vibrer avec le sertão mythique. Mais alors vous plongerez dans une autre forêt magique, celle du cinéma brésilien et de ce *cine novo* des années 1960, à la fois politique, social, magique et visionnaire. Car ni *Orfeu Negro* (Marcel Camus) ni *L'Homme de Rio* (de Broca) ne peuvent satisfaire les Brésiliens, malgré toute leur beauté ou leur fantaisie, qui restent extérieures. Pareil en musique, où le jazz, par exemple, a davantage reçu que donné. Aujourd'hui, rap, techno ou funk y sont devenus purement brésiliens, pilonnés aux rythmes locaux. Le seul apport est technologique ou mode.

Le psychédélisme brésilien aussi a existé, s'opposant à travers le tropicalisme, en 1967, au putsch militaire, contestant le nationalisme, bien décidé à ouvrir au monde la culture et la musique du Brésil à travers le mouvement hippie. On y trouve beaucoup de grands, qui furent poursuivis et emprisonnés : Caetano Veloso (le fondateur), Gilberto Gil (qui deviendra ministre de la Culture), Chico Buarque (et son ami diplomate et auteur Vinícius de Moraes), Jorge Ben Jor (le seul issu des favelas) ou encore Tom Zé (redécouvert par David Byrne). Mais aucun ne peut se résumer à son origine, à un style ou à un tube, car tous sont auteurs, compositeurs, multi-instrumentistes, arrangeurs... On ne peut alors qu'énumérer leurs sources, leurs influences, leurs inspirations et l'héritage qu'ils nous laissent, protéiforme.

Pour parfaire ce portrait du Brésil, il faudrait lire Jorge Amado, le grand romancier qui décrit à merveille son peuple. Et voir *Macunaïma* de Joaquim Pedro de Andrade, fresque fantaisie qui aborde les trois cultures – indienne, noire et portugaise – toujours avec un réalisme cru et magique, frisant parfois le surréalisme ou la *commedia dell'arte*. Et il faudrait voir encore *La Plage du désir* de Ruy Guerra pour comprendre la gamme de la musique brésilienne, qui n'est pas seulement joie et énergie, mais aussi chair, sang et saudade. Et continuer la fresque musicale en écoutant les collaborations, mélanges ou groupes qui ont fait des merveilles, mais aussi les femmes, enfants, amis et complices de tous ces artistes aux talents multiples. Et bien sûr jeter un coup d'œil sur le candomblé (frère de la santeria cubaine et du vaudou haïtien) et les orishas (Ogun, Yemaja, Eleggua, Shangô, etc.), ancêtres tutélaires et saints protecteurs, pour s'élever. Mais ne vous découragez pas, car le panorama est grandiose, les êtres simples et directs, les sensibilités infinies, comme les rythmes, et cette cuisine savante n'est faite que de dosages.

LIVRE *Musiques populaires brésiliennes*, **David Rassent, Le Mot et le reste, Marseille, 2014.**

Buñuel Luis

Cinéaste culotté

Après avoir tourné en Espagne et en France les deux films cultes du surréalisme – *Un chien andalou*, avec la participation active de Salvador Dalí, et *L'Âge d'or* – le cinéaste de génie Luis Buñuel (1900 – 1983) va devoir fuir la guerre, direction l'Amérique. Mais cet Espagnol considéré comme un anarchiste (il ira notamment à une fête chez Charlie Chaplin avec ses amis pour foutre le bordel chez ce clochard enrichi devenu producteur et milliardaire) subit là-bas des pressions qui le poussent à s'exiler au Mexique. C'est durant cette période mexicaine, et après deux comédies d'essai et de survie, qu'il va trouver sa touche de poésie supérieure, surréalisante mais adaptée à l'écran et aux spectateurs, ces voyeurs en quête de sensations. Ce sera

Los Olvidados, tableau des jeunes pauvres oubliés des immenses banlieues de Mexico qui n'ont cessé de se développer, puis *Él* (*Tourments*) ou l'histoire d'un fétichiste dans le milieu de la haute bourgeoisie. Car le cinéaste doit jongler avec les interdits dans ses scénarios et se plier aux exigences de la morale et de la censure mexicaine et espagnole, catholique et réactionnaire.

Buñuel a compris comment s'amuser avec le cinéma : il prend un cadre bien bourgeois et conservateur, fait accomplir aux acteurs ses propres fantasmes de transgression et de scandale, et le tour est joué. *Susana la perverse* (1951) est un exemple typique de son culot : l'histoire d'une évadée de prison qui va corrompre toute une riche famille dans une luxueuse hacienda. L'actrice Rosita Quintana est une blonde sensuelle, typique des canons hispano-mexicains de l'époque. Chevaux, tenues mexicaines, grands chapeaux, jupons, décolletés et rebozo, Luis Buñuel joue avec tous les accessoires du Mexique, qu'il fétichise à l'extrême. Vingt ans avant *Théorème* de Pasolini – où Terence Stamp couche avec toute une famille d'industriels italiens, garçons et domestiques compris –, et sans qu'il ne se passe rien de concret, Susana jette un trouble encore plus profond chez ces grands propriétaires féodaux.

DVD *Susana la perverse*, Luis Buñuel, Bach Films.

BURROUGHS WILLIAM

Délires mégalos et paranoïa branchée

Tout le génie de William Burroughs (1914–1997) se trouve dans son livre *Junky*, relation froide de sa vie de camé à New York après-guerre – peut-être celle de Corée – en compagnie d'une faune interlope de marginaux qui lui apprend les combines et les mœurs de la zone. En langue classique et factuelle, sans aucun pathos, l'auteur raconte les arnaques quotidiennes ou ses achats de morphine contenue dans les trousses de soldats des surplus de l'armée. Quelques années plus tard, avec *Révolution électronique*, il est devenu un gourou de la Beat Generation, mouvement créé de toutes pièces par quelques journaleux et éditeurs cupides ayant trouvé le gimmick vendeur. Même le mot « *beat* » est détourné : l'anti-héros junkie et homo Herbert Huncke l'employait dans le sens de « *beat up* », crevé, lessivé. Inventeur involontaire du concept, Huncke était un modèle pour ces révoltés : le parfait antisocial négatif, professionnel de la marge.

Dans *Révolution électronique*, Burroughs nous explique avec sérieux qu'on peut foutre la merde, semer la panique, et donc faire la révolution, avec de simples sons (plus quelques images, pour « faire vidéo », terme magique dans les années 1970). En bref, il veut nous persuader que des bruits de manifs, de cris, de guerres, d'orgasmes ou de *fake news* déclencheraient des émeutes incontrôlables au sein la population américaine. Y croit-il lui-même ? Je veux bien envisager l'esprit d'une époque, mais là, franchement, je pourrais tout aussi bien crier au délire de camé dont le cerveau a fondu. Toutes ces théories paranos sur la révolte, le détournement et le brouillage sentent le vieux gauchiste (lui qui était ultra réactionnaire, c'est risible) et la mégalomanie de ceux qui consomment trop pour oublier la réalité. Malgré son esprit froid et analytique, lui qui savait dans ses grands livres poétiques – *Le Festin nu*, *Les Garçons sauvages* ou *Nova Express* – mélanger réel et visions, froideurs et hallucinations, nous sert ici une soupe inréchauffable de théories fumeuses et mégalomaniaques. À le lire, tout brouillage et émission de sons par des haut-parleurs, dans les rues ou dans des sacs à dos d'agents révolutionnaires, dans des réunions, concerts ou lieux publics, aura un effet dévastateur sur une Amérique paumée en proie à la panique et à la violence. Bien sûr, il joue sur du velours en affirmant que les États-Unis sont perpétuellement désinformés, brouillés et menés par les agences et des groupes d'influences, de contrôle, de police et d'agents spéciaux. Il reprendra souvent ces grands thèmes dont ma pauvre génération raffolait : pouvoir et manipulation, CIA, FBI et lavage de cerveaux. Mais aujourd'hui, à lire son ton sentencieux sur les effets de simples cut-up, de trafiquages de sons et de sens, on est un peu inquiets. Est-ce l'œuvre d'un intellectuel cynique profitant de la naïveté d'une masse de jeunes pour se venger d'un système qu'il haïssait – cette fois – réellement ? Pensait-il sérieusement faire la révolution avec des magnétophones, des amplis et des caméras vidéo ?

Ou surfait-il sur une mode ? Il est vrai que l'Amérique des années 1960 avait répété violences, émeutes, manifs et répressions, faisant croire à une pré-révolution éclatée. Mais quand il cite, pour appuyer ses idées, les théories de Ron Hubbard, l'escroc inventeur de la scientologie, selon laquelle « certains mots assemblés peuvent provoquer des maladies graves », on constate que la réputation de mec inquiétant qu'il trimballait est assez juste et fondée. Soixante pages de ces propositions antéchristiques – on pense à Hakim Bey et à son *Zone autonome temporaire* (TAZ) pour échapper au système, écrit vingt ans plus tard, dans cette tradition – on fatigue. Burroughs a touché toute sa vie une rente familiale sur des machines à calculer, ce qui lui a permis de déconner à pleins tubes avec une bouée de secours. Alors déconne autant que tu veux, William, mais ne nous explique pas la guerre, même psychologique !

LIVRE William S. Burroughs, *Révolution électronique*, Allia, Paris, 2017.

Byrds (The)

Free as a Byrd

Le groupe américain des Byrds fut une sorte de pare-feu musical censé contrer la Beatlemania qui faisait trembler les États-Unis du showbiz *sixties*. Les proto-hippies qui formeront ce groupe sont des fils de middle class plutôt branchés, et, au départ, des beaux gosses branleurs qui ne pouvaient que choisir de former un groupe à l'aube des *sixties* californiennes. Donc Jim/Roger McGuinn, fan d'espace, trouvera David Crosby, blouson doré semi-délinquant (futur Crosby, Stills, Nash & Young), Gene Clark, *songwriter* du Midwest, Chris Hillman ou même Gram Parsons, loser angélique (ces deux derniers formeront les Flying Burrito Brothers). Il leur faudra le *Tambourine Man* inédit de Bob Dylan pour décoller, ainsi que l'aide bienveillante d'amateurs comme Lenny Bruce – le *showman* culte sulfureux et révolté – et des producteurs pros comme Terry Melcher (l'homme que visait la bande de Charles Manson lors l'expédition qui se solda par la mort de Sharon Tate, l'épouse de Polanski).

Les Byrds ont payé cher d'être à la charnière de deux époques en Amérique. Après avoir été les rois du monde dans les années 1950 avec le rockabilly, les Ricains ont pris en pleine poire la British Invasion, plus novatrice, nerveuse et obsédée. Bien sûr, les Byrds seront hippies et donneront dans le folk rock, la country rock et le psychédélisme, si tant est qu'on puisse passer de la consommation d'alcool fort au LSD. Ils s'appelèrent d'abord The Jet Set, puis The Beefeaters (de la marque de gin qui arrosait leur gosier pentu) – des racines pour le moins hésitantes pour ces oiseaux voyageurs en quête de point de chute, faute de connaître l'itinéraire. Comment hésiter entre Kinks, Who, Beatles, etc. – qu'ils croyaient imiter – et ces provinciaux un peu lents qui, même en pantalons collants et franges lourdes, n'ont rien des électriques sauterelles bluesy et sous amphétamines que furent nos Anglais trendy ? Les Français, notamment, ont longtemps préféré les sombres mods avant de se laisser happer par le côté bleu-California de la force cool.

LIVRE *The Byrds. Des cowboys de l'espace*, Didier Delinotte, Camion Blanc, Rosières-en-Haye, 2016.

C

CAGE JOHN

Pour en finir avec Marcel Duchamp

Interviewé en 1971 par la pauvre vieille groupie Moira Roth, John Cage (1912–1992) avoue qu'il ne comprenait rien à l'œuvre de son ami Marcel Duchamp, pas plus qu'à ses théories sur le jeu d'échecs. Il ajoute que la dernière épouse de Duchamp, Teeny Matisse, en était au même point – juste retour des choses pour celui qui ne trouvait aucun intérêt à « l'expression de soi ». Quant au pauvre John Cage, avec ses concerts où il n'y a que du silence (*4'33"*), ceux où on se contente d'ouvrir puis refermer un piano, et enfin ceux où les cordes de pianos sont bloquées par des gommes et autres bouts de bois, il faisait fuir les spectateurs. Cage avoue aussi que Duchamp pensait beaucoup au fric et était fasciné par les artistes qui en gagnaient, contrairement à lui, le soi-disant « non artiste » qui ramait tant, allant jusqu'à draguer des femmes riches qu'il tentait d'impressionner.

Il raconte à Roth qu'il squatte la compagnie de Merce Cunningham, avec qui il couchotte, en exigeant que chaque musicien et danseur fasse ce qu'il veut, sans s'occuper des autres – technique de l' « aléatoire » piquée aux Orientaux (zen) et ultra banale chez les dadas et surréalistes, déjà suiveurs. Là, Duchamp et Cage sont à Cadaqués. Le premier voit et admire Salvador Dalí. Le second la joue plus cool, perd aux échecs et ne souhaite voir personne. Son truc, à Cage, c'est le sourire zen béat : tout est dans tout et chacun pour soi. Il reproche aux danseurs de Cunningham (pauvres et exploités, il le dit) d'avoir tenté de s'accorder un peu pour un ballet ! Il les traite d'idiots, incapables d'improviser dans le rien, que lui, le gourou du vide, souhaite atteindre.

L'absence totale de succès a rapproché Duchamp et Cage, deux glandeurs fauchés et pique-assiettes. Il leur fallait quelques fans débiles et complexés pour finir le mois (pour Duchamp, ce fut Arensberg, qui lui acheta toutes ses bricoles à bas prix, avant de devoir tout donner gratos au musée de Philadelphie). Appelons-les John Cave et Marcel Dugland, car l'un est un cave qui ne se rebiffe pas, et l'autre un gland qui s'agite pour paraître habité. Ils sont pour moi comme Bouvard et Pécuchet, les héros de Flaubert : deux naïfs patauds et prétentieux, qui croient comprendre le monde et ses subtilités et s'extasient à longueur de journée sur des lapalissades. Cage a le mérite de ne pas se défendre de sa nullité revendiquée, ce qui avait le don d'énerver le vieux vampire Duchamp, qui avait fini par lui crier, prenant prétexte d'une partie d'échecs : « Mais n'avez-vous donc jamais envie de gagner ? » Question absurde pour un loser ! Ces deux fainéants ont cru que la philosophie orientale (zen), et notamment le « non-agir » hindou, leur servirait de boucliers. Mais n'est pas Lao Tseu ou Sankhāra qui veut. Ils ont prétendu vouloir ne rien faire et s'amuser, or ils n'ont cessé de produire (mal, des contre-œuvres), de tenter de faire parler d'eux (ils ont réussi), de mentir, car ils étaient sinistres, hypocrites et faisaient fuir publics, amateurs et autres naïfs complexés, qui souhaitaient rehausser leur image par la fréquentation d'intellectuels en perpétuelle représentation.

Et puisqu'ils aimaient les jeux de mots, voici mon verdict :

« Je n'ai aucune envie de prendre Duchamp
Et encore moins de me mettre en Cage... »

LIVRE *Rire et se taire – Sur Marcel Duchamp*, John Cage, Allia, Paris, 2014.

Calypso

Grandeur et mystère

On ne connaît toujours pas clairement l'origine du nom « calypso » (comme celle de « flamenco » d'ailleurs). Tout juste si l'on pense qu'il viendrait du nigérian *Kaiso*, signifiant « en avant », puis serait devenu synonyme de « joie extatique »... aux Antilles. Cette musique de carnaval dansé est née à Trinidad et Tobago, ces îles face au Venezuela, mais elle concerne aussi la Barbade, la Grenade, et même le Panama. Proche du mento jamaïcain, mais différent de rythme et de sens, le calypso a donné la soca dans les *seventies*, tandis que le mento n'avait cessé de se cloner en ska, rocksteady, reggae, dub, dancehall, etc. Comme à Cuba, le calypso est un parfait mélange de rythme africain et de musiques romantiques européennes. Et comme en Jamaïque, les Africains exploités n'avaient pas le droit de jouer du tambour.

Dès les années 1910, les musiciens noirs ont contourné les interdits et commencé à enregistrer leurs *chantwells* chez Victor et Decca Records. Les noms évocateurs des chanteurs donnent déjà un ton humoristique et théâtral : Attila the Hun, Roaring Lion, Wilmoth Houdini (nom d'un magicien célèbre), Lord Executor, King Radio.

Dans les années 1920, Okeh et Columbia enregistrent à leur tour et gravent des disques de ces chants insulaires si cools et dansants. Dans les années 1940, Lord Invader lance le premier tube, *Rum and Coca-Cola* ! Dix ans plus tard ce sera Harry Belafonte qui mondialise le calypso avec *Matilda*, *Day O*... Puis Robert Mitchum s'y met aussi – cool, calypso !

Dans cette même décennie de succès (les années 1950), le Trinidadien Lord Kitchener est un vétéran, comme Growling Tiger. Kitchener (né Aldwyn Roberts) pousse le calypso jusqu'à Londres, tandis qu'aux Caraïbes les concours se succèdent et que Mighty Sparrow l'emporte avec *Jean and Dinah*, re-tube international. C'est Lord Flea qui remarque que le mento est vendu comme « calypso », alors il part faire des tournées à succès dans les hôtels de la Jamaïque (la Costa Brava des Anglais et des Américains).

Dans les années 1960, Lord Burgess joue à la Barbade et Mighty Sparrow commence à négocier tarifs et conditions pour les musiciens.

Au grand carnaval de Trinidad, à Port of Spain, les Tin Pan ou Steel Band sont devenus des fanfares mélodiques, speedées et raffinées. *Shame and Scandal in the Family* est encore un tube international calypso, qui montre les textes vrais, vivants, sociaux et déconnants de cet art chanté des Caraïbes qui a fait plusieurs fois le tour du monde. Voilà pour la grandeur.

CD *Musical Poetry in the Caribbean, 1955 – 1969*, Soul Jazz Records.

Camp

C'est quoi cet esprit ?

« Style esthétique et culturel touchant au mauvais goût et à l'ironie » apparu vers 1910 – à ne pas confondre avec le kitsch – l'esprit Camp (prononcer « campe ») fut très à la mode dans les années 1965 – 1975. Le Camp est un comportement et un langage qui renferme de l'auto-ironie, des tonnes de références culturelles plus ou moins douteuses et une façon schizophrène d'y croire sans y croire. Susan Sontag, photographe ultra branchée et amie des Stones, a écrit le premier manifeste Camp en 1964 (*Notes on Camp*), donnant le signal d'un période faste du genre, avec les films de John Waters, la Factory de Warhol et l'avènement de l'humour drag-queen (Divine, Dame Edna, Liberace, etc.). On peut qualifier l'esprit Camp de théâtral, exagéré, frivole, superficiel, arrogant, snob. Ou encore de populaire ou petit-bourgeois. *La Famille Adams*, *Dallas* et même *Batman* peuvent s'y apparenter pour leur esthétique et leur second degré. Le Camp est insaisissable et vient souvent se loger où on ne l'attend pas.

La première heure des *Garçons de la bande* (1970) permet d'assister à la démonstration d'un certain esprit Camp. Ce film tiré d'une pièce à succès du théâtre off Broadway de Mart Crowley (*The Boys in the Band*) a deux particularités. D'une part, son casting reprend tous les comédiens de la pièce originale et, d'autre part, il s'agit du premier film à traiter du milieu exclusivement homosexuel de New York. Rutilant d'humour noir, de plaisanteries gay, d'affirmations gratuites ou provocantes, citant des idoles gay féminines comme Judy Garland ou Marlene Dietrich, *Les Garçons de la bande* est une comédie dramatique, un huis-clos où une sorte de jeu de la vérité entre six hommes vire au drame – une sorte de néo-outing collectif !

Jouée pendant des années (comme le *Rocky Horror Picture Show*), la pièce est admirablement écrite, magnifiquement interprétée, et son originalité n'a pas empêché que beaucoup de spectateurs, même hétéros, s'y reconnaissent. Le film, réalisé par William Friedkin (*French Connection*, *L'Exorciste*), est devenu un classique du cinéma US, justement à cause de ce cinéaste, utilisé à contre-emploi. Car Friedkin est plutôt du genre « dur-à-cuire » : films de violence, polars, suspens et autres sujets coup de poing. Et *Les Garçons de la bande* est acéré comme un film noir, sans mièvrerie ni complaisance : un reportage-vérité sur la scène homosexuelle naissante et les complexes de cette petite société d'alors. D'où l'usage ironique et décomplexant de l'attitude Camp dans ce film-charnière du tout début des *seventies*, puisque cet état d'esprit, déjà présent dans l'underground et l'avant-garde, va se répandre dans l'ensemble de la culture pop. Les Australiens définissent le Camp comme purement homosexuel. Les Américains disent que le terme vient du « campus » (universitaire), où se forme ce style esthétique. Personnellement, j'imagine qu'il vient de « camper » (un personnage) ou de « se camper » (dans une attitude), car cet esprit fortement théâtral est centré sur l'ego, obsédé par les biographies des artistes plus que par leurs œuvres. C'est le côté gossip du Camp !

DVD *Les Garçons de la bande*, de William Friedkin, Carlotta Films.
LIVRE *Second manifeste Camp*, Patrick Mauriès, L'éd. Singulier, Paris, 2012.

Can

Yes we Can !

Holger Czukay, Irmin Schmidt, Michael Karoli, Jaki Liebezeit, Damo Suzuki, entre autres patronymes de diverses nationalités – les membres de Can ont des noms impossibles. Ce commando, allemand à la base, est composé de petits génies et d'élèves de grands maîtres de musique, comme Karlheinz Stockhausen, ou d'instrumentistes virtuoses, mais aussi de poètes, de chercheurs et d'ingénieurs – tout à la fois. Et dès 1968, ils vont poser les bases de ce qui deviendra en deux ans le groupe le plus encensé des connaisseurs : Can (« boîte de conserve » en anglais, « âme » en turc et « émotion » en japonais).

Au départ, ils sont si étranges qu'on leur propose des musiques de films – dont *Deep End* de Jerzy

Skolimowski (1970), bijou pop et culte – car ils sont les rois de l'ambiance et de l'atmosphère. Leur musique est ambitieuse, élevée, inclassable, culottée, ingénieuse et ensorcelante, puissante et envoûtante. Classée dans le rock allemand, musique planante et autre rock progressif, elle dépasse largement ce cadre : postmoderne, répétitive, atonale, minimale – les plus grands *rock critics* s'y perdent. L'influence de Can va s'étendre de la techno au punk, et le nombre de groupes qui s'y réfèrent est impressionnant. Même Kraftwerk, qui peaufinait tout au millimètre en studio, a joué en *live* avec eux ! Car si les membres de Can sont savants, ils travaillent aussi l'improvisation et les ruptures : ils touchent au free funk, au jazz, au rock, blues, R&B, électro, world, sampling, ambient, bruitiste.

Pourtant ils démarrent avec presque rien : un magnétophone, deux ou trois entrées, un studio bricolé. Ils finiront avec des instruments électroniques sophistiqués, mais toujours mis au point par eux-mêmes. Leur niveau est tel que les instruments, rythmiques, voix, bruits divers, samplés ou pas, semblent tous fluides, naturels, à leur place, jamais gratuits ni surdosés – la science de Can. Leurs répétitions et leur perfectionnisme auront raison d'eux en dix ans, mais ils n'ont jamais cessé de produire depuis, ensemble ou avec d'autres, de reclasser ou de sortir leurs centaines de bandes enregistrées. Aujourd'hui encore, Can fait office de guide et de gourou pour Sonic Youth, PIL et Johnny Rotten, le rock électro, la drum and bass. Même le rap et le dub leur doivent quelque chose. Leur rythme soutenu, métronomique, stakhanoviste, leurs bruits étranges, leurs voix, leurs apports de sons improvisés ont laissé des traces profondes dans l'horlogerie pop.

Curieusement leur sérieux, leurs études, écoles et maîtres ne les ont en rien assagis. Ils ont répété, mais dans un but d'improvisation maîtrisée et sophistiquée, avec des trouvailles de bricoleurs et des inspirations de poètes. Ils ont élargi au maximum le cadre du concert de musique pop. Enfin, même s'ils ont eu un Noir américain, un Japonais et d'autres étranges étrangers dans leur formation – sans parler de tous ceux qui ont voulu travailler avec eux – l'âme allemande, profonde et romantique, perfectionniste et lyrique a montré avec eux sa hauteur de vue et son ambition. Ils ont même intégré du violon tzigane, des rythmes latinos américains, des ragas indiennes ou des chants vietnamiens dans leurs morceaux. Bref, si comme beaucoup d'amateurs vous avez loupé Can, il est grand temps de ne pas mourir idiot.

LIVRE *Can – Pop Musik*, Éric Deshayes, Le Mot et le reste, Marseille, 2013.

CARAÏBES

L'âge d'or de la musique des îles

Les îles Caraïbes, dans le golfe du Mexique et au-delà, sont tellement mythiques qu'on peut en retracer l'histoire moderne en quelques mots. Après quatre siècles d'esclavage, de chaînes, de tambours interdits et de musique proscrite, le XXe siècle amène un peu d'humanité. Et toutes les populations déportées d'Afrique, qui ont déjà leur patois codé et secret, vont récupérer leur chant et leur rythme propres. L'Afrique apporte ses rythmes et son chant en appel et réponse (*Call and response*) influençant toutes les musiques caribéennes. Chaque île a ses danses, ses styles, son genre propre : biguine, mento, calypso, cha cha, mambo, danzon, merengue, go kwa, kompas, traces de charanga et descarga. Car dès qu'ils ont pu, les travailleurs des plantations ont non seulement récupéré leurs percussions, mais aussi des guitares, des flûtes, des violons, des pianos et des cuivres pour intégrer de la musique européenne – quadrille, contredanse, polka, mazurka – dans leurs compositions. Avec la radio puis les disques, ce fut l'explosion : succès mondial de la biguine dès les années 1930, puis du calypso dans les années 1940. Mambo et cha cha emporteront les années 1950 dans leur folie, les *sixties* révèleront le ska, puis le reggae – une déferlante sans fin.

Les Américains copient frénétiquement ces airs avec des big bands, filmés en Soundies pour ciné et télé dès les années 1940. Puis c'est le tourisme qui va permettre l'ouverture de clubs (dancings sur place, mais aussi exotisme dans les capitales européennes) et faire vivre les musiciens jusqu'à ce qu'ils enregistrent leurs œuvres. Des ethnographes viennent étudier danses et partitions, chants et orchestrations, nouveaux instruments (güira, maracas, bongos, clave). Les dictateurs eux-mêmes – Duvalier à Haïti, Batista à Cuba, Trujillo à Saint-Domingue – vont favoriser ces arts adaptés aux touristes ! C'est une avalanche de disques typiques, aux pochettes colorées, avec danseuses déshabillées ou déguisées en filles de la jungle, ou beaux Latinos avec leurs instruments, ultra sapés en couleurs vives. Le fantasme des danseurs tropicaux est né : image-perle des dépliants touristiques, paroxysme du rythme, de la sensualité et de la virtuosité des Africains, des Latins, des *mestizos* ou sang-mêlé.

Derrière les photos des beautés locales, en prime des déhanchements maladroits des amateurs du monde entier, apparaît une musique complète, avec chant, contre-chant, orchestration précise, mélodies dérivées d'Europe, matinées d'Espagne, trio, sextet, orchestre complet. Car si les éléments africains de rythmes et les chants en appel et réponse ont marqué ces musiques (plus le génie vaudou en Haïti, santeria à Cuba et candomblé au Brésil), la qualité musicale classique et le professionnalisme des musiciens ont fait la différence. À Nova, il y a longtemps que cette world haut de gamme fait notre bonheur, on l'a appelée « Sono Mondiale ».

CD *90° Degrees of Shade. Hot Jump-Up Island Sounds from the Caribbean. Des annes 50 aux annes 80*, Soul Jazz Records.
LIVRE *90° Degrees of Shade : Over 100 Years of Photography in the Carribean : Image and identity in the West Indies*, Soul Jazz Books, 2014.

Cassady
Neal

modèle de la Beat Generation

La naissance du style « hipster » des aventuriers intellos de la Beat Generation vient de deux rencontres principales : Herbert Huncke et Neal Cassady (ayant l'un et l'autre pondu leurs stupéfiants livres de mémoires). Le premier, éternel fugueur, junkie plein de ressources, va inspirer William Burroughs. Son expression favorite est « *I am beat* » : je suis crevé, fourbu (rien à voir avec « béat » ou le « *beat* », comme le dira plus tard Kerouac). Quant au flamboyant Neal Cassady (1926–1968), inspiration absolue de Jack Kerouac, il passera les quatre dernières années de sa vie au volant du bus de Ken Kesey, avec sa bande de Merry Pranksters et des Grateful Dead, les pionniers du LSD, du *light show* et de la pop *West coast*.

Cassady est aussi l'auteur d'une volumineuse correspondance réunie par les exigeantes éditions Finitudes sous le titre *Un truc très beau qui contient tout*, reprenant celui qu'il aurait voulu donner à un livre-album total, sur lui-même et ses pensées éclatées. Ce sont de précieuses lettres où l'on voit survivre cet ex-fils de clochard, de hobo, élevé dans asiles et hospices, rues et squats où il a tout appris de la débrouille. Avec ce recueil, on rentre dans le quotidien brut et le fondement de ce style de vie fait d'expédients et d'éclairs raconté dans *Les Clochards célestes*, *Sur la route* ou *Big Sur*, qui rendirent Kerouac célèbre, et Cassady fou de voir que la littérature faisait effectivement des miracles. Il fut pourtant lui-même la racine d'un genre littéraire.

Neal est beau et possède une énergie folle. La bande de poètes de New York puis de San Francisco rêve d'aventure et Cassady va leur en mettre plein la vue. En retour ses potes intellos vont donner à cet affamé de culture, de lecture et de jazz de quoi se gaver et perdre la tête. Il va tout dévorer en autodidacte, ajoutant ainsi à sa vie de fou des résonnances culturelles, poétiques et pseudo-philosophiques. Il rêve d'écrire comme Kerouac, et Kerouac d'être libre et fonceur comme lui ! Les lettres qu'il lui écrit, ainsi qu'à Ginsberg, Burroughs et à toutes « ses » femmes (car il ne cesse de coucher avec des filles, et même de se marier et de procréer) sont celles d'un feu follet toujours en quête d'argent, de voitures (il en a volé 500 dans sa jeunesse), de vêtements ou de matériel pour s'en sortir. Extraordinaire énergie perdue à courir après les très jeunes femmes ou ses amis poètes dispersés, à quoi s'ajoutent les petits boulots, arnaques, piaules et tout ce que la vie compte de trivial et de matériellement pesant. Mais Cassady « sent » une nouvelle ère de possibilités – drogues, musiques, filles, voitures, voyages, conscience élargie, vision du monde éclatée, guidé par ses amis cultivés – qu'il exaspère encore par ses fugues, ses emprunts et ses drames conjugaux.

Sur Nova, j'ai raconté les livres de ses femmes en colère, rétablissant des actes peu glorieux de la bande, et aussi les critiques violentes de Bukowski, traitant certains Beats de vampires suceurs de vrais zonards, seuls capables de comprendre la rue. Kerouac a largement confirmé que le concept de Beat Generation fut un coup monté de toutes pièces par les journalistes, éditeurs et autres agents autour d'une bande disparate et n'ayant finalement que très peu en commun. D'ailleurs, chacun suivra une route différente. Je laisse William Burroughs le soin de conclure :

« Neal est la véritable âme du voyage, comme mouvement pur, abstrait et sans but. Il est l'essence même du Mouvement, compulsif, prêt à sacrifier famille, amis et même sa satanée bagnole au besoin irrépressible d'aller d'un endroit à l'autre. »

LIVRE *Un truc très beau qui contient tout. Lettres de Neal Cassady (1944 – 1950)*, Éditions Finitude, Bordeaux, 2014.

CASSAVETES JOHN

Un emmerdeur à Hollywood

Vous connaissez l'acteur John Cassavetes (1929 – 1989) car il jouait le mari diabolique de Mia Farrow dans *Rosemary's Baby* de Polanski. Vous savez moins qu'il a également joué dans un super polar de Don Siegel, *À bout portant* (tiré des *Tueurs* d'Hemingway, déjà porté à l'écran) et qu'il fit la gloire de Lee Marvin dans un rôle de flingueur en costard noir, père de tous les hommes en noir d'aujourd'hui. Avec une série télévisée, *Johnny Staccato*, ou des apparitions remarquées comme dans *Les Douze salopards* d'Aldrich, la carrière de Cassavetes acteur était toute tracée. Pourtant, dès 1958, il tourne seul *Shadows* autour d'une bande de fous de jazz – blancs, noirs et métisses – qui se battent avec l'argent, le racisme, leur passion et la vie : un pur moment d'existentialisme intello et flippé, où les interprètes amateurs, dans leurs vrais rôles, sont inoubliables de vérité et d'émotion. Cassavetes ne supporte plus la technique hollywoodienne où tout est fait pour la lumière, le cadre, les plans, le montage et où les acteurs n'ont plus qu'à suivre les croix dessinées au sol. Il mise tout sur le jeu, les vraies sensations, l'improvisation, la caméra qui tourne pour le moment où la vraie vie se superposera au cinéma. Il veut libérer les acteurs, qui sont la seule vraie matière de ses films. Mais si sa manière radicale fait parler de lui, ça ne rapporte rien et Hollywood se méfie des révolutionnaires.

En 1964, Cassavetes remet ça avec *Faces*, un couple d'Américains moyens à la dérive. Il lance un appel à la souscription : « Si vous voulez voir des vrais gens comme vous, dit-il aux Américains, aidez-moi à financer mes films ! » Il devra alterner travail à Hollywood et ses propres films « indépendants », échevelés, entraînant tous ses amis – Ben Gazzara, Peter Falk, Lynn Carlin, Seymour Cassel – et surtout sa femme Gena Rowlands, dans ses aventures épuisantes et ruineuses. Il tourne chez lui, monte les rushes dans son garage et lance des acteurs tout en essayant de les retenir, comme Rowlands, la blonde émotive, sexy, paumée, amoureuse, star inquiète en éclat ou en dépression avec laquelle il fera presque tout : *Faces*, *Minnie et*

Moskovitz, *Une femme sous influence*, *Opening Night*, *Gloria*, *Love Streams*. Au milieu d'une grande carrière variée, Rowlands donne trois enfants à Cassavetes et demeurera jusqu'au bout sa muse absolue.

Mais John, chef de bande impétueux et fonceur, souffrira des lourdeurs techniques, de l'endettement des productions, des lenteurs de la distribution, de la passivité du public, de l'insuccès des débuts. Six mois de tournage, trois ans de montage, 150 heures de rushes pour un drame intimiste comme *Faces*... Cassavetes est insatiable et ses productions en pâtissent. Mais l'Europe en fait un classique et Hollywood tente de l'amadouer. Il va rentrer de son vivant dans l'histoire du cinéma. Épine dans le pied de l'industrie hollywoodienne, il représente le contraire des studios : amitié, désintéressement, passion, désordre de la vraie création, don de soi et cette folie des interprètes, du « jeu » qui replace l'acteur au centre du film et cesse de le considérer comme un simple rouage de la production.

Alcoolique, Cassavetes meurt d'une cirrhose en 1989. Mais il s'est fait un nom. Il a réussi à avoir des fans dans le monde entier et à inspirer bien d'autres metteurs en scène, à commencer par son propre fils, Nick. Plus qu'un style de cinéma émotionnel, à fleur de peau, il a imposé une marque de travail forte et libre, un « facteur humain » vibrant pour contrebalancer le côté industriel de la machine des studios. David a gagné contre Goliath.

COFFRET 5 DVD BLU-RAY Cassavetes (*Shadows* ; *Faces* ; *Une femme sous influence* ; *Meurtre d'un bookmaker chinois* ; *Opening Night*), Darkstar.

CÉZANNE PAUL

Ouvrir la porte de l'art moderne

Je me demandais depuis longtemps pourquoi Paul Cézanne (1839–1906), le peintre de la montagne Sainte-Victoire à Aix en Provence, était une référence de l'art moderne. Personnellement, je ne voyais que jolies pommes sur nappe blanche ou montagnette baignée de soleil... Même ses arbres ou ses nus me paraissaient mal peints, grossiers, voire pas finis. Mon prof de dessin me montra alors que, par des touches de peinture presque carrées, Cézanne avait été le premier à montrer la diffraction de la lumière en une multiplicité de « plans », comme des cassures, préfigurant le cubisme. Et effectivement, identifier ce détail technique permettait de « voir » cette transcription de la vibration réussie du soleil en Provence, si fort qu'il fait parfois trembler les surfaces, comme un mirage, un fourmillement de brillance ou de mat.

Puis c'est un livre de considérations sur l'art du grand libertaire D. H. Lawrence – l'auteur de *L'Amant de Lady Chatterley*, du *Serpent à plumes* et d'autres romans-voyages forts en Grèce et au Mexique – qui acheva de me révéler Cézanne. Lawrence batailla avec la peinture sans jamais parvenir à y exceller comme en littérature. Peut-être est-ce parce que Cézanne ne commença à peindre qu'à 40 ans – plus mûr, plus réfléchi et n'ayant pas de temps à perdre – qu'il s'est efforcé de trouver des solutions à la peinture figurative.

C'était un artiste exigeant, obstiné et travailleur. Après l'observation – notes, dessins, esquisses, réalisés sur place, dans la nature – il rentrait à l'atelier pour recomposer, penser et contrôler exactement ce qu'il voulait faire. Au nombre de ses préoccupations figurait une question très moderne : comment échapper au « cliché » du paysage, du nu, de la nature morte répétée, académique, attendue et inutile ?

Cézanne ne supportait pas de refaire un énième tableau correct, composé, appliqué – une toile de plus sur un sujet mille fois peint, la répétition infinie d'un tableau quasi identique, obéissant aux lois du genre. Et comme il peignait sur fond blanc, directement, pour que la lumière de la toile passe entre les touches ou en transparence, il découvrit une méthode : ne pas finir, laisser du blanc, des vides, afin que seules demeurent les parties intéressantes, aérées, non étouffées par les finitions, l'excès de peinture, etc. Il s'agissait de casser l'exécution appliquée et achevée du tableau, de le laisser respirer, exister en tant que travail d'esquisse et de réflexion, et non d'en faire un objet fini, prêt à l'exposition et à la vente... avant de finir sur le mur d'un salon.

Le texte de Lawrence sur l'art, intitulé *La Beauté malade*, est une rareté, un essai incomparable. L'auteur y analyse avec finesse et radicalité les errements de l'art. Dénonçant cinq siècles de civilisation et de puritanisme (victorien, anglican, américain), il nous explique en quoi, pour lui, l'expression artistique se mourait vers la fin XIXe. L'art était devenu tiède, ennuyeux, privé de présence charnelle. Lawrence relie la frustration et le puritanisme qui ont séparé l'art de la sensualité indispensable aux humains. Il était alors le seul à le faire.

LIVRE *La Beauté malade*, D.H. Lawrence, Allia, Paris, 1993.

CHRISTOPHE

Le beau bizarre

Daniel Bevilacqua, alias Christophe (1945–), chanteur de charme depuis 1967, voix aiguë de chat écorché, look de jeune premier blond et dandy, a survécu aux tempêtes des modes. Mieux, il a dérouté critiques et amateurs en changeant plusieurs fois de peau. Aujourd'hui, il ressemble à Custer, Buffalo Bill ou d'Artagnan : longs cheveux blonds ramenés en arrière, moustache en guidon de vélo, visage buriné et sapé en joueur de poker, bagues, bracelets et santiags au pied, à la fois fragile par sa petite taille et carré par ses manières. Comme Hallyday ou Higelin, il est de la race des indestructibles, éternel survivant, accroché à ses convictions, ses manières, ses obsessions, ses particularités. Christophe est un cas, à part.

À ses débuts, presque chanteur à minettes, c'est un yéyé mais avec un plus, un supplément d'âme, un sens de la mélodie, un style néo-dramatique, loubard sentimental. Avec Nino Ferrer, Dutronc et Polnareff, il est dans le peloton de tête des inclassables. À mesure des décennies et des influences, il s'envole, avec divers acolytes, tantôt rétro, tantôt glam, et même novö. Tenté par l'électro, boosté par les claviers, les ordinateurs, les nappes de synthés, il plane à travers les époques, les références. Le loulou rital de Juvisy rêve et parvient à atteindre son propre paradis, fait de stars, de paillettes et de vraies envolées lyriques.

Les *rock critics* ont trouvé en lui des traces de ce maelstrom des références : Sparks, Bowie, glitter, pop satinée, cabaret, décadent sensible. Comme nous tous, il a subi les chocs acoustiques, électriques et électroniques de toutes les trouvailles de la musique populaire. Il énonce lui-même ses coups de cœur : Brassens – inattendu ; Brenda Lee – même voix électrique ; John Lee Hooker – le blues ; les Animals pour l'invasion british... jusqu'aux synthétiseurs et même le rockeur minimaliste Alan Vega, avec lequel il s'est produit en public. On peut continuer d'énumérer avec lui toutes les comètes musicales et cinématographiques dans lesquelles il a puisé ses inspirations, ses images, ses travellings, ses plongées dans des univers indispensables au créateur éclectique qu'il est devenu. Débarrassé de toutes les étiquettes, qui se sont décollées de lui comme les mues du serpent, le chanteur de charme Christophe a pu traverser le désert de la variété en interprète, jusqu'à devenir un compositeur unique – une trajectoire à la Bashung. Chauffé au four des alchimistes, le magicien Christophe a opéré lui-même sa propre transmutation.

CIORAN EMIL

Chantre du flip

Emil Michel Cioran (1911–1995), mère athée, père pope orthodoxe, fut élevé en Roumanie. Mieux, en Transylvanie, au pays de Dracula et des vampires. Excellent élève, licencié en philosophie, professeur, il a vécu passionné, secoué par la guerre et le fascisme, accusé d'anticommunisme et de tentation fasciste. Il a lu tous les grands penseurs et philosophes, de Nietzsche à Kierkegaard, de Kant à Bergson. Très populaire dans l'intelligentsia roumaine, il s'exilera à Paris. Reclus rue de l'Odéon, mécéné par sa compagne, il vit très simplement, va au resto U... Il dira avoir perdu le sommeil à 20 ans – « ce qui est l'origine de toutes mes divagations ». De quoi s'agit-il ? D'une sorte de choix moraliste et pessimiste sur tout.

Voyons ses principaux livres : *Sur les cimes du désespoir* (1934), puis très vite ce sera *Des larmes et des saints* (1937), car il a traversé une période mystique, puis le magnifique *Précis de décomposition* (1949) – François Mauriac, André Maurois, Maurice Nadeau, Jean Paulhan, Henri Troyat le découvrent – suivi de *Syllogismes de l'amertume* (1952), et surtout *De l'inconvénient d'être né* (1973), son chef d'œuvre si l'on ose. Vous l'avez compris, le fou de lecture et de pensée passionné de littérature, de philosophie et de religion, est passé de l'autre côté du miroir, pour une longue traversée du désert. Pas d'espoir pour ce grand lucide érudit : tout est devenu pour lui – avec le temps – une farce prétentieuse. À travers ses essais, aphorismes et syllogismes, il va devenir le chantre du flip et de l'inutile. C'est un pessimiste absolu mais non dénué d'humour, mutipliant les vacheries sur le monde et les célébrités ou les honneurs (« Sartre, écrit-il, m'émeut pour la faillite de ses conceptions. Petit napoléon de la pensée »). Il hait les maîtres à penser. Il rejette les philosophes qu'il accuse de n'être que des fabricants de systèmes, prêts à penser, sans réalité ou sensation tangible. Même son ami et compatriote Mircea Eliade (spécialiste des mythes, de l'Inde, etc.) le dit « dispersé et évitant la fatalité et le tragique ».

Provocateur, Cioran prétend qu'un pays sans dictateur est comme un zoo sans hyène : il manque quelque chose, on s'ennuie. De toute façon, il affirme que « la vie est une occupation d'insecte ». Il y a aussi bien des considérations « hautes » dans ses textes, des idées sur les auteurs, la musique, l'art ou la vie et la pensée, mais, en grand sceptique, il pratique une sorte de stoïcisme, avec beaucoup de style. Ses idées tombent comme des couperets, sans appel. Ayant un « petit » public, il vit de peu, refuse les honneurs et les prix, et devra attendre la génération Mai 68 pour être enfin apprécié de la jeunesse, plébiscité par les plus radicaux. Le monde commence à entrevoir son élégance, son authenticité, combattant la « magie du suicide » – qu'il refuse avec des mots, car il est un maître de la formule. Il en a inventé beaucoup. En voici une dernière : « Seul l'idiot est équipé pour respirer. »

CLARKE SHIRLEY

Les confessions de Jason

Shirley Clarke (1919–1997), réalisatrice américaine inclassable, a réalisé d'étranges films entre les années 1960 et les années 1980. Elle fut proche de Jonas Mekas et cofondatrice de la Film-Makers' Cooperative. Elle a filmé les junkies, les marginaux, les gangsters, les Noirs, les jazzmen, sans complaisance ni délectation, mais avec une sorte d'insistance opiniâtre qui fait glisser du voyeurisme hébété à la lassitude, puis à une nécessaire inquiétude sur la vie même. Inconnue, Shirley Clarke fut danseuse avec Martha Graham, puis impliquée dans ce nouveau cinéma (Mekas, Cassavetes), expérimental mais aussi réaliste et profond. Avec son film *The Connection* montrant un repaire de drogués divers et leurs étranges visiteurs, sans oublier le dealer dominateur et traître, on plonge dans un lieu underground et désespérant comme il en existe des milliers, mais jamais montrés. Bien sûr, New York en arrière-plan laisse deviner une espèce de bourdonnement de ruche, bourrée d'individus bizarres et de fourmis industrieuses, chacune à son trafic, qui fait le charme inquiétant des grandes villes modernes et anarchiques.

Avec *Portrait of Jason*, presque deux heures montées sur les onze heures de rushes, Jason Holliday, Afro-Américain venu du Sud à New York, se raconte à Clarke dans sa chambre du mythique Chelsea Hotel où vécurent Mapplethorpe, Patti Smith, Lennon et des centaines d'artistes et de musiciens. Légèrement vieillissant, en costume-cravate, chic et ironique, sirotant whisky sur whisky, Jason égrène quelques moments de sa vie dans le désordre. Son enfance, quand il exaspérait ses parents jusqu'au désespoir, les stupéfactions de son père devant un garçon aussi efféminé et provocateur, les coups et l'amour quand même... Puis les expédients de son parcours : arnaques, coucheries, prostitution et rencontres plus ou moins heureuses. Mais aussi ses copines, riches et décadentes, chez lesquelles il fait « monsieur de compagnie », raffiné et protocolaire. Et les compromissions, les mensonges, les disputes, fâcheries et encore l'amitié, l'amour. Plus Jason boit pendant cette interview fleuve, plus il rit de lui-même et des autres, mais plus il descend aussi en lui-même et révèle ses péchés, ses turpitudes, ses regrets. Il a connu des moments de confort, voire de luxe. Surtout, il évoque un style perdu, typique des années 1965–1975, ce fameux « esprit Camp », une sous-culture maniérée et légèrement décadente qui a déjà donné deux manifestes : celui de Susan Sontag en 1964, puis celui de Patrick Mauriès à la fin des années 1970.

Avec ce film portrait-vérité de la culture alternative, dressé par un aventurier mondain et homosexuel extraverti se dessine donc un des aspects de l'indéfinissable « Camp », état d'esprit frondeur, fan de sous-culture kitsch, de bios de vieilles stars déchues, de manières snobs ou crues, de délectation de soi-même et de références *hypes* ou populaires, pourvu qu'on s'amuse comme au théâtre.

Sur Nova j'avais recommandé le film *Les Garçons de la bande* (1970) de William Friedkin sur ce thème – un huis-clos homo *sixties*. Jason, devant la caméra sans pitié de Shirley Clarke, insistante et curieuse, raconte donc ses propres gossips, fantasmes et projections, comme une mise en abyme de lui-même se racontant, se tordant de rire ou pleurant, s'adorant et se méprisant à la fois.

COFFRET DVD Shirley Clarke *The Connection* et *Portrait of Jason*, Potemkine Films.

Clergue Lucien

Gitans, transes, sables et nus

Lucien Clergue (1934 – 2014) a appris seul, sans argent ni formation, à Arles, dans ce que je vois comme un âge d'or de son pays, la Camargue, avec les gitans des Saintes-Maries, quelques taureaux, des flamants et du sable. La première fois que j'ai vu ses images, c'était à Nice en 1962 et ce fut un choc : des femmes nues en noir et blanc, à moitié dans l'eau, cadrées en close-up des épaules au bassin. Quel culot ! Des seins, des fesses, des dos et l'écume sur les poils pubiens, le tout dans cette lumière argentée, comme brillante, et le corps serré en contre-plongée. C'était beau, cru et juste – unique. Quand bien plus tard, je m'évertuais, dans des cours de danse flamenca, à avoir un minimum de *duende*, les photos des gitans de Clergue (et de quelques autres) m'encourageaient à rejoindre cette beauté brute qu'il avait atteinte comme par magie, simplement, sans aucun artifice.

Depuis, j'ai appris que Max Ernst lui achetait des photos, que Picasso l'adorait, et qu'il avait photographié Dominguín et Ordóñez, les plus sublimes toreros, toujours durant l'âge d'or des années 1950. Mais aussi qu'il avait fait connaître Manitas de Plata, lancé les Rencontres d'Arles et que Cocteau lui fit photographier le plateau du *Testament d'Orphée*. Cet homme était un magicien, lui-même enchanté par un lieu. Il réalisa des photos de carcasses d'animaux morts, dont ces fantastiques flamants, et du sable, des galets, des marais, des rizières... Entre mer et soleil, misère et luxe, jet set ou bleds de Provence, Clergue est devenu célèbre, honoré, récompensé, fêté par les intellos comme Barthes, demandé par les académies des Beaux-Arts et autres titres que l'on créa pour lui. Après les nus dans l'eau, il y eut des nus derrière des stores, mieux que Man Ray, des corps Op Art, à rayures, des enfants de la balle, des saltimbanques mieux que la période rose de son pote Pablo, et des dunes, des plantes, des reflets plus beaux que des estampes chinoises. Que dire devant toutes ces images pures, parfaites, graphiques, sentimentales et impérieuses qui n'attendaient que son œil, son goût simple et direct pour claquer devant nos yeux incrédules ?

CATALOGUE *L. Clergue : Les premiers albums*, Grand Palais, RMN, Paris, 2015.

Color Line (The)

L'art, c'est du ghetto

Qui sont ces artistes noirs américains qui, à l'insu du reste du monde, furent des acteurs de l'art moderne dès les années 1920, voire avant pour certains ? Ces individus isolés, le plus souvent à New York, avec quelques poètes, photographes, écrivains et journalistes, furent à l'origine de la « Harlem Renaissance », un des âges d'or de ceux qu'on nomme aujourd'hui les « Africains américains ». Mais la ségrégation envers les « gens de couleur » était alors si violente que les lynchages étaient courants et le Ku Klux Klan considéré comme une organisation reconnue. Billie Holiday chantait *Strange Fruit* en hommage funèbre aux Noirs pendus aux arbres du Sud raciste. Au célèbre Cotten Club de Harlem, les artistes (noirs) n'étaient pas admis comme clients ! Les Américains les moins racistes avaient pour ultime devise : « Égaux, mais séparés ». Même l'acte d'égalité des Civil Rights des années 1960 ne changea pas les mœurs. Les assassinats des Kennedy (défenseurs de la cause noire), de Martin Luther King, de Malcolm X et de nombreux Black Panthers illustrent la haine et la violence qui régnaient alors.

Les musées connaissaient ces artistes, dont certains avaient eu du succès dès l'Exposition Universelle de Paris en 1900, en achetaient un peu et ne les exposaient pas. Il y eut parmi eux des peintres classiques, naturalistes, symbolistes puis art déco, des expressionnistes, des futuristes ou des naïfs comme le Douanier Rousseau, puis vinrent ceux qui firent du pop art, donc toute la gamme de l'art, des gravures, dessins, art pauvre ou de récupération. Peu nombreux car très défavorisés, ces parents pauvres de l'art furent tenus à l'écart, contrairement aux musiciens qui s'étaient imposés. Et cette horrible situation dura presque jusqu'à Jean-Michel Basquiat, aujourd'hui un des artistes les plus chers du marché – compensation tardive et honteuse.

Allez voir Horace Pippin, Malvin Gray Johnson, Aaron Douglas, Archibald John Motley, Jacob Lawrence ou les actuels Whitfield Lovell ou Mickalene Thomas, tous si doués, émouvants, drôles ou profonds, témoins de leur histoire parallèle. C'est un pan inconnu du talent des Américains d'origine africaine qui se dévoile bien tard. On imagine ce qu'auraient pu être ces créateurs s'ils avaient été reconnus, exposés, vendus, plutôt que de se voir confinés à la pauvreté ou réduits à enseigner le dessin aux jeunes des quartiers.

CATALOGUE *The Color Line : Les artistes africains américains et la ségrégation 1865 – 2016*, musée du Quai Branly, Coédition Flammarion, Paris, 2016.

CONRAD JOSEPH

Navigateur solitaire

Pourquoi faut-il lire Joseph Conrad (1857–1924) ? Parce qu'il lui a fallu toute une vie de voyages en mer pour pouvoir écrire, comme Herman Melville ou Jack London, ses merveilleuses aventures. Il est tellement moderne qu'avec sa longue nouvelle *Au cœur des ténèbres*, Francis Ford Coppola a réalisé *Apocalypse Now* en remplaçant le sauvetage d'un prince de l'ivoire au fond de l'Afrique (vécu par Conrad dans la marine française) par un colonel au Vietnam. Et sachez que *Lord Jim* ou *Un paria des îles* (joué par Peter O'Toole au cinéma), c'est encore lui. Polonais, ce Joseph Korzeniowski servira dans la marine française, puis anglaise dont il adoptera la nationalité. Ses longs récits comme *Une victoire* ou *La Rescousse* se passent dans les lointaines mers du Sud au large de l'Indonésie : aventures sur fond d'envahisseurs musulmans opposés à ce qu'il reste des tribus malaises, indonésiennes, ces princes de Sumatra, Java et Bornéo, et en prime les pirates du Détroit de Malacca.

La Flêche dor, *Jeunesse*, *Nostromo*, *Typhon* ou *La Folie Almayer*, sont encore des romans vécus, qui dépeignent avec force et ferveur les violences, les doutes, les chocs qu'endurent les marins, les voyageurs aventuriers – mais aussi la morale formée autour des imprévus ou des naufrages par ces hommes perdus au bout du monde. Ce qui est si beau au milieu de ces tourbillons sauvages, c'est que les héros de Conrad sont obsédés par la morale, la justice, la dignité – leur devoir d'homme. Doublés d'un dépassement métaphysique, ils volent littéralement au secours de la veuve et de l'enfant, ou du persécuté, mais souvent ces derniers n'en valent pas la peine : losers inconséquents ou snobs irréfléchis, ils vont entraîner le héros « à principes » dans les pires ennuis. Le marin fort va se perdre, ou se racheter, pour des fantômes faibles ou inconséquents. Les chevaliers marins, un peu philosophes, un peu moines guerriers, dont Conrad fait le lien dans tous ses livres, n'effacent pas les faiblesses humaines, ni les tentations, drogues et vices fascinants que l'Extrême-Orient a toujours tendus aux étrangers. Conrad nous raconte de l'intérieur comment ces individus vont déchoir ou se perdre dans des régions trop sauvages. Il est devenu un très grand écrivain, sombre et profond, existentiel. Son œuvre considérable rejoint celle des plus grands : Melville, Faulkner, Céline, Balzac. André Gide traduisit sa nouvelle *Youth* (*Jeunesse*) et présenta au monde littéraire cet Ukrainien d'origine qui mourra dans le Kent. Écrivain multilingue majeur, publié en langue anglaise, il nous parle en direct. Lire Conrad, c'est changer d'optique sur la vie.

Costes Jean-Louis

Guerrier amoureux

Jean-Louis Costes (1954–) est un artiste-musicien-performeur-globe-trotter-acteur qui a joué ses opéras *trash* sur tous les continents et a produit de nombreux films, CD, livres et dessins autour de son credo : l'être humain est un monstre. Dans ses livres comme dans ses chansons ou spectacles, Costes fonce pied au plancher, à tombeau ouvert. Ses héros volent, violent, tuent et se tuent à force de rage, d'avidité, d'inconscience et de frénésie. Dans *Guerriers amoureux*, trois anti-héros de banlieue – Patou petit blanc dégénéré, Darlène Haïtienne allumée et Momo Arabe perturbé – vont, après leur histoire d'ados agressifs et transgressifs, se retrouver au bout du monde : « Le Blanc en Amérique du Sud, pour traficoter. Le Beur en Afrique pour faire la guerre. La Noire aux États-Unis pour prier », annonce la postface. Malgré les nombreuses références à nos vies contemporaines – musique, stars, consommation, porno, communautarisme, drogue et violence – Costes n'a qu'un but : décrire des animaux humains qui tentent de survivre tout en profitant sauvagement du peu qu'ils trouvent, dans une ambiance de délire mondial.

Costes est un Céline punk, mais aussi un prophète de la décadence, qui a précédé Houellebecq dans ses dégoûts et dérives misanthropes. Honnête, il a vu ou vécu tout ce qu'il met dans ses livres. Manipulateur, il a tout exagéré à mort, poussant à fond les potards, comme dans sa musique. Hyperactif, il ne cesse de produire, lui qui semble ne croire en rien. Dans sa palette de provocateur, Costes utilise tous les liquides: de l'alcool au sang en passant par la sueur, l'urine et la bave. Ces fluides sont une constante dans sa palette d'artiste, de la scène à la littérature, ce qui opère une sélection sévère dans son public. L'art officiel français ne le reconnaît pas. On prend ses injures à l'humanité pour du racisme, son humour pour de la folie, ses excès pour un manque de self-control.

Anti-mondain, antisocial, sans concession, ignorant toute stratégie et tout égard pour les journalistes et autres critiques, Costes avance depuis le milieu des années 1980 à la machette, en véritable paria dans la jungle du monde culturel, au mépris des artistes fonctionnaires à dossiers et recommandations. Mais ses livres sont vivants, bourrés d'actions (mauvaises), d'humour (au vitriol) et écrits dans un style moderne ultra rapide. Reste à accepter des humains se comportant comme des bonobos (baise non-stop), quand ce n'est pas comme des serial killers, le tout décrit au fish-eye, par un naïf, sans aucun respect pour rien. Et pourtant, on se prend à rire en lisant ces aventures à la Tintin sous crack, tendance *gore*, enrobées par la malice et les clins d'œil de Costes. À vous de voir si vous voulez sauter dans la fosse aux serpents virtuels. Le venin peut aussi soigner le mal par le mal.

LIVRE *Guerriers amoureux*, Jean-Louis Costes, Eretic-art, Paris, 2013.

COXSONE SIR

Quand Kingston était cool

La Jamaïque, et les Caraïbes en général, sont une mine musicale inépuisable. Dans les années 1960–1962, c'est la bande d'ex-jazzmen, ex-fanfare, futur Skatalites et consorts, avec des traces de mento et calypso : Don Drummond, Owen Gray, Clancy Eccles, Millie Small, Roland Alphonso, Ernest Ranglin... Tous sont nés dans les années 1930 et 1940. Les producteurs comme Leslie Kong, Duke Reid, Vincent 'Randy' Chin, Prince Buster, puis Bunny 'Striker' Lee et même Chris Blackwell vont se les partager. Mais c'est l'inénarrable Clement Dodd (1932–2004), alias Sir Coxsone, et son futur Studio One, qui va rafler une bonne partie de la mise.

Le triple album intitulé *Coxsone's Music : The First Recording of Sir Coxsone* montre bien la charnière entre les radios américaines, très écoutées en Jamaïque, avec du jazz, du bebop, des chœurs, du néo-Doowop, et des ballades en slow rock. Mais déjà le rythme proto-ska, une sorte de pompe, avec un contretemps ou un effet de *delay*, annonce la touche « *made in Jamaica* ». On se laisse ensuite couler dans une ambiance « *beach and palm tree* », limite musique de club, pour danser. Et tandis que l'Europe s'essaie au madison, monkiss, hully gully et autres mashed potatoes, la Jamaïque peaufine son contretemps, qui finira en best-seller mondial sous l'appellation rock steady, puis reggae.

Sur cette triple compilation, on trouve beaucoup de cuivres, passant du jazzy au rock de surprise-party : on pense à Neil Sedaka, Fats Domino, Louis Prima… Mais le *smooth* des îles et les voix voilées, légèrement plaintives, des Afro-jamaïcains ajoutent une couleur plus crue et un rythme plus profond. Justement ce down beat qui va devenir blue beat. Mais toutes ces appellations ne sont là que pour mémoriser et différencier les nuances, d'année en année. Et comme partout, lorsqu'un coin du monde tente de reproduire les tubes d'un continent dominant, il finit par déformer et s'approprier ce *mainstream* étranger et en faire une fusion à sa sauce, à la limite d'un tout nouveau genre. Télescopage d'époques : de jazz allégé (1940) permettant de danser, de slow rock très surprise-party (1950) et disons de pop Caraïbe (1960). Les racines des cultures sont souvent tortueuses et celles de Jamaïque sont très américaines – *American roots* et *African culture*, ça a commencé comme ça.

CD *Coxsone's Music : The First Recording of Sir Coxsone – The Downbeat 1960 – 1962*, Soul Jazz Records.

Cunard Nancy

Ces excentriques qui nous veulent du bien

Après Edith Sitwell, spécialisée dans les excentriques, ou Vita Sackville-West, qui a su décrire avec ironie les aristos british, voici la moderne Nancy Cunard (1896–1965), égérie du tout-Paris devenue une militante de la cause africaine. Je ne peux m'empêcher de trouver un lien entre ces femmes britanniques au genre toujours chic mais unique, aux allures de gravures, non de mode mais de *leur* mode, ambassadrices de leur propre style, à la fois rétro et moderne, toujours osé et stylé, et finalement éternel. Elles sont actives, décidées, à part, et portées vers le monde. Originales, elles acceptent toutes les différences et nous incitent à une culture plus large et généreuse.

Nancy Cunard, héritière de la compagnie de navigation du même nom, est née juste avant le siècle. Veuve avec la guerre de 1914, elle arrive en 1920 à Paris et incarne les Années folles en étant muse et/ou maîtresse d'Aldous Huxley, Tristan Tzara, James Joyce, Ezra Pound, Brancusi, Man Ray, Hemingway, Beckett, Aragon – pour ne citer qu'eux. La crème des poètes, écrivains, artistes, dadaïstes, photographes passe donc dans sa tête et dans son lit. En 1928, devenue éditrice, elle vit avec un compositeur et pianiste noir à Paris, Henry Crowder, qui va lui faire connaître Harlem et mieux comprendre le monde afro-américain. Dès 1930, elle décide d'agir contre le racisme quotidien aux États-

Unis, ainsi qu'aux Antilles, en Jamaïque et au Brésil. En 1934, elle publie *Negro anthology*, sorte d'almanach rempli de textes, lettres, extraits, photos, rapports, nouvelles, témoignages, proverbes, collections, afin de démontrer les qualités et la culture ancestrale des Africains. Elle deviendra la championne de la cause afroculturelle. Elle dénonce le colonialisme, l'exploitation, le travail forcé, le vol. Elle le fera par le biais d'éditions.

Elle n'est pas seule à tenter un état des lieux exact et sans exotisme de la situation sociale des Africains dans le monde : Aldous Huxley, Virginia Woolf, les surréalistes, mais aussi des auteurs et journalistes afro-américains, des photographes (Aaron Siskind), des militants (Jomo Kenyatta) et enfin des collectionneurs (Charles Ratton) vont participer à ses livres. Pendant la guerre d'Espagne, en 1936, elle sera correspondante des journaux de gauche anglais et de l'Associated Negro Press de Chicago. Pendant la guerre de 40, les Allemands vont piller sa collection d'art et d'objets africains, dont des masques rares et une collection unique de centaines de bracelets d'ivoire qu'elle portait sur tous ses portraits célèbres (Man Ray, Cecil Beaton). Son activisme va la ruiner et l'épuiser. Elle meurt à Paris à 69 ans après avoir donné sa vie pour que le monde soit un peu moins raciste. Elle en a payé le prix fort, mais qui a dit que l'aventure idéologique était sans risque ?

CATALOGUE *"L'Atlantique Noir" de Nancy Cunard 1931 – 1934*, musée du Quai Branly, Paris, 2014.

REVUE *Gradhiva* n° 19, 2014 : hors-série spécial « Nancy Cunard et la Negro anthology 1931 – 1934 ».

Cure (The)

Gothiques cools

Avec The Cure, on touche à un groupe à part, à un mouvement d'ados sensibles et décalés, mais aussi à un combo aux sonorités envoûtantes et aux mélodies entêtantes – Cure ou les rois du « climat ». Leur look de corbeaux noirs post-gothiques un peu raté m'avait bloqué façon Indochine. Au début, ils se sont beaucoup cherchés, comme Depeche Mode, dans un style new wave un peu garçon coiffeur qui leur valut bien des vannes : drogués, habillés dans une poubelle et autre finesse sur leur identité sexuelle. C'est très anglais, cette identité de « look » puis d'attitude qui fait un groupe pop ou rock. Finalement les chiffons noirs, les manteaux longs, les coupes de freaks hiboux, crêpés à la laque, leur ont réussi. Des mecs à part.

Le livre de Lol Tolhurst, batteur du groupe puis clavier jusqu'en 1988, membre rejeté puis récupéré dix ans plus tard, se démarque du genre. C'est le récit d'une peine, d'une désintoxication, et l'éternelle histoire des potes d'enfance, du succès grisant, des anecdotes de tournées, puis la fatigue, la dope, le divorce ou split fatal et les procès nuls et ruineux, jusqu'au bout de la haine. Avec ce témoignage triste et vrai, on se souvient de ces gars de banlieue sud de Londres (Crawley), et des surprises qu'ils ont réussi à créer au milieu d'un tsunami de groupes excités, puis de leur solidité, de leur durée, et de leurs concerts envoûtant les foules. C'est l'histoire parfaite des modes, venant de partout et nulle part, d'une alchimie entre quelques garçons, puis de l'inspiration d'un leader (Robert Smith), symbole d'une inspiration commune et décalée.

Après *Three Imaginary Boys,* Cure sort *Seventeen Seconds* puis *Faith*, deux albums tristes, atmosphériques, pluie et vitres mouillées sur la pochette, et des envolées de guitares cristallines franchissant les cieux de l'adolescence prolongée et nostalgique, le tout parfaitement maîtrisé par un excellent groupe. Avec *Pornography*, ou avec le livre de Camus, *L'Étranger*, dont ils tirent un titre scandale (« Killing an Arab »), on vit pointer la provoc et la culture punk – la maturité pour ces ados romantiques. En réalité, Cure restait Cure. Mais le succès rend imprudent, ou trop culotté, et ces Anglais gauchistes, altermondialistes et banlieusards devaient rester proches de leur public, représentatifs de leur frange et finalement forts de leur position unique sur la brillante scène british.

Cure, c'est l'émotion, le ressenti, l'amitié... et un idéalisme peut être un peu court, mais original, et surtout empreint de cette excentricité british à laquelle on pardonne beaucoup. Car, une fois encore, les morceaux sont bons, et les albums vraiment attachants, mélodiques, avec basse et batterie parfaites pour laisser décoller des guitares sorties de nulle part, « atmosphériques » comme on dit. Avec ces éternels gamins, l'esthétique gothique, morbide et dépressive, trouve un équilibre relâché et presque cool, dans une pop inattendue. L'héritage des poètes anglais – Byron, Shelley, Milton, Blake – joue en fond culturel, même si c'est un amalgame approximatif. Les grands succès sont souvent le fruit de ces rapprochements bizarres. Cure a fait son trou, en forme de tombeau, un vieux cliché qui date des Count Five, des Damned, des Cramps et de tous leurs enfants vampires, mais qui fonctionne encore.

LIVRE *Cured : Two Imaginary Boys*, Lol Tolhurst, Le Mot et le Reste, Marseille, 2017.

D

Dada

Le futur n'a pas eu lieu

En pleine Première Guerre mondiale, au premier semestre 1916, naît le mouvement dada au Cabaret Voltaire à Zürich : moins de 50 places, des tableaux cubistes et futuristes aux murs, et la volonté de faire sauter les verrous de l'art, et indirectement d'une société figée. Hugo Ball, Emmy Hennings, Kurt Schwitters, Marcel Janco, Hans Arp, Tristan Tzara, Richard Huelsenbeck, Hans Richter, Raoul Hausmann, etc., tous poètes, peintres ou écrivains, se regroupent autour de cette idée : puisque le monde est débile, allons-y à fond dans l'irrespect et l'absurdité ! La bataille de Verdun va leur donner raison avec plus de 300 000 morts et autant de blessés en quelques jours... pour rien ! Dans le même temps, fauvistes, cubistes, futuristes, constructivistes et bientôt expressionnistes tentent aussi de changer, sinon le monde, du moins son regard sur les choses.

« Cabaret Voltaire » : deux mots qui s'opposent et comme ce n'est pas assez, ils baptisent leur art « dada », enfantin pour le public, impraticable pour les galeristes, imprononçable pour les critiques sérieux de l'art officiel, pompier et académique. L'état de grâce de ces révoltés donne des œuvres iconoclastes, faites de récupération et d'oppositions d'idées : affiches, tracts, collages en bouts de ficelle, mais aussi danses, masques, poèmes, bruits, cris, onomatopées, chansons primitives dans des langues inventées, et même insultes envers le public. Quand on veut une rupture, il faut la faire jusqu'au bout !

Ils seront tous virés pour outrages, tapages et autres scandales, dispersés, puis regroupés, plutôt entre Paris et l'Allemagne. Mais la force de leurs idées libératrices – et véritablement révolutionnaires – va leur survivre. Chacun peindra, écrira, collera... pour une nouvelle ère. On citera simplement Schwitters, qui fit de sa maison une œuvre, un *Merzbau* comme il baptisait sa création, notamment en utilisant la deuxième syllabe de « Kommerz Bank », par ironie. Tout l'intérieur était restructuré avec des bouts de bois et autres débris jusqu'à en faire une sculpture néo-cubiste habitable, qui sera détruite par les bombardements (j'ai pu en faire de superbes photos à la biennale de Lyon, sur une reconstitution parfaite).

Ces petits génies de la provocation seront « niés » par l'histoire ! Quasi inconnus jusqu'à maintenant, leurs œuvres éphémères de bric et de broc, fragiles, méprisées, n'ont presque pas vécu jusqu'à nous. « Celui qui dit la vérité, sera exécuté », dit le poète. Trop folles, bizarres, compliquées. Trop éloignées du monde matériel, bourgeois ou affairiste. Seul Francis Picabia sut vendre et faire admirer les contorsions savantes et les mécaniques folles des dadaïstes. Pourtant ils ont engendré sans l'avoir voulu tous les grands mouvements culturels, artistiques et d'avant-garde qui allaient suivre leur exemple, devenant plus fantomatique et mythique à chaque génération. Les surréalistes, d'abord, copièrent assidûment leurs idées et formules, mais en y ajoutant le soi-disant onirisme, ce rêve de comptables (Breton y excella comme chef de bureau, assurant promotions et renvois). Puis viendront les lettristes, assez proches et violents, eux-mêmes pillés par les situationnistes – Guy Debord et sa clique de pirates – inspirant plus tard les gauchistes au nom de la haine de la société du spectacle.

Mais Marcel Duchamp et le pop art doivent également tout aux dadaïstes, qui avaient déjà compris et magnifié des fers à repasser aux yeux en verre. Duchamp en fit carrière avec porte-bouteille, pissoire et roue de vélo, mais dix tons en dessous – après les pionniers, les profiteurs. Après la Beat Generation bien dadaïsée, les hippies comme Frank Zappa ou Captain Beefheart empruntèrent les chemins escarpés dada, mordants et échevelés, en rupture, immédiats comme le «*Do It Yourself*» et le «Tout, tout de suite». À leur insu, les punks furent peut-être les plus proches de leur révolte, de leur cri «*No future... for humanity!*». Dur, mais bon à entendre, et ils subirent la même punition. Effacés les vrais, place aux copieurs! Même les performances, installations, *work in progress* et autres «trucs» conceptuels doivent absolument tout à dada.

Enfin, un siècle plus tard, la crainte des dadaïstes et le choc de leurs idées radicales – l'homme est gâteux et nuisible, borné et sans fantaisie – s'estompent un peu, les marchands sont de retour. Renseignez-vous sur ces ancêtres, débusquez quelques images et œuvres d'époque (1915–1925) – surtout pas les imitations! Vous y verrez ce qu'on n'a plus vu depuis des décennies qu'en pâles photocopies. Les dadaïstes ont encore besoin qu'on leur rende justice.

DADA IS NOT DEAD !

« Nous ne voulons ni du sens, ni des valeurs, merde à tout ! » (Raoul Hausmann)
« Nous ne craignons pas la mort car la mort est dada. » (Kurt Schwitters)

DALÍ SALVADOR

Daliland

Salvador Dalí (1904 – 1989) est le plus connu des peintres surréalistes. À la fois dandy, people, jet set, acteur, gravure de mode, personnage scandaleux, spectaculaire ou publicitaire, ce fils de notaire de Figueras aura eu tous les culots et (presque) toutes les idées de l'art moderne. Il s'est frotté à la pub, à la mode, au cinéma, à la critique d'art, à la science, tout en tenant tête aux pontes de l'époque comme Picasso, Breton ou Aragon. Aucune exagération, scandale ou bousculade ne lui faisait peur. Il est apparu en roi, couronné d'or, avec cape doublée d'hermine et guépards en laisse, mais aussi en scaphandrier ou en cow-boy. En plus de l'art, tous les domaines l'intéressaient : nourriture, religion catholique, atome, sexe, etc. Et il se passionnait pour le cinéma, qu'il voulait libérer de la logique abêtissante et du marketing avilissant – un cinéma spectral, comme un double inversé de la réalité. Il fut aussi le dernier grand peintre à pouvoir travailler comme

Raphaël ou Botticelli, avec précision, finesse, modelé, lumière diaphane, et grande composition audacieuse, finalement assez pop, et déjà hyperréaliste. Il se vantait de son œil photographique.

Après avoir posé les bases de son art – de grands paysages désertiques, comme son environnement de Cadaqués – Dalí sut le peupler de girafes en feu, de montres molles, de personnages à tiroirs, puis de toutes sortes de formes et de créatures oniriques et sensuelles, provoquant chez les spectateurs effroi et curiosité. Son œil si exact, sa main surdouée et son esprit perçant, à la fois inspiré et analytique, ont donné des images théâtrales, plus fortes que les films à grand spectacle. En haute définition.

Pas une star qui n'ait fait de projet avec lui : Marx Brothers, Charles Laughton, Anna Magnani, Gregory Peck, Ingrid Bergman, García Lorca, Bette Davis, Elvis Presley, Andy Warhol, Jonas Mekas, etc. Les films avec Buñuel – dont *Un chien andalou* et *L'Âge d'or* – sont des classiques indépassables, toujours aussi déroutants (*Babaouo*, le script qu'il rédigea pour le cinéaste catalan en 1934, ne fut en revanche réalisé qu'en 2000). Tous les grands producteurs l'ont courtisé, mais même des hommes comme Samuel Goldwyn ou Jack Warner n'ont pas réussi à le suivre jusqu'au bout ! Le grand décorateur Menzies a renoncé à terminer ses décors avec pianos volants : « *too much* » pour les Américains. Hitchcock – qui partageait son goût pour la psychanalyse sauvage et les hallucinations – a fait appel au maestro pour réaliser les décors d'un cauchemar dans *La Maison du docteur Edwardes*. Et Dalí a même collaboré avec Walt Disney autour d'un dessin animé au destin contrarié, *Destino*, sorti des placards par le neveu de Walt en 1999 (visible sur YouTube).

Dalí eut des idées de vêtements et accessoires pour Elsa Schiaparelli et Gabrielle Chanel. Il réalisa des décors, des costumes et des brochures pour les Ballets russes. Il a même fait une pub dans les années 1960 pour du chocolat avec sa vraie voix, mais sa tête était un masque-robot animé (droïde), faisant illusion! Il détestait l'art moderne et abstrait qu'il considérait comme un cul-de-sac désastreux et voulait faire un film critique, intitulé *Chaos et création*... Ses moustaches en cornes lui venaient de Vélasquez, tel qu'il apparaît dans un miroir sur le tableau *Les Ménines* – hommage au maître qu'il ne cessa d'encenser dans ses écrits.

Avec sa méthode « paranoïaque critique » (qui influença Lacan), Dalí fut finalement plus lucide que bien d'autres artistes, et ses écrits sur l'art, ses titres d'œuvres et ses slogans sont restés largement en avance. Des cornes de rhinocéros phalliques en suspension autour de la croupe de sa femme et muse Gala (bien plus frappant que l'invisible Mariée de Marcel Duchamp), à Amanda Lear, autre muse pop qu'il appréciait pour son visage de tête de mort, en passant par sa maison de Port Lligat, ponctuée d'œufs géants en plâtre et son musée-mausolée de Figueras, on ne voit pas ce que cet homme-comète se serait refusé.

Ses toiles ont illustré sa vie et ses théories, jusqu'à la fusion entre la science (nucléaire) et la religion, où l'on voit des atomes bulles ou des particules en suspension, ou même des « pixels » géants, tant il s'intéressait à la perception et à sa traduction picturale artificielle. Son sens du spectacle, ses compositions dans l'espace, sa façon de saisir la réalité et les événements de son temps, son ambition de tout réunir – sensualité, obsessions, découvertes, actualités, techniques – font de lui un artiste complet à la manière de Léonard de Vinci. Il voulait faire des films avec tablette tactile pour que chaque spectateur puisse toucher les matières, la peau ; mais aussi des scènes à grand spectacle avec des dizaines de Gitans massacrant des éléphants en plein Madrid ou des centaines de curés à vélo place de la Concorde.

Dalí nous enseigne un monde complet et complexe dans lequel tout change tout le temps. Il montre les métamorphoses, les doubles, les reflets, les échos du monde sous tous les angles : visuels, morphologiques et psychologiques (d'où ses espoirs dans le cinéma qui permet tout). Ses peintures à plusieurs angles, ses anamorphoses, ses mélanges de personnages, animaux et décors, qui créent d'autres images superposées (double lecture), ses visions et déformations préfigurent incroyablement les effets du LSD et dépassent largement la peinture psychédélique à laquelle il donne une dimension cosmique. Il a jonglé avec tous les domaines possibles, y compris les médias qu'il n'a cessé de mystifier, lui qui croyait au double, aux effets miroirs, aux démultiplications. Il a semé en plaisantant tous ses poursuivants, détracteurs ou admirateurs. Comme un torero, il a cherché le danger, et esquivé les attaques, même celle de son anagramme « Avida

Dollars », dont il fit un emblème. Il est devenu marquis de Púbol et s'est même payé le luxe de laisser derrière lui des « faux » autorisés par lui et des mystères non résolus.

LIVRE *Dalí Cinéma*, G3J éditeur, Paris, 2012.

DANCEHALL

Quand la scansion a remplacé la mélodie

On ne saura jamais vraiment comment s'est opérée cette cassure radicale dans la musique jamaïcaine, ce passage des mélodies reggae au son haché et aux paroles scandées des deejays. Tout était déjà là dès les années 1960, avec des toasters comme King Stitt et des sound systems permettant aux MC de parler en rythme comme les animateurs radio, avec les dubplates (pressage vinyl pour garder des lignes de basse, de chant, ou toute autre piste enregistrée) pour enchaîner ou doubler des fonds sonores. En dehors des stars du reggae comme Marley, véritables rockers, créant des mélodies accompagnées de guitares, chœurs et percussions, se développait toute une génération de deejays scandeurs, improvisant dans les sounds : le style dancehall.

Dillinger, Yellowman et tant d'autres devinrent ces animateurs parleurs qui, avec des cris et des expressions, des phrases enchaînées en flux ou répétées en rythme, créèrent ce nouveau genre qui va avoir bien des noms – rub-a-dub, ragga, slackness, weird, etc. – et devenir l'expression populaire des dancings, avec paroles ironiques ou violentes. Dès la fin des années 1970, ce style s'imposa avec force. Les deejays se multiplièrent à l'infini, chacun apportant sa touche au rythme lancinant, son « flow » de paroles, d'onomatopées et d'expressions pour initiés. Ainsi naquirent des toasteurs humoristiques, d'autres plus menaçants, mais tous étirant, raccourcissant ou coupant les mots et phrases à leur fantaisie, créant un nouveau langage.

Tous les producteurs jamaïcains se ruèrent sur cette manne où chacun pouvait devenir star sur des fonds musicaux électroniques, minimalistes, empruntés, dubés ou rejoués avec boîte à rythmes et samples. Et tout le rap américain (et mondial) s'engouffra dans cette brèche « punk » de slogans répétés, enchaînés en rimes ou scandés par des voix très différentes, en boucles, avec bégaiements ou accélérations. On entendit des messages de toutes sortes, laissés à la fantaisie et à la créativité de « tchatcheurs » plus ou moins doués et mélodiques. Mais bien sûr, il s'agit d'un durcissement de l'esprit pur et roots reggae : plus urbain, agressif, cynique et même violent ; le genre d'attitude qui, dans les gros sound systems, ont lancé le gangsta rap et les slogans machos (à la Shabba Ranks), pour le meilleur et le pire !

Bref, le style « dancehall » conquit la planète et devint la norme d'innombrables productions. En Jamaïque, des danses spéciales jaillirent, en « papillon » (*butterfly*), à quatre pattes ou en faisant le pont arrière, des toupies sur la tête, le futur « breakdance » mondial !

La naissance de l'explosive culture dancehall, pour toute la planète.

CD *Dancehall. The Rise of Jamaican Dancehall Culture*, Soul Jazz Records.
CD *The Rise of Jamaican Dancehall Culture*, Beth Lesser, Soul Jazz Records.

DANDY

Anthologie folle d'un fan de Bowie

L'Art de mourir de Socrate à David Bowie. Carrément ! Une véritable anthologie monomaniaque autour de l'idée de « dandy », hélas galvaudée et usée jusqu'à la corde... pour se pendre ? Daniel Salvatore Schiffer, l'auteur – un universitaire belgo-italien genre « philo arty » –, a choisi David Bowie comme fil conducteur ; et son dernier disque, *Blackstar*, comme une sorte de modèle de fin annoncée, dans le contrôle et l'élégance morbide, de grande tradition chic. Le clip de *Lazarus*, troisième titre de l'album, serait une déclinaison moderne des visions gothiques, tendance livide, entre Edgar Allan Poe (*Histoires extraordinaires*), Barbey d'Aurevilly (*Les Diaboliques*) et Bram Stoker (*Dracula*) – bref, du Gustave Moreau dark rock. Ce qui permet à l'essayiste de compiler la tribu « dandy », littéraire, philosophique et même artistique dans un très gros jeu de sept familles, qui réunirait toutes les tentatives et déclarations des élégants solitaires, de l'Antiquité à nos jours. Une sorte d'énorme « salade de dandys » où les ingrédients s'additionnent sous la baguette magique de Ziggy Stardust et surtout du diaphane et squelettique Thin White Duke, deux des incarnations du maître pop Bowie.

Les amateurs des petits-maîtres élégants et méprisants du dandysme international – d'Épicure à Mishima en passant par Brummel, Wilde et Chateaubriand – trouveront là un véritable dictionnaire d'artistes, de penseurs, de philosophes en quête de beauté, d'ineffable et de sublime, accompagné de citations utiles. Si le dandysme est l'« art du peu », alors ce livre est son opposé : bourré à craquer de tous les petits-maîtres du comportement décalé, de la négation de la société, de la quête du surnaturel visionnaire et moral, dont Charles Baudelaire est le pape. Si l'Angleterre du tournant de siècle XVIII – XIXe fut un terreau idéal pour le développement de cet « art de ne pas vivre », de ce comportement asocial de quelques auteurs, poètes, littérateurs ou aventuriers – Lord Byron, Shelley, Brummel, Oscar Wilde et son emblématique *Portrait de Dorian Gray*, libertin sadique qui laisse son portrait vieillir à sa place –, la France n'est pas en reste avec une belle troupe de poètes maudits, d'artistes solitaires et de princes exilés.

Cette fascination pour les dandys au XXe siècle, malgré leur vanité, leur mépris de la société et des convenances, correspond à un regain d'amour pour ce qui est à part, choquant, underground, et s'exprima à travers les images du cinéma, puis les icônes pop et bien sûr les « losers » plus ou moins romantiques : les poètes rockers déchus, perdus, ruinés. La part sado-masochiste de ces « individus » écartés de la foule leur vaut des fins tragiques, dans la solitude et la misère, prix à payer pour ceux qui se croient supérieurs. Mais ce culte de la beauté physique et de l'élégance morale, comme toute religion, ne marche que pour ceux qui y croient.

LIVRE *Traité de la mort sublime. L'art de mourir de Socrate David Bowie*, Daniel Salvatore Schiffer, Alma Éditeur, 2018.

DEBORD GUY

Situs inconnus

Tout le petit monde intellectuel français se piquant un tant soit peu d'avant-garde se réfère aux situationnistes, mais personne ne sait exactement ce que voulait ce groupe révolutionnaire mégalomaniaque et confus. Leur chef Guy Debord (1931–1994), célèbre pour son pamphlet *La Société du spectacle*, était tyrannique, capricieux, alcoolique, phallocrate, agressif, ingrat et paranoïaque, mais sa monomanie antisociale lui a servi de fer de lance. Sa jeunesse et sa vie éclairent la démarche situationniste. Ainsi son enfance aux Buttes Chaumont, où il prend le goût du vieux Paris poétique et tranquille, avec ses allées, ses bistrots et ses parcs. La mort de son grand-père, puis de son père, vont faire basculer sa famille de petits commerçants dans la précarité. Sa mère, Paulette, est une coquette qui ne pense qu'à plaire, et c'est Manou, la grand-mère, qui gardera le jeune Guy quand Paulette vivra une aventure.

L'enfant souffre des frasques de sa mère : elle se remarie avec un notaire, a deux autres enfants et devient bourgeoise. Surviennent la guerre, le lycée, les études, et après tous ces flottements, Guy Debord remonte à Paris où il obtient de rester avec une petite pension. Déjà, il se méfie de la société, cruelle et hypocrite ; il déteste la famille et le travail aliénant.

Paris après-guerre, c'est le jazz, la Butte, Saint-Germain, les cafés et surtout pour Debord la bohème, les copains et un certain Isidore Isou, artiste révolutionnaire roumain, réfugié depuis 1945, qui a lancé le mouvement lettriste. Avec Gabriel Pomerand, François Dufrêne, Maurice Lemaître, Gil J. Wolman et Jean-Louis Brau, la bande lettriste et leur chef Isou, Debord va être formé à la polémique et aux actions à scandales, tracts, manifs, farces et provocations diverses. Debord n'attendait qu'une direction pour se révolter, comploter et lutter par tous les moyens contre un monde qu'il méprise. Sauf que le lettrisme est un mouvement culturel et artistique qui veut la fin des rituels bourgeois, prône la poésie des mots, des syllabes et la rénovation de toutes les disciplines. Isou théorise parfaitement sa démarche d'avant-garde dans la lignée des dadaïstes et publie avec ses amis des ouvrages sur un art métagraphique visant à dépasser les arts plastiques et le roman avec des lettres et des signes.

Puis ce sera un film à Cannes en 1951 : *Traité de bave et d'éternité*, écran quasi blanc rayé et montage de sons aléatoires afin de dénoncer le mensonge du cinéma (Cocteau leur obtient un « prix des spectateurs d'avant-garde »).

Le lettrisme sera le véritable tremplin du situationnisme, qu'on ne peut pas comprendre sans cette rampe de lancement. Debord, plus politique qu'artiste, va d'abord créer l'Internationale Lettriste afin de répandre ses idées en Europe. Il constitue sa propre bande, prend contact avec un groupe néerlandais (dont le peintre Asger Jorn du mouvement CoBrA = Copenhague, Bruxelles, Amsterdam), écrit beaucoup et commence à se différencier des lettristes. Bien que communisants, les membres de l'I. L. adoptent comme slogan « Ne travaillez jamais » et lancent leur projet libertaire et hédoniste : « Vivre sans temps mort et jouir sans entraves ». Après toutes sortes d'analyses critiques sur la société, bien des rencontres et des lectures, ils lancent la psychogéographie – inspirée de *Saint Ghetto des Prêts*, œuvre lettriste de Pomerand, 1950 – système de dérive urbaine favorisant une vision poétique des bas quartiers et la mise en situation des individus, propice au rêve, à l'imagination et à la transformation de la vie en œuvre d'art. La bande Debord hante sans trêve les troquets entre deux tracts, déclarations, interpellations, et scandales dans les expositions et autres cocktails, mais aussi revues gratuites : *Internationale Lettriste* puis *Potlatch*. Ils se saoulent de gros rouge et d'un peu de haschich, draguant les filles, revendiquant l'amour libre et la dérive créatrice.

Vers 1953, Debord provoque une rupture brutale avec Isou, puis proclame l'Internationale Situationniste au cours d'une réunion-conférence en 1957 en Italie, entouré de toute une bande d'artistes en révolte : Asger Jorn, Michèle Bernstein, Attila Kotányi, Giuseppe

Pinot-Gallizio, Maurice Wyckaert, Mohamed Dahou, Jean-Michel Mension. Il sort le *Rapport sur la construction de situations* et crée un comité de psychogéographie à Londres avec Ralph Rumney. Les idées se multiplient, empruntées à tous les mouvements d'avant-garde et même aux peuples primitifs, pour « changer le monde », sortir du malheur et des aliénations historiques. C'est un bouleversement de la vie quotidienne qui est visé, une réappropriation du réel dans tous les domaines, un dépassement de l'art. Pour ce projet mégalomaniaque, les situs vont tout utiliser : slogans, graffitis, tracts, publications, éditions, mais aussi plaisanteries et détournement : des bandes dessinées avec des textes politiques dans les bulles, une carte de France avec le nom de toutes les villes algériennes à la place des noms français. Ils crachent sur le Saint-Germain de Boris Vian et Juliette Greco, bon pour les touristes. Ils agressent Chaplin débarqué à Paris comme le producteur qui a fait fortune sur la compassion du public envers les clochards. Le tout dans un langage de bureau politique stalinien !

Puis de scission en exclusion, le dictateur Debord va virer tous ses lieutenants, sauf sa femme Michèle Bernstein ou le Belge Raoul Vaneigem, arrivé plus tard, auteur du *Traité de savoir-vivre l'égard des jeunes générations*, autre bible situ. Mais Debord sait aussi se faire beaucoup d'alliés : des éditeurs, des écrivains, des professeurs, des mécènes – notamment le producteur de cinéma Gérard Lebovici qui financera trois de ses films et l'éditera dans ses éditions Champ Libre – et des femmes. Il fait feu de tout bois !

À partir d'une petite bande de quasi délinquants, alcoolisés ou raides, les situs ont réussi à faire parler d'eux, à exister sur le plan intellectuel et théorique, en messagers d'une nouvelle idéologie, agressivement opposée à toute autorité ou plan étatique. Ils font partie des artisans de Mai 68, avec les groupuscules staliniens, trotskistes, léninistes, maoïstes, guevaristes et bien d'autres officines syndicales, étudiantes ou communisantes. La renommée des situs est plus grande à l'étranger qu'en France. C'est un mythe qui part dans tous les sens, à l'assaut de l'inattaquable : le spectacle, art et cinéma compris ! La suractivité de Debord jusqu'aux années 1980, malgré les tombereaux de haine et de jalousie qu'il a charriés, vont transformer ce courant d'idées suicidaire et destructeur en une sorte de secret initiatique romantique pour intellos refoulés.

LIVRE *Guy Debord : La Société du spectacle et son héritage punk*, Andrew Hussey, Globe, Paris, 2014.
LIVRE *Guy Debord présente Potlatch (1954 – 1957)*, Gallimard, Paris, 1996.
CATALOGUE *Ed van der Elsken. La vie folle.* Coédition Jeu de Paume et Xavier Barral, Paris, 2017.

DÉCROISSANCE

Vocabulaire pour une nouvelle ère

Repenser le monde – nos habitudes, nos réflexes, les idées fausses, le conditionnement... En face des résultats et des perspectives du monde, la sacro-sainte croissance prônée par les entreprises, puis dictée aux États, va devoir marquer le pas. L'an 01 ?

Grâce à un livre collectif et international, la question qui fâche, à savoir la « décroissance » – ce concept qui affole les économistes suivistes – est enfin ordonnée et analysée par des spécialistes du monde entier. Et, comme toujours devant les grands changements, nous sommes démunis. Malgré l'urgence, il nous faut d'abord reconnaître que nous n'arrivons pas à inventer une façon de revoir le fonctionnement des sociétés. Si on vous répète depuis toujours qu'il faut ajouter un étage à la maison pour l'avenir de la famille, comment comprendre celui qui arrive et dit que l'on peut gagner de la place autrement ? Ce livre, écrit par des spécialistes internationaux, tente de prendre le problème par tous les bouts : État, industrie, économie, structures, monnaie, coopérative, associations, lois... mais aussi mythologie (du profit, du capitalisme, de la croissance). Les solutions pour gaspiller moins seront diverses : il faudra agir sur plusieurs leviers à la fois, pour juguler nos démons de consommation.

Tous les penseurs et acteurs de l'écologie sont convoqués : de Denis de Rougemont à Pierre Rabhi, de Jacques Ellul à Serge Latouche, ou Cornelius Castoriadis ou Ivan Illich, Herbert Marcuse et même Simon Reynolds (auteur de *Rétromania*) et bien d'autres, puisque la partie à jouer est fine et demande des talents variés. Car si un État ou un individu économise d'un côté, il dépense aussitôt son gain ailleurs, et parfois plus. Cet « effet rebond » est constaté partout, et prouve que la solution est plus compliquée. Les soldes font acheter plus... et superflu. Autre bascule : l'État, les systèmes (bancaires ou de services), seraient en train de jouer contre l'intérêt du citoyen, mais pour celui des multinationales. Subventions, projets inutiles, dépenses incontrôlées, lobbying... Pour tous ceux qui se sentent responsables, la « croissance » est non économique ! Il faut surtout calmer la croissance au Nord de la planète, pour que le Sud puisse respirer.

Des idées comme les « basses technologies » (*low tech*) moins gourmandes et plus contrôlables, les petites unités de production (*Small is beautiful*) font partie de la solution, de même que la sylviculture ou encore les champignons. Ce mélange hétéroclite pour montrer à quel point la décroissance doit réduire la spirale du pillage-gaspillage. Mais aussi soutenir la sobriété heureuse, la frugalité choisie, la prise de conscience de chacun, constatant que le bien-être a été mal orienté, vraiment mal. Le chapitre sur la dépense cite Georges Bataille : dépenses improductives, luxe, deuil, guerre, culte, palais, jeux, spectacles, arts, sexe ! La Nature de l'homme serait de gaspiller. Au départ des offrandes aux dieux, sacrées, ensuite les plaisirs, vices et excès, cette part maudite de l'humanité. Une vieille malédiction... Mais pour changer, trouver des idées, il faut écouter les autres, voir leurs tentatives, mesurer les avancées, être modeste et avoir le plus d'informations possible, afin de décrasser nos cerveaux englués et retrouver notre libre arbitre. Lire *Décroissance* est un vrai pas dans cette direction.

LIVRE *Décroissance. Vocabulaire pour une nouvelle ère*, Le Passager Clandestin, Giacomo d'Alisa, Federico Demaria. Giorgios Kallis, Fabrice Flipo, Lyon, 2015.

Deitch Kim

Le secret le mieux gardé de l'underground US

Kim Deitch (1944–), grand dessinateur américain, a été littéralement éclipsé par Robert Crumb au point de rester inconnu en France. Un seul album traduit chez Denoël, dont Nova avait fait l'apologie en 2004, *Une tragédie américaine*, qui retraçait le paradis perdu du spectacle américain, devenu édulcoré et politiquement correct. Car les cirques, fêtes foraines et théâtres américains des années 1910 à 1940, comme dans le film *Freaks*, étaient des *shows* choquants, assez monstrueux et violents. Le puritanisme américain a gagné, en les interdisant. C'était fou, dangereux et spectaculaire. Le peuple allait se défouler avec les femmes à barbe, les géants, les nains, les animaux et les stands de tir ou de lutte, jusqu'aux exploits dangereux des acteurs : trapèze, fauves, serpents, lancers de nains, d'enfants, de couteaux et autres bagarres, plongeons vertigineux dans des bacs, femmes obus tirées par des canons, courses de motos et d'avions, montagnes russes, *stock-cars*.

Kim Deitch regrette ces décennies de décors, affiches, costumes, personnages étranges et flamboyants, dioramas, qui sont les ancêtres de tout spectacle, cinéma ou concert. Les voyantes avec boule de cristal, les automates mediums, les acrobates contorsionnistes, les avaleurs de sabres, jusqu'aux pétomanes, impensables aujourd'hui. Même la souris Mickey, que Walt

Disney avait créée agressive et bagarreuse, a dû tout lâcher de ses manières punks. Le père, Gene Deitch, faisait des dessins animés bien castagneurs et rétros dans ces années folles, d'où l'intérêt des fils : Simon, le frère de Kim, fait des scénarios dans la même veine. Ceci pour vous situer l'ambiance et la direction : l'âge d'or du spectacle américain, qui se situe plus tôt qu'on ne le croit en Europe, et qui n'a pas fini d'être exhumé. Des studios comme celui des frères Dave et Max Fleisher, venus d'Autriche, qui faisaient Popeye ou Betty Boop, c'est-à-dire baston et sexy, ont fermé en 1937, battus par Disney. Et même chez Disney, le grand cartoonist Carl Barks, au style baroque et raffiné, dut céder la place à une ère plus lisse, ronde, gentille et gnangnan avec princesses et petits oiseaux, biches et princes charmants.

Voilà tout ce que nous dit discrètement Kim Deitch : la perte progressive du style, de la force du rêve, des sentiments vrais et profonds, remplacés par une culture teenager, *bubble-gum* et pastel. Aujourd'hui, un auteur comme Philip Roth reconnaît que l'Amérique a été blessée grièvement par le Vietnam, puis achevée avec le politiquement correct. Terrible constat. Plusieurs révoltes ont eu lieu : le blues dans les années 1940, le rock dans les 50, la *free press* dans les 60, le punk dans les 70, pour retrouver un peu de vie et échapper au puritanisme anglo-saxon. Aujourd'hui les Américains, encadrés par un *show-business* propre et formaté, se défoulent sur les armes. Mieux vaut découvrir Kim Deitch et son monde presque disparu, mais qui reviendra car nous en avons tous besoin.

P.S. : Kim Deitch, c'est aussi des mises en page façon presse rétro et beaucoup de vignettes, *streamers*, étiquettes, timbres, typographies, cadres et frises qu'il a relancés dès les années 1960 dans la *free press*.

LIVRE *Une tragédie américaine*, Kim Deitch, Denoël Graphic, Paris, 2004.

Delaunay Robert & Sonia

Des ronds dans l'air

Robert Delaunay (1885 – 1941) fut ce qu'on peut appeler un poète de la peinture. Chevaleresque et plein de foi, il a fait son chemin auprès des grandes écoles de l'art moderne. Juste à côté du fauvisme, du cubisme, des futuristes et autres suprématistes, Delaunay va chevaucher les engouements de son époque : dynamisme, modernisme, jeunisme, vitesse, sport et même aviation ! Toujours enthousiaste et inspiré, il va adapter le cubisme à sa vision poétique intuitive et, même s'il s'appuie sur de grandes théories analytiques et faussement scientifiques, cela l'aide à avancer.

Apollinaire baptise « orphisme » cette façon de peindre, en poussant au maximum la simultanéité, des formes, des couleurs en larges à-plats de tons purs ou presque (bleu, rouge, jaune, vert et violet), puis des turquoise, rose ou noir viendront faire encore plus vibrer ses toiles. Les plus connues ressemblent à des cibles puis à des cibles juxtaposées en point de fuite vers le ciel (comme ces photos avec un rayon de soleil dans l'objectif, faisant apparaître des cercles : le *flare*). Delaunay aime l'espace, la lumière et la vibration des couleurs complémentaires. On dirait qu'il a pris du LSD, qu'il cherche une persistance rétinienne par choc de pigments, de tons opposés, avec ces cercles concentriques ou inachevés. Sa série de fenêtres, qu'il appelle « contrastes simultanés », sont des toiles sœurs des toiles cubistes, mais en tons colorés au lieu des bruns et ocres de Braque et Picasso. Car voilà le *credo* de Delaunay : la couleur vibrante, organisée en rythmes, entre arc-en-ciel et cercles complets, dès 1912.

Pour son bonheur, il va rencontrer son âme sœur Sonia (1885–1979) qui va devenir épouse, mère et compagne de recherche et de peinture. Sonia va, avec talent, adapter le travail de Robert à la vie : affiches, imprimés, tissus, vêtements, objets de design, abat-jours, et tous les accessoires de la maison et de la mode. Tous deux sont passionnés. Ils ont été fauvistes, et dans ces toiles de contrastes simultanés, on peine à distinguer l'un de l'autre ! Ces motifs en cercles, cet éclatement de couleurs pures annoncent Piet Mondrian. Ils sont amis des poètes Blaise Cendrars, Guillaume Apollinaire, et du peintre Kandinsky, un des premiers abstraits, correspondent avec Paul Klee. Delaunay prendra pour motif la tour Eiffel, qu'il peint façon postimpressionniste, puis cubiste puis simultaniste, hommage à un symbole de modernisme.

Robert et Sonia Delaunay seront le couple « art moderne », sous le signe du dynamisme, de la couleur, des formes géométriques, comme deux directeurs artistiques d'une époque en plein progrès technique : l'avenir paraît encore radieux. Dans les années 1920 et 1930, ils se lient avec les surréalistes : Tristan Tzara, André Breton, Philippe Soupault, puis Aragon, Cocteau, Stravinsky. Robert s'essaie à l'art décoratif avec Fernand Léger. Mais en 1934, il revient à l'orphisme abstrait avec ses recherches de rythmes inspirés par Mondrian. De son côté, Sonia multiplie les décors, panneaux, costumes de danse, de couture ; elle ouvre sa boutique et crée des voitures peintes et décorées par elle : Bugatti, Citroën, Matra ! Elle ose de grandes formes géométriques sur vêtements. Le couple Delaunay s'attaque à tous les sujets, même la publicité et utilise le néon pour des affiches. Pour l'Exposition universelle de 1937, elle peint des panneaux décoratifs gigantesques, employant 50 peintres chômeurs ! Au salon de l'air, des avions de chasse sont suspendus au milieu des cercles chromatiques des Delaunay. Sonia avait peint moteur d'avion, hélices et tableau de bord. Ses immenses panneaux annonçaient l'art cinétique.

Réfugiés à Mougins pendant la Deuxième guerre, ils rassemblent leurs œuvres, travaux, recherches, apportent leur soutien au jeune Nicolas de Staël (peintre aux larges touches colorées étalées au couteau). Mais Robert, de santé fragile, meurt en 1941. Sonia continuera les recherches et les contrastes colorés, géométriques, obéissant comme son mari au pouvoir de la lumière, grande révélatrice naturelle, sur tous les supports, variant les matières, les liants, les pigments. Utilisant les rayures comme élément pictural fort, elle va influencer Jasper Johns (le père du pop art) quand il peindra ses drapeaux américains ! Puis, toujours aussi active, après classement et rétrospectives (Paris, Lyon, Lisbonne, Boston, Liège, etc.), elle fera don de beaucoup d'œuvres, afin que son mari soit reconnu et montré dans les grands musées français. Elle sera aussi honorée pour ses recherches de tissus au musée d'art et d'industrie de Saint-Étienne.

Ayant traversé tout l'art moderne depuis les années 1910, en coup de vent dans toutes les directions, les Delaunay méritent une place spéciale de découvreurs enthousiastes et déterminants, frais et actifs, loin des rivalités intellectuelles. Il faut aussi savoir que ce couple n'était pas doué pour la vente et la promotion de leur image (malgré ce que j'ai énuméré). Les institutions se méfiaient de ces nouveaux iconoclastes aux toiles trop fantaisistes et colorées (Kandinsky subissait le même sort en France : les musées n'achetaient pas ses toiles) et Sonia était traitée de « décoratrice », modes et arts mineurs... Et ce sont ces femmes d'origine russes, Sonia Delaunay et Nina Kandinsky, qui ont fini par imposer leurs hommes par des dons massifs aux musées frileux, qui eurent tant de mal à accepter l'art moderne ! Et ça, l'histoire de l'art « oublie » souvent d'en parler...

CATALOGUE *Sonia Delaunay : Les couleurs de l'abstraction*, MAM, Paris musées, 2014.
CATALOGUE *Robert Delaunay Rythmes sans fin*, Centre Pompidou, Paris, 2014.

Derain André

Décennie radicale : 1904–1914

Aujourd'hui, les générations sont fascinées par la technologie, des écrans 3D aux smartphones, des GPS aux logiciels... Peut-on encore comprendre qu'au tout début du XXe siècle, ce fut l'art (et la peinture) qui était la référence ultime, le sommet du savoir-faire de la civilisation ? La France, avec ses impressionnistes, ses pointillistes, ses symbolistes abordait le XXe siècle en première position de la création ! Avec cette confortable avance, quelques artistes éclairés allaient ouvrir la voie d'une avant-garde radicale. Parmi eux : André Derain (1880 – 1954). Cet artiste très complet avait l'immense mérite de douter, et d'avancer sans cesse. Et s'il y a un père de l'art moderne, c'est bien Derain et non Duchamp, son apport ayant été capital. D'abord il inventa le fauvisme aux couleurs éclatantes, renvoyant l'impressionnisme au passé (il fut fauve, plus structuré que Matisse et plus complet que Vlaminck). Ensuite il ne s'arrêta pas à son cubisme personnel, une sorte de « cloisonnisme » très coloré (contrairement aux bruns de Braque puis de Picasso), car il doutait déjà et cherchait du côté d'un réalisme magique (ce qui fit dire à l'Américaine Gertrude Stein, balourde et suiviste, qu'il ne rentabilisait pas ses inventions).

Ce fut Derain, et lui seul, qui expliqua le génie de Cézanne, la fuite des clichés, comment peindre la réalité sans sombrer dans les tics picturaux, notamment le fait génial de laisser des blancs de la toile, afin d'échapper aux habitudes et aux automatismes. Le non-fini comme issue ! Plus fou encore, il découvrit et admira les époques classiques de la peinture et en même temps, il lança les arts primitifs (Afrique, Asie, Océanie). On lui doit cette intuition du modernisme des arts premiers, et tous, à sa suite, exploitèrent le filon de la sculpture africaine, maori, etc. On pourrait ajouter la photographie, qu'il a beaucoup pratiquée, et qui lui servait à essayer des cadrages, des perspectives et des premiers plans en peinture... Vous comprenez qu'un homme si changeant, curieux et varié jusqu'au paradoxe ne fut pas compris (comme Giorgio de Chirico).

Voilà André Derain admiré par Picasso, le copieur triomphant, et par tous ceux qui l'ont croisé comme Apollinaire, Matisse, Balthus, Giacometti et bien d'autres. Il faut voir ses débuts époustouflants, ses recherches parallèles : céramique, photos, écrits théoriques et aussi ses sculptures, car cet insatisfait modeste et pessimiste n'a jamais joué au maître, ni cédé à aucune réussite ou concession. Comme un explorateur, il n'a cessé d'avancer, de travailler, quitte à montrer ses « essais ». N'étant ni intriguant, ni flatteur, et malgré la diversité de ses apports, il sema en route tous les esprits étroits, logiques ou superficiels, et continua seul, jusqu'à des nus et des peintures à l'ancienne, des natures mortes qui laissèrent les « amateurs » sur le bas-côté. Ses peintures quasi symbolistes, hors époque, aux couleurs éclatantes, constituent encore une étape admirable et à part.

Derain fut révolutionnaire, mais réfléchi et créatif, dès 1900 ! Et il ne cessa jamais de tout aborder avec courage et engagement, au-delà des règles.

CATALOGUE *André Derain. 1904–1914, la décennie radicale*, Centre Pompidou, Paris, 2017.

Des Jeunes Gens Mödernes

Une histoire parallèle

Lorsqu'en 1981 la nouvelle formule du mensuel *Actuel* titre en couverture « Les jeunes gens modernes aiment leur maman », une page se tourne dans la culture française : le post-punk cède place à la new wave. Une génération électrisée par le rock, secouée par le funk, allumée par le reggae, amusée par la disco, intéressée par le rap et branchée sur l'électro va réveiller la France en retard. Dans le domaine musical, tout reste à faire. Et la variété plombe tout. Grâce au punk, au « *Do It !* », des dizaines de groupes vont naître, mais aussi des magazines, des vidéos, des images, de la mode, des dessins, des spectacles, de l'art, des objets, des attitudes et des lieux (bars, clubs, *showrooms*, galeries). Une nouvelle génération branchée écume les expos et les cocktails, les parties et les soirées. Les références de ces bandes vont de Bardot à Warhol, du Velvet aux Pistols, du funk à l'électro. Mais il y a aussi un engouement pour l'Europe et ses écoles d'art – primitifs, fauves, futuristes, constructivistes, suprématistes – et un goût pour l'esthétique expressionniste allemande et russe, le gothique anglais, le flamenco espagnol. Londres, Berlin et Paris redeviennent des phares, suivis par la mode italienne et la movida espagnole. On reprend tous les acquis, toutes les modes des années 1940 à 1960, avec le rétro comme base de re-création.

Cette agitation tous azimuts va dépasser les médias français. Les journalistes spécialisés ne peuvent appréhender des individus branchés sur tant de choses en partie abandonnées. De nouvelles revues sont obligées de se créer en Europe : *The Face*, *I-D*, *Actuel*, *Faade*, *Bazooka*, *Frigidaire*, *Wet*, *El Vibora*, *Wiener*. Même Le Palace a la sienne. *Libé* s'accroche avec Alain Pacadis comme seul chroniqueur branché, et les membres de Bazooka, qui pirataient le quotidien, finissent chassés après avoir eu leur revue mensuelle, *Un Regard Moderne* (cinq numéros). Les magazines de rock (*Rock & Folk*, *Best*) font la gloire des *rock critics* à la Yves « Punk » Adrien, qui signe aussi Orphan, tandis que Pacadis paraphe « Too fast to live too young to die ». Le *NME* (*New Musical Express*), pour certains, est une véritable bible. Rockeurs, chanteuses, auteurs, graphistes, cinéastes, journalistes, essayistes, *rock critics*, égéries, starlettes, mannequins, photographes – portant souvent plusieurs de ces casquettes à la fois – tentent tous d'exprimer leur passion, insaisissable et inépuisable.

Cette vague d'un immense romantisme est celle d'une génération perdue qui voulait tout, tout de suite, et qui s'est un peu brûlée à force de frénésie, de musique et de stupéfiants divers. Mais il fallait cette tempête pour nettoyer les esprits, renouveler les genres, repurifier les traditions, redynamiser les créateurs et faire la fortune de tous ceux qui ont su tirer parti de cette esthétique, souvent après-coup. La culture mondiale se nourrit encore du punk défunt et de ses dérivés. Il faut réviser cette grande culture et toutes les autres, car leurs explosions, souvent rapides et envahissantes, n'ont pas permis de les comprendre ni même d'y assister sur le moment.

DVD *Des Jeunes Gens Mödernes (Post punk, cold wave et culture Novö en France. 1978 – 1983)*, de Jean-François Sanz, agnès b. production et Potemkine Films.

DESPENTES VIRGINIE

Un air russe ?

Avec ce nouveau roman, *Vernon Subutex*, au nom de médicament, Virginie Despentes (1969 –), la passionaria de littérature punk-rock, nous livre le premier gros volet d'une trilogie qui s'annonce plutôt hard et ambitieuse. Car notre Virginie n'a jamais fait dans la dentelle et semble ici tremper sa plume comme un junkie sa seringue, dans un avant-bras déjà infecté. Après une série de livres presque pamphlets (*Baise-moi*, *Les Chiennes savantes*, *King Kong Théorie*, *Apocalypse bébé*), elle se lance dans la littérature lourde, naturaliste, descriptive, psychologique, élargissant le champ underground à toute la société. Et, oui, on pense à Dostoïevski pour la quantité de personnages, à Gorki pour les bas-fonds et à Tolstoï pour la critique violente de la société ! Dans *Vernon Subutex*, il y a des idiots, des joueurs, du crime et des châtiments... et des âmes mortes (Gogol).

Je ne suis pas fou d'évoquer ces grands Russes à côté de la petite Française. Ce ne sont pas des formules, mais bien le contenu touffu de cette tentative un peu désespérée de visiter toutes ces couches sociales profondes, ces laissés-pour-compte, oubliés des médias et inconnus des hordes de littérateurs néo-bourgeois dont les magazines nous gavent. Car la vaillante Virginie, inspirée par quelques anciens critiques rock, et un climat de post-révolution qui aurait échoué, décrit pour nous cette génération perdue, ces bandes de rockers, junkies, punks, travelos, hardeurs, déconneurs de toute sorte... et leur chute. Gueules de bois, combines, misères et magouilles sont le lot de ces déçus de la fête hippie-pop-rock qui aurait si mal tourné (on peut ne pas être d'accord).

Despentes plonge tête la première dans les squats, caves, studios et chambres de bonnes de ce petit peuple appauvri, qui se survit par illusion, dope et quelques rares fêtes encore possibles. Elle a le cran et l'humanité de décrire les pauvres, la vraie misère (par étapes), et nous entraîne dans le nerf de la vie, avec ses vrais comptes d'argent, de système D, mais aussi des flashes de romantisme (même de pacotille), d'amour (même bidon) et d'idéal (même trahi pour cause de manque, de fauche ou de malchance). Son anti-héros, Vernon Subutex, loser, charmeur, menteur, voleur, va taper l'incruste tout au long de cette descente aux enfers, chez tous les zonards, groupies et mêmes bobos qu'il croise sur sa route. On y rencontrera aussi d'anciens rockeurs ou punks, des beurettes, des dealers et magouilleurs, ainsi que des petits-bourgeois, fils à papa, et ces nouveaux réacs, avec la dose de racisme quotidien d'une société exténuée – et bien sûr, des lesbiennes, superwomen, belles et libres, violentes et frondeuses, nouvelle race imaginaire que Despentes affectionne.

Alain Pacadis avait tourné disco, Yves Adrien cold wave, Patrick Eudeline presque symboliste, Ann Scott techno. Virginie Despentes, quant à elle, semble vouloir se lancer dans le grand roman psychologique. Russe, vous dis-je.

LIVRE *Vernon Subutex*, Virginie Despentes, Grasset, Paris, 2015.

Doig Peter & Grayson Perry

Deux inconnus célèbres

Puisque personne n'en parle ou presque, je vais faire connaître aux amateurs d'art deux personnages atypiques et qui ont réussi. Dans le monde de l'art, il y a les maudits, les espoirs, les pressentis, les perdants et les olympiens. Voici donc deux spécimens d'artistes qui ont convaincu marchands et clients grâce à l'évidence et la beauté de leurs œuvres.

Tout d'abord l'Écossais Peter Doig (1959–) et son physique de bucheron, sorte de fauviste de l'an 2000 qui peint des paysages éclaboussés de lumière et de sang. Sa jeunesse passée à Trinidad puis au Canada a dû accentuer cette fascination pour les décors naturels. Il y a quelque chose de grandiose mais aussi d'inquiétant dans ces grandes toiles aux couleurs raffinées, décalées et violentes, solarisées comme sous LSD. Atmosphères étranges, halo de lumière bizarrement coloré, comme un malaise issu de pigments inattendus, de flocons d'étoiles ou de neige, d'entrelacs de branches : on cède à l'étonnement. Le secret des grands peintres est dans leur évidence, leur vision à part, originale et comme « utile » à leur époque. Un pas en avant, mais hors des sentiers battus. Certaines toiles de Doig ont atteint 8 millions d'euros !

Ensuite Grayson Perry (1960–), un Anglais pop passé à la céramique tout en s'inventant un personnage de petite fille appelée Claire, avec jupe à volants et rubans dans les cheveux. Après une série d'objets kitschs – panneaux, motos, posters comme réalisés en art naïf, avec du rose et du bleu layette, des mandalas géants, entre BD underground et caricatures *trash* – il devient potier ! De loin, ses vases ressemblent à d'élégantes et luxueuses céramiques chinoises aux tons raffinés. Mais sur ces très beaux vases élancés s'étalent des scènes d'accidents, de viols, de meurtres. Énorme succès... Le punk s'invite dans la dynastie Ming ;

l'apparence du grand luxe entachée de graffitis. La noblesse de la céramique, des émaux, des porcelaines argentées ou dorées, comme des *rakus*. Le tout présenté par un grand blond costaud vêtu de couleurs vives, en fillette blonde enrubannée – l'alter ego de l'excentrique britannique Grayson Perry.

Avec ces deux personnages curieusement inconnus du grand public, on assiste à un paradoxe postmoderne. À moins que le monde spéculatif de l'art ne garde ses trésors secrets le plus longtemps possible, comme histoire d'initiés et de plus-value. Car il faut que les œuvres soient acquises progressivement par les grands collectionneurs qui comptent, puis par les musées, afin d'atteindre une cote encore plus élevée. Le succès « public » n'existe plus.

DUB

De Kingston au Bronx, du dub au hip hop

Vers la fin des années 1970, les Jamaïcains de Kingston avaient déjà traversé bien des périodes musicales avec succès. Ils étaient passés du mento/calypso au ska, puis au rock steady, puis ce fut la vague reggae/roots/rastafari. Avec l'électronique, ils faisaient déjà des prouesses de mix, tandis que les deejays toastaient et scandaient toutes sortes d'expressions plus ou moins underground, sur des beats lourds, des réglages extrêmes, grâce aux boîtes à rythmes et aux *dubplates*. Soudain une forme accidentelle et inattendue prit forme : le dub. Enregistrement ouvert, plein d'échos et de *delays*, couches de sons superposées, un fond instrumental avec de grosses lignes de basses et quelques onomatopées qui faisaient la gloire des MC. Mais le dub devint un genre à part entière grâce au *sampling/sequencing*, permettant de récupérer, doubler, superposer, étirer ou augmenter n'importe quelle piste de son. Merci Lee Scratch Perry. Cette méthode fait encore le tour de la planète sous forme de mix plus ou moins inventif, ou copié.

Vers 1978, l'Amérique avait enfin reçu le message caribéen (grâce aux Jamaïcains de New York comme DJ Kool Herc, qui organisait des *block parties*), une façon de faire surnommée « smurf » puis « hip-hop » : le fait de clamer des expressions sur des bandes-son de DJ. Et ce fut la version sautillante, avec break dance, survêts et blousons en cuir coloré, qui envahit les ghettos de toutes les villes américaines. Bandes et *blaster master*, les *crews* stylés, puis les *grand master*/MC pour regrouper les bandes de jeunes en pleine mutation. Une seule origine, mais un décalage dans le temps et des manières différentes d'utiliser les boîtes à rythmes et d'autres influences, comme le disco !

Soul Jazz Records continue d'explorer ces périodes riches avec deux compilations. L'une propose le dub concocté au Studio One de Sir Coxsone Dodd, qui contribua à tous ces styles. L'autre, intitulée *Boombox* (double CD), balaie large les premiers hip-hop, électro et disco-rap new-yorkais, avec un livret en couleurs de 44 pages contenant historique, labels et photos. Les 18 *tracks* de *Studio One Dub Fire Special*, sombres et lancinants, s'opposent aux 17 morceaux de hip-hop, sautillants et frais comme le fut cette première école, très jeune, devenue *old school* depuis. Les deux faces d'une même médaille fondue dans les *sound systems* et *dance halls*. A-t-on assez dit ce que rap et DJs doivent aux Jamaïcains ?

2 CD *Studio One Dub Fire Special* et *Boombox. Early Independant Hip Hop, Electro and Disco Rap. 1979 – 1982*, Soul Jazz Records.

Duchamp Marcel

Star de la négation de l'art (Attention : article totalement irrespectueux)

Celui qui se fit connaître vers 1915 avec un urinoir (une pissotière murale en céramique blanche), un porte-bouteille ou une roue de vélo présentés comme des œuvres d'art, c'est lui : Marcel Duchamp (1887 – 1968). Quelques années plus tôt, il avait peint une toile plus futuriste que cubiste, *Nu descendant un escalier* (1913), un mouvement décomposé en jaune et ocre sur fond brun, qui choqua, on se demande bien pourquoi. La spécialité de Duchamp, c'est d'avoir l'air de ne pas y toucher. Peindre ? Quelle horreur ! Les mouvements cubistes et futuristes ? Quel ennui ! Pourtant il n'a cessé de tourner autour des galeries, des artistes, des amateurs, des collectionneurs, et surtout des revues d'art. Son malheur : ses deux frères, l'un peintre cubiste (Jacques Villon) et l'autre sculpteur néo-futuriste (Duchamp-

Villon), plastiquement plus doués que lui. J'ai bien dit « plastiquement », car pour le reste, Marcel Duchamp est un vrai renard, un jongleur d'idées et un trafiquant d'influences. Et cerise sur le gâteau, il va faire la rencontre de Picabia, artiste surdoué, inimitable, multipliant les toiles et les idées révolutionnaires, qui sera en fait son maître en art.

Ne faisant pas le poids face aux « fusées » de l'époque – Matisse, Braque, Picabia, Dalí, etc. – Duchamp effleure les sujets de l'art moderne. Dans les mouvances naissantes des dadaïstes, surréalistes et autres futuristes, il tente, un peu par hasard, le coup des objets quotidiens à exposer (la pissotière et autres bricoles). Sur le moment, cela ne donne rien – les pièces sont jetées et devront être refaites ! – mais sa légende va naître progressivement. Avec malice et complaisance, il se laisse faire. Intellectuels et critiques vont alors s'emparer de son cas de « glandeur » professionnel, habitué des salons littéraires et des milieux bohèmes en général.

Toujours *drivé* par son mentor Picabia, Duchamp va encore faire bien des manières, avec notamment une reproduction de *La Joconde* graffitée de moustaches et sous-titrée « L.H.O.O.Q. » (lire « elle a chaud au cul », blague potache). Puis il clame abandonner l'art définitivement et se lance dans les échecs (comme si c'était bien plus intéressant que l'art !), se fait prendre en photo en femme (son double féminin : Rrose Sélavy) ou avec une étoile rasée sur la tête. Il fabrique deux peintures sur verre incompréhensibles, ou, comme Picabia, tente des « anti-peintures » faussement techniques, faites avec règles et compas, genre plan d'ingénieur (mais dans les années 1920, ça ne donne presque rien). Ceci au petit bonheur, alors que de grands mouvements picturaux secouent l'esthétique du monde (expressionisme allemand, suprématisme et constructivisme russes, futurisme italien, fauvisme et cubisme français, dadaïsme et surréalisme internationaux).

Mais Duchamp, obstiné et rusé, reste sur ses positions d'indifférence et de mépris (« les artistes se répètent toute leur vie » ; « le tableau sur toile est dépassé ») et entretient ses faux secrets. Car nombre des petits objets qu'il continue de produire sont des non-sens, anti-esthétiques bien sûr, et anti-bourgeois, mais très intrigants, et surtout ils lui confèrent une aura de grand intellectuel abscons. Alors l'Histoire l'honore. La légende en fait un cas unique et la naïveté des faux intellectuels le consacre génie, inventeur du ready-made, du pop art, de l'art conceptuel. Bref, il devient la pierre angulaire des arts dits contemporains, et même de ceux à venir. La mystification va devenir totale : le ver est dans le fruit et ce prétentieux un peu jaloux va pervertir l'art pour longtemps. Tous les sous-doués s'engouffrent dans la brèche : on peut choisir un fer à repasser ou des boîtes de conserves et être artiste. Une aubaine démocratique !

Les mini critiques vont se lancer dans des théories sur Marcel Duchamp, le plus moderne, irrespectueux, culotté et génial de tous les artistes, puisqu'il ne fait rien ou bricole des trucs impossibles à déchiffrer : des boîtes avec des choses dans des cases, des fils à coudre sous verre, etc. – car en réalité il continue de ramer dans l'art ! Mais Marcel le snob, qui se fait appeler « ingénieur du temps perdu », n'a en rien détruit l'art, qui est plus recherché que jamais. Il en a simplement élargi les frontières jusqu'à l'absurde ; il a boosté les icônes minimalistes de la création moderne. Résultat : les stars (cubistes, abstraits) vendent à tour de bras et lui ne gagne presque rien. Il est dépanné par son mécène américain Arensberg (qui lui achète tout à bas prix) et pensionné par son père, notaire. Bref, il y a une justice, mais sa force de caractère lui a fait accepter cette vie désargentée (il sera professeur, bibliothécaire et même marchand d'art : intermédiaire !). Devenu une sorte de *clergyman* sec et un peu hautain, sa pauvreté et sa fierté lui ont donné une épaisseur, une sorte de classe détachée et nihiliste.

En 1966, dans ses célèbres entretiens avec Pierre Cabanne, Duchamp a avoué son inanité, sa paresse, le hasard, la chance, son absence d'enthousiasme et, c'est vrai aussi, son côté zen, ironique, détaché et iconoclaste, qui révèle un peu de son savoir-faire tortueux. La mode de ce style de manipulateur en a fait un héros du rien. Nul doute que des milliers d'escrocs incapables l'envient.

LIVRE *Entretiens avec Pierre Cabanne*, Marcel Duchamp et Pierre Cabanne, coédition Sables et Allia, Paris, 2014.

DURY
IAN

Le parrain du punk

Ian Dury (1942–2000) fut un personnage inoubliable, incroyablement complet et en avance – image unique d'un enfant surdoué qui aura traversé toutes les modes de l'Angleterre d'après-guerre, tout en les refusant les unes après les autres. Fan absolu de jazz, Dury va flirter avec le skiffle, le rockabilly, les Teddy Boys, le British blues, le glam rock, le pub rock et enfin le punk, mais mâtiné de ska, reggae, funk, soul ou de piano-bar. Vous suivez ? Comment, né en pleine guerre sous les bombes du Blitz, puis frappé de poliomyélite à l'âge de 7 ans, ce suractif a-t-il pu enchaîner autant de passions, et tout cela à partir de peinture et d'école d'art ?

Issu d'un milieu mi-bourgeois mi-populaire, le rapide et déluré Ian va se trouver, à cause de sa maladie, catapulté dans la jungle des écoles pour handicapés et autres institutions où les mauvais traitements peuvent venir aussi bien des profs que des élèves. Rendu amer et irascible, il va passer par l'art et la culture jazz pour se refaire une santé mentale, reprendre du courage physiquement et affronter le monde.

Autant vous le dire tout de suite : j'aime beaucoup Ian Dury. Ce personnage théâtral, inspiré, malicieux et sexuel évoque un poète clochard sorti d'un roman de Dickens. C'est un être absurde, comme dans le théâtre de Beckett ; un spectre de *L'Opéra de quat'sous* ; un Charlot punk, artistique et doué, générateur de *groove*. Passé par école d'art, dessin et peinture, Dury a le coup d'œil et le style. Lui-même est une sorte d'œuvre plastique, *fashionable*, où se télescopent paillettes, rimmel, épingle à nourrice, jeans et tuxedo! Aîné de dix ans de ses neveux punks les Pistols ou les Clash, il a néanmoins pas mal d'avance, lui qui fut rockab puis Ted, puis pub rocker (personnellement, je le considère comme proto-glam – il en serait furieux!). Mais surtout il sait écrire et il a une vision du monde, une force issue du rejet que lui vaut son handicap. Humour, dérision, coups de gueule *cockney*, mais tout en subtilité et en charme, avec quelques pincées d'allusions sexuelles: le cocktail Dury est explosif et rare. *Sex & Drugs & Rock & Roll* deviendra un tube, tout comme *Wake Up And Make Love With Me*, *Clever Trevor* (ou *Clevor Trever*) ou *Hit Me With Your Rythm Stick*. Ian Dury a le sens de l'image et du slogan. Ses noms de groupes – Kilburn and The High Roads (dès 1970) ou The Blockheads (en 1977) – illustrent sa détermination et sa différence. Il va inspirer le punk à Malcolm McLaren, servira de modèle à Johnny Rotten, attirera des gens comme Wilko Johnson de Doctor Feelgood. Mais avec les strates de tout ce qu'il a vécu, il inspirera bien plus que quelques groupes. Il reste une référence pour beaucoup de musiciens, et pas seulement britanniques.

Regardez-le sur le Net, écoutez sa voix voilée, inimitable, et ses looks d'enfer. La pochette de *New Boots and Panties*, photo noir et blanc de son enfant et lui, est une icône, quelque part entre *The Kid* et Diane Arbus. Car il y a de l'expressionisme chez cet artiste injustement méconnu. Ses frasques, ses excès, ses errances et ses tyrannies, assortis à un penchant certain pour l'autodestruction, n'enlèvent rien à cet être hypersensible, créatif, droit et fidèle, qui ne se pliait à aucune règle et à aucun marketing. Comme quoi, même le rock a du mal avec l'apparence et les mauvaises manières. Et il fallut la rage et l'art du punk pour « exhiber » enfin cet être exceptionnel, irremplaçable, qui n'avait pas peur de grand-chose.

LIVRE *Ian Dury : Sex & Drugs & Rock & Roll – Vie et mort du parrain du Punk*, Jeff Jacq, Ring, Paris, 2017.

DYLAN BOB

Le lièvre parmi les tortues folks

Il semble que la puissance de la musique folk américaine des années 1959 à 1965, vague née d'une ré-exhumation du patrimoine folk US (country, hillbilly, etc.), nous a totalement échappé en France. Car même après la bombe rock'n roll et rockabilly, la jeunesse américaine devait encore redécouvrir la culture rurale des pionniers et leurs caravanes de chansons venues d'un peu partout. Ensuite viendra le grand come-back du blues – avec le British blues, l'explosion des John Mayall et autres Heartbreakers, jusqu'aux Stones.

Mais revenons au tout début des années 1960 et à l'arrivée d'un petit intrus, Robert Zimmerman (1941–), qui va d'abord apprendre sa leçon folk – le grand truc de l'époque – auprès de spécialistes, érudits et collectionneurs. Histoire d'être bien documenté, le futur Dylan va piquer la collection de disques d'un pote. Ici commence l'histoire truquée d'un garçon à part, tramée de points obscurs, de doutes et de soupçons sur un faux prophète. Puis vient l'imprégnation dans le Village, à New York, et c'est là que ces événements nous échappent. Il régnait alors dans les milieux folks un snobisme aigu, des principes rigides, des jalousies énormes, des diktats et des clans, que notre Zimmerman / Dylan allait mettre à mal. Je dis cela car Dylan lui-même niera avoir un message, avouera ses doutes et l'importance du hasard et de l'improvisation dans son écriture. Il a surtout commencé en imitant Woody Guthrie, son super-héros, chanteur engagé dans toutes les luttes, grèves et autres rassemblements d'opprimés.

Puis, épaulé par Pete Seeger, autre grand militant écologiste et social avant l'heure, Dylan va gravir les échelons du succès. En 1960, le folk régnait en maître aux US. Son producteur, Albert Grossman, a compris qu'avec les disques la jeunesse va permettre de se faire des fortunes – c'est le début du showbiz musical pour adolescents ! Mais dès 1963, la British Invasion engloutit l'Amérique et le monde, pleine de riffs et de nervosité, Beatles en tête, et Dylan ne montre aucune intention de vieillir chez les folkeux. Et comme Lightnin' Hopkins et d'autres bluesmen, il s'empare de guitares électriques, au grand dam de la communauté folk. C'était à Newport en 1965. Parfait non-événement, dont son producteur profita pour le vendre de plus belle comme le rénovateur d'un folk électrique. Bluff classique. Malgré les protestations, Dylan avait compris qu'il ne voulait pas être prisonnier d'un public aussi obsédé par la tradition et, surtout, l'authenticité, qui n'était pas sa première qualité. Il va donc semer tout le monde, y compris sa fiancée Joan Baez, scotchée comme les autres par ce revirement d'un garçon dont on a déduit qu'il ne voulait plus aucune responsabilité dans cette histoire d'engagement... militant. « Les temps changent », comme il le chantait, et la course au succès était lancée, de modes musicales en stars chantantes, événements néo-culturels qui influençaient chaque année un peu plus l'opinion, avec cette idée folle que la musique allait changer le monde.

Il est bon de connaître l'histoire de cette étrange période de *folk-protest song* – avant le grand tsunami pop, psychédélique, symphonico-progressif, puis le retour du rock, par le pub rock, le glam, puis le punk – enfin nettoyée de tous ces déguisements. Hormis les arnaques à la jeunesse et les rebondissements médiatiques sur ces crimes de lèse-majesté organisés autour des trésors folk, country, etc., c'est bien une part de la culture américaine qui nous échappe, notamment cette contradiction entre le côté apparemment pur et simple de la folk music, et la guerre de style, de genre, de manière de faire qui se joua autour d'elle, rappelant le *show business* dans ce qu'il a de plus impitoyable.

LIVRE *Bob Dylan électrique : Newport 1965, du folk au rock, histoire d'un coup d'État*, Elijah Wald, Rivages Rouge, Paris, 2017.

E

ÉLECTRO

Trop d'électro ?

C'est au début du XXe siècle qu'apparurent les premières expériences musicales visant à sortir de la musique romantique. En 1913, le futuriste italien Luigi Russolo rédige l'*Art des bruits*. En 1917, le français Erik Satie invente la muzak, qu'il appelle « musique d'ameublement » : simple, décorative, répétitive. En 1928, Maurice Ravel crée lui aussi de nouvelles structures musicales avec son *Boléro*. Et c'est encore un Français, Edgard Varèse, qui entre les deux guerres prône l'utilisation des premiers instruments électroniques – le thérémine russe et les ondes Martenot françaises – mais aussi les bruits d'objets, de rues, de sirènes. Après-guerre toutes les grandes villes se dotent d'un laboratoire de musique expérimentale et de recherche : Milan, Paris, Cologne, New York. Puis dès 1950, l'Allemand Karlheinz Stockhausen va devenir le chef de file d'une école en écrivant des œuvres musicales mélangeant électronique, sons mécaniques et électroacoustiques. La France se re-énerve en même temps avec Pierre Schaeffer, grand orchestrateur des bruits de gares, trains, sirènes, sifflets. Au Groupe de Recherches Musicales, Schaeffer accueille des pointures du genre de Iannis Xenakis ou Pierre Henry qui va frapper un grand coup avec Michel Colombier et leur *Messe pour le temps présent*, mélange pop de guitares, cymbales et cloches stratosphériques. Le public, dépucelé par la pop psychédélique et le rock électrique, commence à suivre à grands pas. L'école américaine part dans le minimalisme, le zen ou je ne sais quoi avec les grands silences de John Cage, les bruits, les platines, les bandes magnétiques, les retardeurs ou les superpositions et tout un trafic de collages. Et voici la cour US des minimaux, répétitifs intellos : La Monte Young, Terry Riley, Steve Reich, Philip Glass. Avec la technologie, ils seront transportés par les claviers, les synthétiseurs et les boîtes à rythme. Car la science et les découvertes mises au point vont offrir des vaisseaux spatiaux aux grandes oreilles : orgues (Hammond, Farfisa, Lowrey), Moog avec les Pink Floyd et thérémine que les Beach Boys vont asseoir comme instrument vedette.

Vous connaissez la suite : *Orange Mécanique*, le film de Stanley Kubrick avec du classique accéléré ou remastérisé par Walter (Wendy) Carlos ; le krautrock allemand des débuts *seventies* : magnifique et universel avec Can, Amon Düül, Faust, Meu, Popol Vuh, Cluster. Dans la vague allemande, notez aussi Kraftwerk, dès 1974 avec *Autobahn*, qui sont à eux seuls une révolution, et les planants Klaus Schulze ou Tangerine Dream, qui vont faire beaucoup de petits. Ajoutez Giorgio Moroder et vous avez les ancêtres de ce que vous écoutez encore. En tout cas vous avez compris que les instruments électroniques, les recherches atonales ou concrètes et tous les bidouillages sont permis pour fabriquer dans tous les styles – pop, rock, techno, disco – de la bonne musique.

LIVRE *Électro 100*, Olivier Pernot, Le Mot et le Reste, Marseille, 2016.

Endless Summer (The)

Cool attitude

De même qu'il existe des *road movies*, on trouve aussi quelques *sea movies*. *Endless Summer*, tourné aux US, puis à Hawaï, en Afrique, en Australie et en Nouvelle-Zélande, est de ceux-là. La classe, c'est que ce documentaire de Bruce Brown, où l'on aperçoit la légende Miky Dora, fut réalisé au top de la *surf culture*, en 1964 ! Les Beach Boys à l'horizon, direction la Californie, puis tracer la route vers l'Asie – c'était déjà ça l'époque. Le film est planant à bien des égards : lumière, pellicule, simplicité, physiques minces, plages désertes, maillots cools et esprit en repos. Les surfeurs étaient alors les continuateurs du cool. Mais il n'y avait encore ni sponsors ni groupies, ni pollution, ni tourisme de masse. Époque bénie d'avant la frime, le snobisme, les blasés et le fric. Nos deux surfeurs doivent quitter le Sénégal, trop cher pour les fauchés qu'ils sont.

Bruce Brown nous emmène dans l'eau avec eux, collés, au ras de la surface. Quelques requins, et des récifs bien pires, mais les mecs checkent tout ça sans stress ni crème de protection ! Dans les dunes du Cap, géantes et bouillantes, avec des planches énormes. Ils se dirigent vers une mer inconnue sans rien, juste un short délavé. Inconscience ? Immaturité ? C'est l'esprit surf, routard, gitan de la mer, beatnik errant. Leur démarche est décervelée mais pure : comme des chevaliers, ils affrontent le dragon, sans public ni récompense, avec des récifs en forme d'épée sous leurs pieds !

Retour à Hawaï, sons de guitares grêles ou cristallines façon Shadows, où l'on voit comment surfer assis, à genoux, sur le ventre ou sans rien : le body surf (c'est ce que je pratiquais en Algérie ou à Bali, quand les vagues étaient plus petites). Là encore, on voit des grappes de surfeurs qui s'évitent, se croisent se chevauchent, et des gerbes de planches éjectées par des rouleaux géants. Mais surtout des gars agiles, racés comme des toreros, qui dansent véritablement sur leur planche. On dirait des funambules : ils avancent et reculent, une sorte de cha-cha-cha sur l'eau. On est ailleurs, dans le jeu, le risque, le gratuit, l'inutile. Les Butch et les Mitch sont seuls au monde avec leurs exploits privés. Ils en oublient que ce sont les Maoris qui ont créé tout ça : planches, pirogues, catamarans, et jusqu'à l'esprit du truc. À la fin, on voit quand même quelques *tikis* et deux pinups surfeuses.

DVD *The Endless Summer*, Bruce Brown, Carlotta Films.

ESTAMPES JAPONAISES

La ligne claire du Japon ancien

Dès le IVe siècle, les Chinois eurent une peinture impériale, exécutée au pinceau sur papier : des pièces uniques à l'encre, avec lavis à l'eau, dégradé du noir au gris, représentant paysages, rivières, animaux, brumes, arbres et êtres mythologiques. Quand les Japonais développèrent leur imagerie, ce fut très vite en reproduction de gravures sur bois pour tout le dessin, puis des couleurs ajoutées à la main, au pochoir ou au tampon estampé. Les œuvres japonaises se déclinèrent vite en séries et en cartes postales grâce aux nombreux tirages des gravures. Ces observations minutieuses du quotidien montraient beaucoup d'architectures, d'intérieurs, d'objets, de vêtements et de coiffures ultra précises et détaillées. Les Chinois fixaient le monde pour la cour ; les Japonais multipliaient les images pour le peuple. Il se vendait et s'exportait des centaines d'images colorées, idéalisant le mode de vie nippon.

Au Japon, l'époque Edo, qui s'étend du XVIIIe siècle au milieu XIXe, verra naître de très nombreuses estampes : beaucoup de femmes, geishas et courtisanes, dans de beaux intérieurs cloisonnés, en perspective serrée de panneaux, avec plafonds, planchers, pots, fleurs, baies et jardins. Cette époque raffinée donnera bientôt des images érotiques de nus féminins, puis de baisers entre amoureux, enfin d'accouplements d'amants, avec le même soin du détail que dans les imprimés de kimonos ou les coiffures, traitées cheveu par cheveu. Bien sûr il y avait aussi des peintures uniques et des grandes fresques de samouraïs, cavaliers, châteaux ou pêcheurs dans des mers agitées ou encore des légendes avec monstres et êtres surnaturels. Ces véritables posters ou cartes postales, ancêtres des bandes dessinées, au trait simple et clair, aux couleurs vives, montrant en prime des femmes dénudées ou alanguies, firent le tour du monde ! Les Japonais sont un peuple de design, de stylisation absolue de tout. Les détails et objets y sont rois. La forme doit être pure, simple, belle, ergonomique – parfaitement lisible et précise. Un art modélisé, qui a influencé le monde entier.

CATALOGUE *Images du monde flottant : Peintures et estampes japonaises XVII*e *– XVIII*e *siècles*, musée Guimet, RMN, Paris, 2004.

ÉTRUSQUES

Histoire indigeste

Bien plus que les Gaulois, les Grecs ou les Romains, nous sommes les héritiers des mystérieux Étrusques. Installés pendant presque huit siècles, juste avant notre ère, de la Toscane au nord de Rome, ce peuple venu d'ailleurs a inventé la civilisation de type méditerranéen : l'agriculture moderne, le commerce maritime, la chirurgie, l'irrigation par canalisations, les mines, les thermes, la villa, les banquets, et de nombreux arts et autres raffinements. L'âge du fer, de –800 à –200 av. J. C. : un demi-millénaire au cours duquel les Étrusques firent étalage de trop de dons, au point de prévoir leur propre fin ! En six siècles environ, ces enfants prodiges de la Méditerranée ont créé une poignée de villes-États indépendantes en pleine Italie, entre le Pô et Rome, une flotte marchande (et de combat) et un véritable modèle pour les Romains. Bien sûr les Assyriens, les Phéniciens et les Égyptiens avaient aussi fait des merveilles, mais l'art de vivre d'Étrurie demeure une prouesse d'organisation et d'achèvement technique et moral. Leurs bijoux en filigrane d'or avec de minuscules reliefs, par exemple, restent inimitables.

Les mœurs des Étrusques furent d'une permissivité inimaginable : femmes libres de boire et de se donner à quiconque, orgies avec amis et esclaves, homosexualité, sadomasochisme, jeux, vins et chansons, danses et luxe, souvent en plein air. Nos clubs libertins auraient du mal à suivre. Ce fut une sorte de civilisation antique idéale, avec des côtés industrieux et des mœurs de hippies. Un peuple d'oracles, de magiciens, de prophètes, pieux et férus de rituels, de règles, de traités, spécialistes du destin. C'est ainsi qu'ils avaient prévu le leur. Dès le IVe siècle av. J. C., les Romains commencèrent à les envahir et leurs villes indépendantes tombèrent. Les Étrusques s'étaient beaucoup mélangés et leurs mœurs les prédisposaient peu à la guerre. Le futur paysan-soldat romain, lourd et discipliné, qui leur devait beaucoup, les colonisa en les gardant comme conseillers. Malgré le temps, les destructions et surtout le pillage de leurs tombes (le frère de Napoléon, nommé roi de Rome, fit commerce de leurs trésors dans toute l'Europe, tant objets et bijoux étrusques étaient luxueux et recherchés), ils ont laissé un héritage stupéfiant.

Vous commencez à comprendre pourquoi ils sont un peu oubliés de l'histoire ? Les Étrusques sont « trop ». Ils gênent le déroulement de l'histoire antique et on a préféré attribuer à Rome, et même aux Grecs, nombre de leurs trouvailles et inventions. Leur liberté sexuelle faisait déjà scandale auprès des Romaines qui n'étaient pas conviées à leurs fêtes. Leurs dieux étaient mystérieux, même si certains s'apparentaient aux dieux grecs. Leur richesse faisait des jaloux. Leur art, souple et varié, rassemble des styles assyriens, grecs, crétois, avec des idées typiquement étrusques, étranges et uniques (comme ces statues filiformes qui ont inspiré Modigliani). Cette diversité protéiforme est justement une de leurs qualités.

Venant peut-être d'Anatolie et des Lydiens, les Étrusques font tache dans l'histoire. Ni guerriers, ni envahisseurs, ni impérialistes, ni conquérants, ils eurent pourtant un rôle prépondérant pendant un demi-millénaire, prouvant que la réussite d'un peuple tient davantage à son ingéniosité qu'à sa force. On ne retrouve cette qualité que chez certains précolombiens (les Mayas ou les Incas). La Toscane reste façonnée et marquée par eux, offrant l'image d'un petit paradis de nature domestiquée et de bien-être. La civilisation étrusque n'est pas encore reconnue pour ce qu'elle est : fondatrice, essentielle et avant-gardiste.

CATALOGUE *Étrusques : Un hymne à la vie*, musée Maillol, Gallimard, Paris, 2013.

Expressionnisme allemand

Un art récurrent

Né en Europe du Nord au début du XXe siècle puis façonné en Allemagne, le style expressionniste n'a cessé, depuis son explosion dans les années 1920, de hanter les arts par sa force, son efficacité et sa radicalité. Cette école artistique pousse l'expression jusqu'à la déformation, avec ses contrastes, ses visages caricaturaux, ses angles aigus, ses lumières aveuglantes ou ses ombres. Tout dans cette manière de voir est violent, d'où sa force. C'est en peinture que cette école s'est le plus épanouie : retenez Otto Dix, Georges Grosz et Max Beckmann. Et le « triangle » expressionniste fut Dresde-Leipzig-Berlin.

Au cinéma, les films noirs américains viennent tous de l'école expressionniste. Les grands cinéastes allemands comme F. W. Murnau et surtout Fritz Lang ont exporté ce style à Hollywood. Car le « polar » est expressionniste par essence et trouve sa source du côté de Lang avec *M le Maudit* et la série *Docteur Mabuse*. Mais le chef d'œuvre du genre est *Le Cabinet du Docteur Caligari* de Robert Wiene, réalisé en 1920, un film époustouflant, entièrement conçu comme une œuvre d'art. À cette époque, comme la France des Années folles (1920 – 1930), l'Allemagne veut oublier, s'amuser, bouger, coller à la réalité, avec encore plus d'émotion – voilà d'où vient cet expressionnisme. Le cinéma noir et blanc, les gros plans, le montage permettent des effets ; la mode et le décor peuvent accentuer ces chocs.

Après le dadaïsme, le futurisme ou le constructivisme – trois mouvements esthétiques respectivement européen, italien et russe qui vont tout changer – le cinéma aussi va être contaminé et pressé d'expérimenter les nouvelles techniques, les ombres, les surexpositions, les projecteurs et les trucages, souvent pour faire frissonner. C'est une nouvelle ère qui s'inaugure, dont l'esthétique influencera les films noirs (français, anglais, américains). Eisenstein, en Russie ou au Mexique, sera un expressionniste. C'est comme être débarrassé du politiquement correct : on montre avec force et passion, sans édulcorer le monde.

Certains critiques ont eu tendance à expliquer ce choix esthétique par les crises de l'entre-deux-guerres : crise financière puis montée des totalitarismes. Mais le monde entier a vécu ces montées de fascismes et de violence, or ce ne sont que les Allemands qui ont créé cette façon de peindre. Une fois de plus, même après coup, les historiens de l'art et les critiques n'expliquent rien ; ils se contentent de relier des évènements chronologiquement, alors qu'il faudrait remonter beaucoup plus loin dans la création des peuples, et accepter aussi les parts d'irrationnel, de hasard et d'accident. En tout cas l'expressionnisme allemand n'a rien perdu de sa force et de son efficacité. Le *show* pouvait être tragique, effrayant, monstrueux comme dans les cirques, jusqu'à ce que l'Amérique de Disney et de Broadway ne conquièrent le monde.

COFFRET DE 3 DVD *Le Cabinet du Docteur Caligari*, Robert Wiene, Potemkine Films.

F

FAUVEAU (DE) FÉLICIE

Donjons et dragons : les gothiques du XIXe siecle

Il y a très peu de femmes artistes plasticiennes : oui, Louise Bourgeois la centenaire, Vieira da Silva la grande abstraite brésilienne, Tamara de Lempicka la garçonne, Frida Kahlo la Mexicaine, femme de Diego Rivera le muraliste, Suzanne Valadon la mère d'Utrillo, Berthe Morisot l'impressionniste, Camille Claudel, sculpteur, concurrente de Rodin qu'Adjani incarna au cinéma. Mais la vérité, c'est qu'elles sont rares ! Voilà pourquoi Félicie de Fauveau (1801–1886), sculpteur, décoratrice, designer, l'anti Philippe Starck de la fin du XIXe siècle, mérite le détour. En effet, elle a vécu de la vente de ses objets. Tous uniques, rares, décalés et appréciés.

L'histoire de Félicie de Fauveau se passe à partir 1830, en pleine Restauration, puis retour de l'Empire, et bagarre pour le trône rétabli. Sauf que Félicie est royaliste, mais légitimiste : Louis Philippe ne lui plaît pas, c'est un autre qui est le vrai roi, Henri d'Artois, comte de Chambord. Elle va se révolter, être mise en prison puis condamnée à l'exil en Italie. Artiste, loyale, aventurière... Et le plus beau : elle est passéiste, fan de Saint Louis, ne jure que par la chevalerie. Son style sera romantique et gothique, avec quatre à cinq siècles de retard ! Elle n'est pas seule : il y eut une telle mode gothico-moyenâgeuse que l'on vit à Paris des tournois de chevalerie et des tenues avec chausses, hennins et cottes de mailles, pour s'opposer au genre bourgeois et boursouflé louis-philippard. Les gothiques s'insurgent !

Son chef d'œuvre est une lampe en bronze, gardée par quatre chevaliers alanguis avec ailes de rapaces et armures polychromes dans un cadre d'architecture gothique, option flèches, ogives et gargouilles. Sa clientèle est française, anglaise, russe, italienne : empereurs, rois, princesses et aristocrates ne résistent pas à cette écuyère de l'art. Elle réalise leurs bustes en haut-relief à la manière Renaissance et Moyen Âge, dans des cadres de coquillages, châteaux médiévaux, tourelles gothiques avec armoiries et animaux. Elle est l'artiste des monarques, du passé. Les nobles français déchus se prennent à rêver avec elle de leur gloire, de princesses, chevaliers et dragons, de tours crénelées et d'actes héroïques.

Félicie de Fauveau a été en révolte pour son roi, enfermée puis exilée à Florence, elle est une Jeanne d'Arc, sculpteur des héros de l'histoire. Habillée à l'ancienne, avec coiffe Renaissance, pourpoint et jupe longue de velours. Cerise sur le gâteau : elle est tellement habitée et exaltée par le Moyen Âge que ses bustes, statuettes et décorations sont parfaits : d'une exécution raffinée et ciselée, digne de la Renaissance, des détails exacts car elle se documente sans cesse.

Félicie de Fauveau refuse son temps et restitue son idéal du passé chevaleresque : à la veille de la révolution industrielle, alors que les mineurs alimentent les premiers trains qui vont sillonner l'Europe, une femme de caractère, habillée en rouge et noir, romantique jusqu'au bout, fabrique des dagues recouvertes de chevaliers et de dragons et des bustiers avec des gisants en armures dorées, armes à la main.

CATALOGUE *Félicie de Fauveau : L'Amazone de la sculpture*, musée d'Orsay, Gallimard, Paris, 2013.

FONTANA LUCIO

Le poinçonneur des toiles

Lucio Fontana (1899–1968), argentin d'origine, fut un artiste doué mais inclassable jusqu'à la Seconde guerre. Ce n'est qu'avec ses théories « spatialistes » et ses toiles lacérées ou trouées qu'il va connaître une renommée mondiale. Mais comment en est-il arrivé là ? Fils de sculpteur, il suit des cours, mais au lieu de lisser le marbre ou la pierre, il modèle en terre, plâtre ou ciment des figures de style archaïque. Dans les années 1930, il est une sorte de primitif et ses figures humaines sont moulées en bronze. La surface modelée à la main est donc irrégulière et l'ensemble souvent schématique. Soudain, vers 1934, il crée une série de sculptures abstraites et géométriques, comme pour se détacher du biomorphisme. Puis il revient à des formes animales ou végétales (algues) et réalise de grandes céramiques colorées, et même un torse à l'antique. En 1946, rejoint par le modernisme et frappé par les débuts de l'exploration du cosmos, Fontana se lance à corps perdu dans le « spatialisme », un mouvement qui fait école, renvoie aux ancêtres futuristes et surtout dépasse le genre pictural, abandonne toile et chevalet – une rage de changer qui va obséder beaucoup d'artistes. C'est le début d'un schisme artistique qui dure encore. L'idée doit supplanter la forme. Seul l'esprit et le concept doivent guider l'art ! Incroyable crise d'après-guerre qui veut tuer les arts plastiques, l'exécution, les techniques.

Spatial, l'art de Fontana se veut imbriqué dans l'air, au-delà des règles et des écoles artistiques. Il multiplie les manifestes et les débats ; écrivains et philosophes se regroupent autour de lui. Normal, ses théories ne sont plus plastiques, mais intellectuelles. Cependant il reste encore prisonnier de ses matières usuelles et ses premières œuvres spatiales sont encore des sculptures de plâtre et des céramiques. Il va réaliser encore de superbes statuettes de guerriers, arlequins, crucifix et même des batailles en céramique, à la fois pas finies et évocatrices comme des silhouettes baroques, presque kitsch.

Puis, vers 1949, c'est le déclic : Fontana a l'idée de trouer, puis de lacérer des toiles normales sur châssis. Il passe d'abord une couleur unie sur la toile de lin et la transperce littéralement, laissant passer l'air et l'espace à travers le support. Ce geste à la fois radical et simpliste va le propulser à travers le monde. Ce théoricien qui porte beau, capable de céramiques très italianisantes, devient une star ultra moderne. Paradoxalement, ses qualités d'artiste sculpteur vont lui servir, car ses trous deviennent des courbes, des spirales, des dessins. Il prouve qu'on peut dégager une esthétique en détruisant. Fontana va donc décliner trous puis fentes sur les toiles, mais avec art, délicatesse ou netteté : l'ombre noire ou la lumière qui passe sont encore des formes, du dessin. Paradoxe de l'avant-garde. Bien sûr ses créations permettent des flots d'interprétation, des déluges d'adjectifs et de dénominations dont celle d'« art informel ».

Fontana continue néanmoins d'être fasciné par l'espace et les cosmonautes, les nouvelles images de l'univers et des galaxies. Il exécute des séries de boules en terre fendues ou percées qui sont pour lui des planètes, mais aussi des sexes (féminins), associés aux cratères lunaires (comme dans *2001, l'Odyssée de l'espace*, le film de Kubrick où le cosmonaute régresse en nouveau-né). Son talent lui permet de multiplier les œuvres sur ce thème unique : des trous et des fentes – sa marque de fabrique internationale. Sur aluminium ou laque réfléchissante, et aussi sur des toiles ovoïdes, il rassemble réflexions sur l'origine du monde et spatialisme, mais aussi art minimal et pop.

Lucio Fontana meurt en 1968. Il a bouclé la boucle des expressions contemporaines et ouvert la voie aux générations futures par son inventivité radicale. Voilà pourquoi il est resté une icône de l'art, bien qu'au fond il soit plus complexe et mystérieux que le geste auquel on l'associe naïvement et qui permit à certains de croire que des trous, des rayures ou des pois suffisaient à faire une œuvre.

CATALOGUE *Lucio Fontana*, MAM, Paris Musées, 2013.

FRAGONARD JEAN-HONORÉ

Peinture à la chantilly, alcôves à la crème

Jean-Honoré Fragonard (1732–1806) fut sous Louis XV une sorte de peintre décorateur suggestif et doué, censé apporter une touche de sensualité et de libertinage avec des panneaux peints pour petits salons, alcôves et appartements privés. Car Louis XV fut un grand amoureux, un sensuel entouré de maîtresses et de plaisirs. Et l'art de son temps a suivi avec Boucher ou Greuze en peinture, et Diderot ou Laclos en littérature. L'amour comme philosophie et le plaisir comme accomplissement.

Fragonard vient de Grasse, petite patrie des fleurs et des parfums. Sur ses panneaux pour salons intimistes, il représente les étapes successives du libertinage, comme une BD, des situations jusqu'à l'action – un véritable mode d'emploi. Sa peinture est toute en ondulations, vagues et frissons. On croit voir des plumes, et surtout des pâtisseries. Les femmes y sont peintes comme des gâteaux : chairs de crème, coiffures de chantilly, tétons de fruits confits. Les dégradés de tons évoquent macarons, éclairs, religieuses et meringues. Tout chez Fragonard est nappé de crème anglaise, d'œufs battus en neige et de suave sucre en poudre. Les chairs ont des tons de poires, de pêches, de pommes, auxquelles viennent s'ajouter des cerises, des fraises et du lait d'amande. Des ciels de myrtilles et des végétations de pistaches, de citrons, figues et grenades. Le corps et le sexe vus comme des gâteries. Pourtant cette France polissonne, libertine et portée sur les plaisirs simples de la caresse et de la sensualité va connaître une fin brutale.

Sous Louis XVI, Fragonard est directeur du Louvre et de ses collections. Mais bientôt la Révolution met un terme aux rêves de sultans des aristocrates. La maîtresse d'amour fait place à la révolutionnaire passionaria. L'Empire achève de militariser la France : le soldat détrône le libertin décadent et égoïste, citoyen inutile à la nouvelle nation. Admirer aujourd'hui cet instant d'abandon, de charme et de délicatesse, où l'on peint sans complexe des seins et des fesses comme des meringues, est une étrange expérience de temps suspendu, à vivre comme un drôle de rêve.

CATALOGUE *Fragonard amoureux : Galant et libertin*, musée du Luxembourg, RMN, Paris, 2015.

FRANQUIN ANDRÉ

Spirou punk

Alors qu'en 1977, date fatidique du mouvement punk, je m'échinais avec mes camarades du groupe Bazooka à changer le look de la bande dessinée, mais aussi des journaux, des typos et même des scénarios, un vieux maître du genre, André Franquin (1924–1997), franchissait lui aussi un cap graphique. Alors que ladite

BD pour adulte était totalement essoufflée, de nouvelles possibilités graphiques, entre pop et constructivisme, se faisaient jour à travers *Actuel*, *Libé* et *Bulletin Périodique*, fer de lance de Bazooka Production, et même *L'Écho*. Jean-Pierre Dionnet y alla de son coup de main à *Métal*, et les grognards de *Hara-Kiri* nous invitèrent aussi sur quelques pages. Mais au cœur de la tradition belge, chez *Tintin* et *Spirou* (éditions Casterman et Dupuis), ça ne bougeait pas beaucoup. *Tintin* était déjà « graphique 1940 » et Edgar P. Jacobs avait figé Blake et Mortimer dans une élégance classique et immuable, sans âge. Les clins d'œil de Joost Swarte, Ever Meulen ou Floc'h les avaient laissés froids.

Ce fut Franquin, créateur de Spirou et Fantasio, du Marsupilami et de Gaston (et accessoirement de l'Elaoin Sdrétu !) – qu'on disait si sensible, fragile et inspiré, et qui avait déjà évolué vers un dessin nerveux et sur-stylisé – qui allait pousser un peu plus loin ses délires de formes. Publiées dans *Le Trombone Illustré* (petit fanzine pirate inséré dans le journal *Spirou*), comme tolérées en coulisse, sans programme ni avenir, ses *Idées noires* sont l'aboutissement d'un trait ultra nerveux, comme griffé sur la page – quelque part entre des barbelés et des mouches écrasées ! Ce sont des gribouillages ultra précis et délicats, aussi fins que des coléoptères (Odilon Redon avait fait des araignées et autres êtres bizarres dans le même genre), des BD et des illustrations expressionnistes, violentes et cruelles, des petits cauchemars imaginés par le gentil Franquin. Et curieusement, ça tombait pile dans le *No Future* du punk, des Damned et autres Stranglers !

Mais évidemment, façon potache, caricatures et compagnie. Marcel Gotlib, touché par la grâce – même noirâtre – du maître Franquin, donna une suite à cette série charbonneuse et pétrolifère dans *Fluide Glacial*. Franquin pouvait donc avoir un côté Goya. Mais la presse BD n'a jamais été portée sur les excès ou la radicalité graphiques.

LIVRE *Franquin. Il était une fois Idées noires*, Fluide Glacial, Paris, 2017.

G

Garage

Brut, sale, punk

Si le rock est fait pour pousser la réalité d'un cran, exprimer l'inexprimable, pousser un cri de révolte face à notre condition humaine, alors il est naturel qu'il use d'électricité en surcharge, d'amplis saturés et de sons distordus. Ce style de performance musicale, c'est le rock garage. Fabriqué à l'arrache dans des conditions limites, sans respect pour la syntaxe, les tympans ou les méthodes classiques d'enregistrement, le « garage » ne connaît qu'une seule règle : le *fuzz* (saturation). Jailli naturellement des chambres, greniers et caves de parents d'adolescents têtus, repoussé vers les garages afin d'éviter trop de contamination, ce style a poussé comme les mauvaises herbes : sans fin. Le rock garage est la base de toute expression rock'n roll. Ensuite les starlettes du genre peuvent toujours rajouter des ingénieurs du son, des filtres, des cabines, des pistes ou des directeurs artistiques, le mal est fait.

On peut situer la naissance du rock garage en 1961 au nord-ouest des USA, dans l'État de Washington, avec les premiers amateurs fous de guitare comme Dick Dale (le tube de ce Libano-polonais, le fameux *Misirlou* immortalisé par l'ouverture de *Pulp Fiction*, est oriental et rock), The Chantays (repris quinze ans plus tard par Johnny Thunders des New York Dolls), ou encore l'imparable *Louie Louie* aux nombreux interprètes. Et je dois encore citer le *96 Tears* de Question Mark (vers 1965) pour l'orgue Farfisa. Mais à part ces planètes hors du temps, il y eut, hormis les Américains, uniques desperados, beaucoup d'Anglais, pas mal de surfers, des semi-pros, des déchaînés, se souvenant tous des merveilles de Bo Diddley, Chuck Berry ou Little Richard.

Car des Shadows aux Beatles, des Flamin' Groovies au Velvet, tous ont flirté avec le garage, comme la référence de base, l'ADN du rock, comme on dit. Je ne peux m'empêcher de citer encore quelques modèles du genre comme The Seeds, The Sonics, mais aussi MC5, The Stooges, The Pretty Things, The Kinks et The Who, Small Faces ou The Cramps... bref, tous ceux qui inventent des choses sans respect ni références et créent par instinct des sons tortueux et inventifs.

Le rock garage a connu plusieurs vies: début *sixties*, puis tout au long de la décennie, puis fin des années 1970, puis pendant la new wave, et il refrappe encore dans les années 1990 et 2000 – un éternel retour, comme tous les grands genres. À la rigueur, certains ont entendu parler des Count Five, à cause de *Psychotic Reaction* (1966), des Troggs grâce à *Wild Thing* (même année), ou de 13th Floor Elevators, à cause du psychédélisme. Mais si je vous dis The Sorrows, The Boots, The Eyes, The Creation, The Wheels, The Monks, rien que pour les années 1960, ou Oblivians, The Dirtbombs, The Love Me Nots, Black Lips, pour les années 2000, vous resterez comme moi ébahis devant les relais incessants de ce style.

LIVRE *Rock garage Fuzz, farfisa et distorsions*, Christophe Brault, Le Mot et Le Reste, Marseille, 2016.

GAUGUIN PAUL

Incompris, unique et maudit

Au milieu des années 1870, Paul Gauguin (1848 – 1903) est un jeune Parisien, marié et père de famille (cinq enfants), travaillant pour un agent de change ! Comment cet homme inspiré et sauvage a-t-il pu bloquer ainsi son début de vie ? La réponse est dans un XIXe siècle gris, sinistre, petit bourgeois et gagne-petit, où la règle lorsqu'on n'est rien est de mener une vie rangée et discrète. Ce n'est qu'en 1882, à 34 ans, que Gauguin décide de se consacrer à la peinture. Il s'essaie à l'impressionnisme, alors dominant chez les artistes, puis découvre la Bretagne (en 1886) où il peut vivre de presque rien et peindre avec d'autres passionnés aussi fauchés que lui comme van Gogh ou Émile Bernard. Il ira travailler sur le canal de Panama pour se renflouer, puis mettra le cap sur la Martinique pour peindre, et reviendra à Paris en 1887. Puis c'est la Bretagne à nouveau, où il commence à savoir ce qu'il veut : « L'art est une abstraction, oubliez la nature et le résultat, il faut créer comme le divin maître, Dieu ! » C'est quand même radical.

En 1888, Gauguin est à Arles avec van Gogh. Les deux hommes ont besoin de lumière et de paix. Ils découvrent les estampes japonaises et peignent quelques chefs d'œuvre. Leur légende commence timidement. Seul Octave Mirbeau, auteur inspiré et radical, applaudit, et Gauguin, ignoré, décide de fuir à Tahiti (il ne reviendra qu'une seule fois en métropole). C'est alors que cet homme isolé trouve véritablement sa dimension, son espace, et une manière unique de peindre où la couleur comme les formes deviennent symbole, magie et liberté. Toute l'histoire de Gauguin tient, comme celle de van Gogh, dans l'insuccès, l'incompréhension et au final, l'isolement. La légende veut qu'ils n'aient jamais rien vendu de leur vivant (à part quelques dons, échanges, et paiement de dettes en toiles).

Le style de Gauguin est bien plus classique qu'on ne l'imagine. À l'époque, Odilon Redon et les Nabis (Maurice Denis et d'autres) peignaient dans ce style symboliste, finalement assez élégant. Mais Gauguin se distingue par la force générale de ses formes puissantes, par ses corps massifs comme des statues, et évidemment par ces couleurs sorties de son psychisme à la fois panthéiste et religieux : des ciels rouges, des eaux roses, des arbres mauves, des fonds jaune d'or, des orangers incandescents, des nuages bleus – et des compositions franches, très découpées et équilibrées, allant jusqu'au décoratif, avec des traces d'estampes chinoises ou japonaises (déjà très en vogue, comme chez Toulouse-Lautrec).

Gauguin est perpétuellement porté vers le haut, l'extase, le paradis terrestre aux tons multicolores – une gamme presque décorative, des formes souples, des arabesques dans les fonds pour faire ressortir les masses d'autres éléments : des chevaux bleus, des chiens orange, des montagnes outremer... La délicatesse des traits, des visages, avec des modelés dignes de la peinture classique, viennent ajouter un contraste saisissant à cet univers nouveau auquel on n'a trouvé ni nom, ni explication, à part une inspiration à la fois divine et apparemment naïve, mais en réalité très subtile. Gauguin demeure un étrange étranger.

CATALOGUE *Gauguin : L'alchimiste*, Galeries nationales du Grand Palais, RMN, Paris, 2017.

GIONO JEAN

Monde enchanté

Tout le monde devrait connaître Jean Giono (1895–1970), fils de cordonnier, génie de Manosque, anarchiste italien du Piémont. Il vécut au cœur des Basses-Alpes, devenues Alpes-de-Haute-Provence, et réinventa si bien sa région et le monde que cela lui fut reproché. *Que ma joie demeure*, *Le serpent d'étoile*, *Deux cavaliers de l'orage*, *Un roi sans divertissement*, *Le Hussard sur le toit* : autant de livres magiques. Je crois en avoir lu les trois-quarts, et avoir dessiné la plupart des villages, plateaux et vallées de ces contreforts des Alpes : Apt, Revest-du-Bion, Reillanne, L'Hospitalet, Lurs, Banon, Saint-Martin-les-Eaux, lumière et pierre sèches, chapelles romanes et villages cubistes. Avant le rush immobilier du Lubéron, ces villages figés et abandonnés étaient restés sans âge.

Comment un petit employé de banque isolé va-t-il devenir célèbre, emporté par sa passion d'écrire, sa vision tellurique du monde et son génie, traversé par la lecture de Virgile et de l'*Iliade* grecque d'Homère, qui imprimèrent en lui des personnages mythiques ? Dès ses premiers livres des années 1920 – *Colline*, *Regain*, *Que ma joie demeure*, *Un de Baumugnes* – il est reconnu et devient écrivain pour de bon. Ses romans ont un côté western provençal, emportés par la passion et une nature qui influence hommes et événements par sa force brutale, exaltante et inspiratrice ! Le cadre de la Haute-Provence, du Contadour, des plateaux et vallées devient son monde revisité. La nature magnifique et le climat éclatant deviennent sa religion : un personnage en soi, une force magique et chatoyante que les Provençaux ne comprennent pas, le traitant de « *fada* Giono ». On va le considérer comme une sorte de sage, ou de fou... Gourou néo-provençal décrié. Malgré tout, son succès est permanent et ses livres deviennent des films, des mythes. On le déclare « plus grand écrivain français ». Les jaloux lui reprochent ses inventions, ils ne reconnaissent pas leurs clochers. Pour moi, il est l'anti Pagnol. Avec lui, le régionalisme fait place à l'universel, au drame, à la tragédie grecque.

Gazé en 14 – 18, objecteur en 1939, on l'accusera de collaboration, lui qui a aidé, mais sans le dire, des réfugiés poursuivis par Berlin et Vichy. Arrêté, plastiqué, relâché, blanchi – l'après-guerre est honteuse et vengeresse ! Sa déception lui fera écrire *Le Hussard*, comme un exorcisme, racontant la vraie épidémie de choléra en Provence et les héros en fuite devant des populations en proie au pillage et au lynchage. Loin de la bienveillance je-m'en-foutiste d'un Pagnol, Giono trace les destins jusqu'au sang et choque. Prônant la sensualité, les élans et les visions, il dit à ses disciples : « Marchez seul. Que votre clarté vous suffise. » C'est un franc-tireur lyrique, un panthéiste qui rejette la médiocrité d'un XXe siècle gaspilleur, destructeur, agressif et mesquin. Il évite en permanence le jugement moral, auquel il préfère l'instinct et l'inspiration. Dans *Un roi sans divertissement*, un tueur en série dépose ses victimes dans les arbres, avec la neige comme linceul. Le hussard Angelo vit sur les toits, en marge du monde qu'il observe de haut. Avec Jean Giono, on n'est plus tout à fait sur terre, et pourtant ses héros nous font vibrer et réveillent nos mémoires.

GLAM ROCK

Père du punk rock ?

À la fin des années 1960, après les modes de Carnaby Street et suite au mouvement psychédélique (1967–1969), le glam rock fut une violente rupture marquant le début des *seventies*. Après une décennie d'authenticité beatnik puis folk, le temps de l'apparat était revenu. Même le leader du mouvement, Marc Bolan, avec son groupe Tyrannosaurus Rex, ou T. Rex, n'hésita pas à passer de hippie méditatif à hurleur pailleté et maquillé. Ce glitter rock luisant de LSD et de libération allait faire école. Et ce fut Bowie et son Ziggy Stardust, poussière d'étoile en *platform boots*, pantacourt strassé et épaulettes élisabéthaines, puis les Roxy Music, eux aussi entre léopard et zèbre, gomina et make-up, et Slade, Gary Glitter et autres Sweet. La rupture était consommée entre les précédents Californiens, blues et rock attitude, et ces androgynes aux riffs acérés, aux cris déchirants et aux attitudes efféminées. Même les filles s'en sont mêlées: Suzi Quatro, puis les Runaways, vont bondir vers 1975, et Joan Jett et Cherie Currie vont encore mettre le feu au rock style, mais plus hard, louchant vers le punk. De toute façon, Marc Bolan, David Bowie, Brian Eno et Bryan Ferry, malgré les accusations de groupes à minettes et garçons coiffeurs, se chargeront de donner au mouvement ses lettres de noblesse.

Les drag queens d'aujourd'hui doivent encore beaucoup à tous ces papillons mordorés et strassés que furent les glam boys de la planète rock. Au Japon les *visual kei* font actuellement référence directe au glam et à Bowie, mais avec des emprunts aux mangas, à la science-fiction, à l'heroic fantasy. Car le glam rock avait bien brisé le miroir des modes, mélangé genres et sexes, et porté un coup presque fatal à l'« idéologie de l'authenticité » chère aux jeunes générations des années 1960, qui se vengeront bien plus tard avec le grunge: retour au crade.

Musicalement, le glam offre des variations frappantes, du rock au jazzy, avec des envolées opératiques. Les voix aussi vont du crooner au chat écorché – c'est le style qui permet des écarts, des cris et des miaulements – mais donnent également dans le mielleux et le rétro. Les Beatles avaient ouvert le bal en 1967 avec

Sgt. Peppers Lonely Hearts Club Band, l'album où ils jouent à la fanfare en satin fantaisie, se permettant du classique et de la ballade, du pop et de la ritournelle traditionnelle. Et si vous ne comprenez toujours pas, regardez *Velvet Goldmine*, le film hommage au glam.

LIVRE *Glam rock, la subversion des genres*, Philip Auslander, La Découverte, Paris, 2015.

Gogol Nicolas Vassilievitch

Burlesque violent

Nicolas Vassilievitch Gogol (1809–1852) est un romancier, dramaturge, poète, critique et grand novéliste russe d'origine ukrainienne, donc cosaque, ce dont il tire fierté. Dès ses 20 ans, il écrit. Et au début : rien. Il doit devenir fonctionnaire pour survivre, ce qui lui inspirera deux livres devenus des classiques russes. C'est un homme fin, délicat, au physique romantique, à la fois fiévreux et croyant. Encouragé à écrire par son idole le poète Pouchkine, il se lance dans un recueil de nouvelles drolatiques, burlesques et fantastiques, inspirées de la vie des paysans ukrainiens. En réalité, Gogol est un être divers, inspiré, vibrant, capable d'une grande diversité d'inspiration où comique et tragique se mêlent pour mieux cerner l'âme russe : emportée, excessive, folle, tragique, dispendieuse, mystique ou matérialiste – toujours exaltée, comme lui.

Dans sa nouvelle *Le Manteau*, adaptée au cinéma en 1952 par l'Italien Alberto Lattuada, il dresse le portrait d'un petit fonctionnaire fauché qui a un trou à son manteau. Dans une autre, *Le Nez*, un nez disparaît puis se balade, change de propriétaire, fait fortune, etc. Dans *Les Âmes mortes*, son dernier grand roman, dont il a brûlé certaines versions, il imagine un usurier qui va acheter des *moujiks* (esclaves paysans) morts à leurs anciens propriétaires. On les lui vend, puis on jalouse ses bonnes affaires. Incroyable métaphore sur l'exploitation, l'esclavagisme, les grands propriétaires terriens et le régime du tsar. Menacé par le pouvoir, Gogol devra d'ailleurs quitter la Russie, devenant ainsi un des premiers écrivains russes en exil.

Mais c'est dans son grand roman épique, *Tarass Boulba* (adapté au cinéma en 1962, avec Yul Brynner dans le rôle-titre), que Gogol va se déchaîner en un délire de combat, d'héroïsme, de brutalité, de bravoure, mais aussi de gâchis, de gaspillage, de beuverie et autres pillages. Ses héros chéris cosaques, ses « zaporogues » historiques, sont une sorte de troupe d'élite combattante, mais surtout orthodoxes (superchrétiens iconophiles), dont l'idée est de tuer les Polonais chrétiens, les tartares, les ottomans musulmans et quelques juifs esclaves au passage. *Tarass Boulba* est une ode déchaînée à ce que Gogol devient très tôt : un orthodoxe mystique en croisade perpétuelle. Il décrit ses frères cosaques comme des brutes qui perdent l'or gagné en une nuit et se battent au-delà de leur mort.

Enrichi par ses livres, Gogol parcourt l'Europe. Il vivra à Paris et à Venise, bougeant sans cesse, donnant quelques cours, adoré des jeunes. Il écrit encore *Le Journal d'un fou* et *Le Revizor*, folles satires incomprises. En 1842 paraissent *Les Âmes mortes*, censurées, et c'est à nouveau l'exil. Il lit des livres de saints, s'entoure de moines fanatiques – dérive mystique inattendue chez cet être ironique, profond et insaisissable. Il meurt très jeune, à 43 ans, mal compris mais en passe de devenir un immense modèle de la littérature russe. « Nous sortons tous du manteau de Gogol », dira Dostoïevski.

GREENE GRAHAM

Anti 007

L'auteur britannique Graham Greene (1904–1991) est connu pour ses romans dits d'espionnage, comme *Notre agent à La Havane*, *Le Ministère de la peur*, *Un Américain bien tranquille* ou *Le Troisième homme*. De Londres à Cuba, de l'Afrique à l'Allemagne, il raconte les ambiances troubles des officines d'espions, d'agents ou d'indics. Mais à côté de l'auteur de romans, il y a l'autre Graham Greene : un catholique en quête de foi et de questions morales. Dans *La Puissance et la gloire*, il décrit la révolution mexicaine et la chasse aux prêtres catholiques ; dans *Le Facteur humain*, un agent britannique en Afrique de l'Ouest, en proie à des questions métaphysiques et morales, ne s'en sort pas. En réalité, tous ces romans sont pleins d'humains dévoyés, perdus, s'affairant à des professions inutiles et des actions vaines.

Greene fut agent et réalisa que ces manipulations, ces intox, ces postes à l'étranger pour faire filtrer secrets ou informations étaient ridicules et abritaient des vies de fonctionnaires alcooliques, adultères ou dépressifs. La prétention des fonctions de consul ou de directeur de services cachent mal une réalité ennuyeuse ou sordide. Et Greene n'a pas son pareil pour en décrire à l'anglaise les moindres détails et rituels, mais aussi pour débusquer mensonges, hypocrisie ou simplement faiblesse, égoïsme, renoncement et perte d'idéal – autant de dérives psychologiques menant à la trahison des autres et/ou de soi. Cet auteur à part qui s'est épanoui pendant les guerres, puis la guerre froide, a su traduire le climat délétère des haines politiques et la vie dans des postes gouvernementaux lointains où l'être est déraciné, mis face à sa condition de pion, de pantin, ou à défaut de soldat.

Cette œuvre dure, lucide, sans pitié devant le ridicule, l'égoïsme et les illusions, eut un écho énorme. Elle fut adaptée dans de nombreux films où les acteurs pouvaient exprimer la complexité, les déchirements, la chute d'individus broyés par des systèmes, mais aussi un constat d'impuissance devant la complexité du monde moderne, où toutes les vérités se diluent. Pour ces hommes qu'il décrit en détails, Graham Greene crée une ambiance de plomb, mais non sans fantaisie voire drôlerie : leurs problèmes d'argent, d'épouse, de maîtresse, d'alcool et de supérieur hiérarchique donnent lieu à des situations théâtrales où chacun de nous subit un effet miroir. Petits mensonges, résignation, demi-vérités sont le lot de la vie. Mais en auteur *british* épris d'énigmes ou d'enquêtes, Greene contrebalance la tristesse de ces vies par des dangers, des secrets d'État et des accidents, dans une sorte de comédie policière ou humaine où des galeries de personnages inquiétants ou grotesques viennent ajouter au désordre ou au soupçon.

C'est de l'anti James Bond (qui au départ est une parodie), car Greene ne nous épargne aucun détail, sordide ou minable. Il en rajoute dans le réel avec en prime ses questions religieuses, ses cas de conscience, jusqu'à des confessions auprès de prêtres parfois douteux, pris eux aussi dans la toile des désirs, des faiblesses et des misères communes. Ce que j'admire chez cet auteur à part, traduit dans le monde entier, c'est qu'il a réussi à passionner des milliers de lecteurs avec des romans tristes, sans espoir et sans appel, où nous sommes condamnés en vrac dans une vie purgatoire. Encore une fois, la puissance et la gloire de Graham Greene viennent de sa finesse, de sa sensibilité et d'une capacité hors-norme à traiter des pensées universelles, plutôt déprimantes, mais d'un niveau moral aigu, ce qui élève le débat.

GREFFULHE LA COMTESSE

Dans le dressing d'un personnage de roman

De Marie-Joséphine-Anatole-Louise-Élisabeth de Riquet, comtesse de Caraman-Chimay, comtesse Greffulhe (1860 – 1952), il nous reste le témoignage indirect de Marcel Proust, qui la prit comme modèle pour sa duchesse de Guermantes dans *À la recherche du temps perdu*, mais aussi une partie de son incroyable garde-robe. Mais que peuvent nous dire ces parures somptueuses en dehors de la qualité du travail des maisons de coutures les plus prestigieuses d'alors, comme Worth, Fortuny, Babani ou Lanvin ? On évalue déjà la richesse et le mode de vie de cette égérie, car non seulement Proust ne tarit pas d'éloges sur cette apparition et son luxe, mais son oncle, le dandy Robert de Montesquiou (qui inspira quant à lui le baron Charlus), en rajoute sur son élégance inimitable. Lorsque les marques lui présentaient toutes sortes de modèles, la comtesse finissait par répondre, dégoûtée : « Faites autre chose, mais pas ça ! » Son degré de naissance, de fortune et de relations était tel qu'elle s'imposait un protocole de reine et d'incessants changements de toilette. De plus, elle avait épousé le vicomte de Greffulhe, dont la fortune était colossale. Le couple habitait à Paris, au milieu d'un patrimoine immobilier regroupé et si vaste qu'on l'appelait « le Vatican ». Marcel Proust n'osait même pas lui être présenté. Or celui-ci, justement, malgré le temps passé, et à l'approche du modernisme en art, en jazz, en architecture, en automobiles et avions, voulait absolument faire revivre le faste suranné des dernières immenses fortunes aristocratiques, les rois et princes de l'époque – un fantasme de raffinement.

Penser qu'au début du XXe siècle, il existait encore des domaines si grands, des chasses et des nantis servis comme sous Louis XIV, est vertigineux. La guerre et la révolution russe allaient littéralement raser ces vestiges du passé couverts de pierres précieuses, de plumes d'autruches, de perles et de brocards. Car les milliers d'heures de travail de petites mains dans les ateliers ne suffisaient pas. Les maisons devaient inventer des procédés d'impressions (Fortuny), des transparences (mousselines, voiles), des matières (avec du verre, du métal) et des accessoires (plumes, éventails, gants) pour achever une silhouette. La comtesse Greffulhe était suffisamment exaltée et hors du monde normal pour se considérer comme une œuvre d'art. Chantée par écrivains et poètes, photographiée par Nadar, elle mettait en scène ses apparitions comme Sarah Bernhardt. Ses tenues devaient frapper l'assistance. Ses apparitions devaient être rares et furtives comme un rêve. Tout devait concourir à son prestige, son physique élancé et son regard feraient le reste. Une star trop riche et distinguée pour être actrice !

Ainsi Paris avait encore ses maharajahs à l'époque de Matisse, Picasso ou Picabia ! Des seigneurs et des cerfs, pas moins, car les artisans étaient extraordinaires et payés une misère pour leur qualité et leur conscience professionnelle (en mode, en gravure, en ferronnerie ou en marqueterie). En pleine révolution moderniste, et même si elle mécénait les arts et les techniques (et notamment Pierre et Marie Curie pour l'invention de la radiographie), la comtesse de Greffulhe voulait « impressionner le monde » comme si c'était un public. Son mari la surnommait « la Venus du mélo » ! On a le droit de sourire. Si elle ne fut pas éternelle comme elle l'aurait souhaité, ses tenues, elles, lui survivront longtemps. Et on admire au passage la famille pour la garde et la conservation de ce qu'on pourrait appeler les « armures d'une excentrique » (en pleine guerre des mondanités), exigeante jusqu'à une certaine indécence. Un hommage aux artisans du peuple et à une qualité rarement atteinte.

CATALOGUE *La Mode retrouvée : Les robes trésors de la comtesse Greffulhe*, musée Galliera, Paris Musées, 2015.

GRUNGE

Hardrock + punkrock + noise

Le mouvement grunge, antisocial et dépressif, ne fut pas seulement le résultat d'un creux de la vague culturelle et d'une dépression sociale. Il naquit aussi en réaction à la new wave (1979–1985), qui avait tout mixé : du funk au punk, de l'électro au disco, recouvrant de style et de *fashion* la nouvelle pop. Les jeunes provinciaux de la nouvelle génération voulurent en finir avec les coiffures laquées, les fringues excentriques, les looks de magazine de mode, le marketing et le *show* qui avaient suivi le punk « *No Future* ». En jeans déchiré, t-shirts fripés, chemises à carreaux, baskets pourries, le cheveu hirsute, ils ont repris les guitares et braillé leur ego, entre hard rock et punk, *trash* et *noise*, en interminables riffs. Derrière Nirvana, avec Kurt Cobain en joueur de flûte, ils ont suivi en cohortes désordonnées le nouveau messie du flip, apôtre du désespoir, nihiliste de la dernière heure, s'égosillant avec des accents romantiques, noirs et désespérés – de Pearl Jam à Soundgarden ou Alice in Chains. Car l'héritage des *grunge kids* est lourd, déjà chargé de guitare héros et de nostalgie pour différentes époques : garage, speed, punk, underground et autres fantasmes récurrents de stars déchues.

Non, le « rock qui tâche » n'était pas mort avec le punk speedé ou la new wave cultivée. On pouvait ressortir une vieille gratte éraflée, rebalancer de gros accords qui remuent le ventre et cracher ses tripes. Il y avait du désespoir à crier sur les ronflements de l'électricité, des accords dissonants et des voix adolescentes déchirées. *No-look* zonard de rigueur, anti-mode et anti-tout, institution et société – le même foutu rejet et tout le bataclan qui va avec, comme dirait Patrick Eudeline. Seattle, dans l'État de Washington, fut *la* grunge city, mais des bandes de jeunes provinciaux crachèrent aussi sur système et institutions à coups de riffs atones. Les noms de Vampire Lezbos, Thrillhammer, Helltrout, Calamity Jane, sentent la provoc et le ras-le-bol : distorsions, *fuzz*, écho, larsen, wah-wah saturaient régulièrement le VU-mètre. Et au-delà de ses cinq années d'existence (1985 – 1990), ce mouvement négativiste a réussi à avoir une influence générale. Car le rock maudit est mithridatisé depuis longtemps. Il baigne dans son propre poison depuis sa naissance. La révolte est sa vitamine. Et si les morceaux ont l'air de jumeaux, normal : c'est la génération X, auto-clonée.

CD *No Seattle. Forgotten Sounds of the North-West Grunge Era. 1986 – 1997*, Soul Jazz Records.

H

Haring Keith

Graphisme mi-rap, mi-pop

Au tout début des années 1980, une vague de peintres se relance à l'assaut des grands formats, comme les muralistes mexicains des années 1930. Ce mouvement, vaguement nommé « peinture-peinture », touche d'abord l'Europe : Chia, Clemente, Cucchi (les 3 C italiens), Barceló l'Espagnol fougueux, Garouste le Français cultivé, et plein d'Allemands expressionnistes (Baselitz, Immendorff, Salomé et Castelli, Kiefer, etc.). À New York, où certains se sont installés, il y a l'impressionnant Julian Schnabel et David Salle, le néo-pop. Mais soudain débarquent les petits nouveaux, sauvages et sans règles, influencés par les taggeurs-graffeurs (qui eux hésitent à collaborer avec les galeries, opposées à leur conception pirate d'art de rue). Trois outsiders se retrouvent dans la galerie branchée et new wave de Tony Shafrazi, qui a pigé qu'on pouvait tout exposer : Jean-Michel Basquiat, le Haïtien délicat et instruit qui joue au sauvage ; Kenny Scharf qui s'inspire des *comics*, des dessins animés et de la caricature populaire ; et enfin le plus no wave, Keith Haring (1958 – 1990), arrivé de ses écoles d'art de province, davantage versé dans l'illustration. En France c'est Combas et Di Rosa qui leur sont les plus proches. La figuration libre le dit bien : figuratif et sans règles.

Haring comprend vite qu'il faut avoir un style facilement reconnaissable et déclinable sur tous supports et destinations. Il va donc au plus simple: des petits bonshommes dessinés au trait de pinceau sur fond blanc, comme des logos de pub. Ce sera sa marque. Il va multiplier ses bonshommes partout, sur tout, comme des hiéroglyphes: des petits gimmicks graphiques, sympathiques et colorés toujours en couleur primaire – rouge-jaune-bleu – plus le noir, sur fond uni ou blanc. Un langage simple, que tout le monde peut comprendre ou apprécier. Et c'est bon pour tout: coussins, chaises, lampes ou murs.

Keith Haring aura sa boutique dont ce bonhomme est le seul gadget, démultiplié partout, du sol au plafond, et sur les objets en vente (t-shirts, pochettes de disques, autocollants, etc.). Il est le signe le plus reconnaissable d'une génération qui explose en multitendances. Ne sachant plus où donner de la tête, les journalistes vont s'accrocher au simple et gentil Keith Haring. Voilà comment le plus élémentaire et modeste graphiste va devenir la marque médiatique de l'époque, le représentant du hip hop, alors qu'il est différent des tagueurs véritables. Mais il rassure, il est frais et pop.

Ces images, même démultipliées, agrandies ou remplies d'autres traits de couleurs ou d'accompagnement, sont le même motif répété à l'infini. Le petit bonhomme, bébé entouré de traits, est le «*Radiant Child*» de base, le Jésus irradié de son univers. Puis des chiens, fusées, cœurs, dinosaures ou voitures vont envahir les toiles ou supports d'Haring.

Sa meilleure expression, c'est lorsqu'il couvre littéralement la toile de traits, tortillons, zigzags en plus et à l'intérieur même des personnages, ce qui donne un style entre aztèque et maya, comme des hiéroglyphes de temple précolombien. Véritable comète, Haring disparaît à 31 ans, victime du sida, après dix ans de création ininterrompue. Comme Basquiat mort d'overdose, il se sera consumé au travail et à la vie trépidante de la jungle urbaine. Les deux artistes laissent derrière eux les marques indélébiles d'une époque chaude et froide – cold wave pour cités cosmopolites en surchauffe.

HARRYHAUSEN RAY

C'était mieux avant la 3D

Ray Harryhausen (1920 – 2013), Américain d'origine allemande, fut marqué (comme tout le monde) par le film *King Kong*, sorti en 1933. Le gorille animé de Willis O'Brien et les incrustations de Linwood Dunn le laissent pantois : il veut faire ça plus tard ! Dès 1946, la guerre finie, il s'y met : il fabrique des poupées, son père réalise les armatures articulables avec un tour à métal, et sa mère coud les vêtements – tout ça dans le garage de la maison. Ray est cultivé : il connaît les contes et légendes d'Europe. Artiste, il dessine tout ce qu'il réalise, créatures et décors. Ses planches de personnages fantastiques ressemblent à des lithogravures ; son inspiration lui vient de Gustave Doré, ce qu'il y a de mieux en illustration.

Harryhausen réalise deux ou trois films avec des poupées, mais les studios Disney balancent l'artillerie lourde et avec la sortie de *Fantasia*... Il craque et comprend la supériorité du dessin animé – impossible de rivaliser avec des marionnettes, même superbes. En revanche, il peut proposer sa science des créatures animées dans de « vrais » films : dinosaures, puis géants, cyclopes, pieuvres ou même soucoupes volantes et autres engins.

Sa réussite sera immense. Il tournera lui-même neuf films qui vont inspirer plusieurs générations et parmi les plus grands cinéastes : de Steven Spielberg à Tim Burton, de Terry Gilliam à Joe Dante, tous marqués à vie par ses créatures. Il faut dire qu'avec Gulliver, Sinbad le Marin, des mythes grecs comme Jason et les Argonautes, jusqu'aux légendes de l'Inde, il va faire découvrir des univers impossibles et des contes merveilleux. Le cinéma fantastique était né !

Ce qui est déterminant dans son travail, c'est la qualité plastique des monstres, héros, dieux, géants, cyclopes, dinosaures, statues, hydres : toutes ces créatures sont inventées, puis modelées et ciselées par un véritable artiste.

Les planches de dessins de présentation, au crayon noir et blanc, sont aussi belles que des gravures de Dürer, Doré ou Daumier. Grâce à sa culture, Harryhausen possède un goût parfait : expression, finition et inspiration sont justes. On est loin du mauvais goût de *Godzilla* ou d'autres productions avec Martiens et monstres de l'espace. Ray Harryhausen est un maître incontesté et va le rester. Les statuettes sont animées à la main, image par image, avec des caméras spéciales. Grâce à un système de double écran, on peut filmer le premier plan, la statuette, puis le fond (l'incrustation n'existait pas). Et bien sûr, c'est Ray qui anime chaque mouvement, à la main, clic par clic. Et les 24 images par seconde, une fois réunies, vont donner l'illusion d'un personnage doué de vie (comme les 24 dessins par seconde du dessin animé). Vous commencez à comprendre le travail : une armature, du latex ou autre matière souple par-dessus, et un homme seul qui va, millimètre par millimètre, déplacer membres, regard, bouche, queue ou tentacule. Car tout doit sembler, sinon fluide et parfait, du moins cohérent. Mais c'est surtout par sa poésie, son style esthétique et ses exigences que Ray Harryhausen a magnifié des films au départ destinés à la jeunesse.

Le documentaire qui lui est consacré, réalisé par deux Français, a nécessité des années de travail, montrant des extraits et des documents exceptionnels. Les louanges de Ray Bradbury, pape de la science-fiction, et de toutes les stars sont instructives, car chacun raconte ce qu'il a retenu du maître. Même Spielberg avoue qu'à côté de l'univers poétique d'Harryhausen, la 3D d'aujourd'hui, dont on abuse, est glacée. Tim Burton s'en est clairement inspiré, mais on en trouve aussi des citations et traces dans *Terminator*, *Pirates des Caraïbes*, *Hellboy*, *Starship Troopers*. Et quand on voit sortir du garage de Ray Harryhausen les cartons avec chaque statuette, figurine, poupée, casque ou couronne d'époque (d'origine !), on croit voir les magasins actuels de mangas et produits dérivés. Sauf que ces accessoires-là sont *vintage* et vus dans le monde entier. On dit de Ray Harryhausen qu'il a réalisé un travail « impossible » parce que titanesque. Alors : merci pour le miracle !

DVD *Ray Harryhausen – Le Titan des effets spéciaux*, documentaire de Gilles Penso, Rimini éditions.

Hells Angels

Le côté obscur de l'Amérique

Tout le monde en a parlé mais personne ne sait exactement de quoi il s'agit. Les motards genre Hells Angels restent une tribu mal connue, même si les clubs se sont multipliés sur les cinq continents. En 1930, le milliardaire Howard Hughes réalise un grand film sur les pilotes de la Première Guerre mondiale et ces chasseurs sur biplans deviennent des héros. Le nom de l'escadrille, titre du film, *Hell's Angels*, devient célèbre. En 1948, en Californie, les fans de Harley Davidson le choisissent pour baptiser leur propre « chapitre », ou club. Cinq ans plus tard, Marlon Brando joue dans *L'Équipe sauvage* et popularise la tenue des motards : perfecto en cuir noir, jeans, bottes, casquette. Puis les années 1960 vont diviser la jeunesse américaine entre les hippies beatniks d'un côté, contestataires et partisans du « Peace and Love », et les motards de l'autre, vrais rebelles antisociaux et anti-légalité regroupés en clans dans les villes américaines puis canadiennes. Leur principe est d'être des « antéchrists », refusant l'asservissement de la religion chrétienne et la contrainte de toutes les lois. Ils choisissent la liberté sauvage contre la morale, avec trafics et violences à la clé. Leur folklore se répand et les chapitres se multiplient (Bandidos, Outlaws, etc.), mais leurs codes restent secrets.

En réalité, comme toujours, il y eut des milliers d'admirateurs, imitateurs et autres fous de ces *motorcycle clubs* qui donneront naissance dès les années 1960 aux États-Unis à un genre cinématographique à part entière. Exactement comme pour les films de vampires, la curiosité malsaine pour ces loubards violents et spectaculaires va marchoter à grand renfort de titres alléchants. Quand on les regarde, ces œuvres de sous-culture paraissent étranges. Coupés par la censure, avec scénarios boiteux et cadrages hasardeux, ces films doivent louvoyer entre sexe, blasphème et consommation de dope, sans paraître donner dans l'incitation. Mais le cadre, les tenues, les acteurs et les décors d'époque, composent un cinéma de genre fascinant – archives partielles de cette période de révolte où l'on retrouve vraiment le parfum délétère de cet underground et de sa faune errante. Malgré des prétextes burlesques ou des « happy ends » moralisateurs, personne ne s'y trompe et les spectateurs américains vont se régaler du spectacle. Trente ans plus tard, après avoir vu toutes ces perles en vidéo, Tarantino en fera ses choux gras.

Coffret de 4 DVD et 6 films (*The Pink Angels*, *The Hellcats*, *Satan Sadists*, *Le Motard de l'apocalypse*, *The Wild Rebels* et *Wild Riders*), Bach Films.

HERZOG WERNER

Le monde sur un plateau

On ne sait pas assez que Werner Herzog (1942–), le metteur en scène de *Nosferatu*, *Aguirre*, *Fitzcarraldo*, *Kaspar Hauser*, etc., est aussi un grand documentariste. Comme beaucoup de grands cinéastes – Samuel Fuller, Orson Welles, Pier Paolo Pasolini, Roberto Rossellini, Barbet Schroeder – Herzog a compris que les documentaires sont la source de vérité et de vie du cinéma. Rien de tel que la réalité pour asseoir l'imaginaire. Plus même : la plupart des grands films s'inscrivent sur une toile de fond réelle, historique ou géographique, qui confère une force supplémentaire aux fictions. La bande d'*Actuel* me le répétait : « La réalité dépasse la fiction, l'imaginaire ne lui arrive pas à la cheville », et je constatais en effet chaque année que mes voyages me faisaient découvrir des choses bien plus folles que les romans.

Les films de fiction de Werner Herzog possédaient déjà une partie de reconstitution documentaire ou historique très poussée. Et ses documentaires sont aussi des fictions, avec une grande part de création, de vision cinématographique. Lorsqu'il filme le Koweït ou la Centrafrique, que ce soit en hélicoptère ou au ras du sol, en plans larges ou serrés, on sent qu'il fait du cinéma, une sorte de grand spectacle. On le lui a reproché. Quand il utilise des vidéos, des extraits télévisés de mauvaise qualité ou qu'il accompagne ses images de musique classique (Wagner, Verdi), il compose des « opéras du réel ». Il prend le droit de faire du monde un théâtre. Même lorsqu'il s'agit de guerre ou de destruction, les ralentis ou les téléobjectifs qui écrasent l'image lui servent encore à créer une symphonie de plans ou de travellings. On l'accusera d'esthétiser la guerre ou la violence. Mais justement, c'est parce qu'il met une part de documentaire dans ses films à grand spectacle, et une part de cinéma dans ses reportages, qu'il déborde du cadre et échappe à toutes les cases. Et comme Werner Herzog réussit toujours à nous capter, qu'il en soit remercié.

COFFRET DVD *Werner Herzog Volume III : 1984 – 1999*, Potemkine Films et agnès b.

HOCKNEY DAVID

A Bigger splash

À la fin les années 1950, les Américains se sont emparés du pop art et ils ont tabassé avec des « séries » : boîtes de lessives et conserves de Warhol, drapeaux et cibles de Jasper Johns, etc. Mais les inventeurs de ce mouvement, qu'on ne s'y trompe pas, sont bien les Britanniques. Dès 1956, l'artiste anglais Richard Hamilton réalise son célèbre collage *Just what it is that makes today's homes so different, so appealing ?*, avec un culturiste et une *pin up* en intérieur, qui serait une des toutes premières œuvres pop. De même, David Hockney (1937–) est bien un pop anglais. Excentrique et homosexuel, blond platine, avec grosses lunettes, chemise rose, nœud pap' jaune et pantalon turquoise, Hockney est une sorte de Warhol british, un parfait représentant des Swinging Sixties, mais qui aurait émigré en Californie.

Ses séries de piscines, cartes postales peintes par à-plats, avec bâtiments clairs, eau turquoise, éclaboussures, bouts de corps plongeants et autres accessoires – du plongeoir au palmier – m'ont toujours paru des illustrations sympathiques mais sans grande portée philosophique. On a eu beau tenter de relier Hockney aux peintres comme Dubuffet ou Bacon, je ne marche pas, et continue de voir en lui un Anglais lassé de la grisaille qui se dore au soleil californien, croquant de jeunes amis eux aussi étendus, comme les icônes d'un hédonisme gay côte Ouest.

Hockney a également peint des tonnes de paysages naïfs, colorés, sans perspective, comme des assemblages de papiers peints puis découpés. Ces paysages sont éclatants, et, après les couleurs lavées des séries californiennes, la tonalité dense et fauviste des paysages – avec des jaunes et des violets à la Gauguin – éclate sans complexe. En bon pop, Hockney a fini par faire des photos à intégrer aux toiles, des polaroids à juxtaposer, et maintenant des iPad, mais cela devient technique et forcément ennuyeux. Il reste néanmoins un homme curieux aux idées simples, un amoureux des couleurs folles de la Renaissance, capable d'apprécier les maîtres anciens, qui a su créer un monde ultra coloré, un peu *drugstore* à mon goût, mais que le monde a retenu comme un exemple de modernité fraîche et directe.

CATALOGUE *David Hockney*, Centre Pompidou, Paris, 2017.

Hokusai Katsushika

Prodige fou de dessin

Le dessinateur japonais le plus connu avec Utagawa Hiroshige est Katsushika Hokusai (1760–1849). Ses représentations du Mont Fuji sous tous les angles possibles l'ont rendu célèbre : vu des champs, des plaines, des ponts, avec au premier plan des cavaliers, des paysans ou des pécheurs avec des vagues géantes, le cône du Mont sacré en fond. Sa précision, son modernisme et ses compositions ont fait de lui une icône.

Van Gogh, Gauguin, Monet, Matisse, Degas seront marqués par les estampes japonaises qu'ils vont intégrer dans la peinture européenne (ce sera le japonisme, vers 1900). Mais n'oublions pas que cet art vient de Chine. Les maîtres chinois des encres, peintures et dessins avaient déjà posé les règles de cet art précis et léger à travers leurs splendides paysages : équilibre des vides et des pleins, usage des brumes. Mais Hokusai, qui laissa quelque 30 000 dessins, possède un œil d'aigle, capable d'embrasser d'immenses étendues comme de saisir les moindres détails d'un vêtement, d'une branche ou de l'écume d'une mer agitée. On dirait qu'il réordonne la nature, les masses de collines, d'eau ou de nuages ; qu'il dynamise chaque planche de graphisme aigu de barques, de gens, de plantes, d'architecture et d'objets du quotidien parfaitement tracés.

La simplification, l'essence des choses, est une composante primordiale de son art. Avec un trait et une couleur, voici une cruche, une botte de foin, un détail dominé par un code minimal, fait d'un trait et de proportions. La justesse schématisée mais vivante d'Hokusai le rend moderne. Certains le disent père des mangas, car il savait aussi découper des histoires, des actes, des gestes, des positions, des angles, comme un auteur de BD, allant à l'essentiel, à l'éternel. Les haïkus, ces poèmes de trois-quatre lignes pour décrire une atmosphère, une heure du jour, un paysage, mais surtout une émotion, sont l'équivalent de l'art d'Hokusai en écriture. Les Chinois, puis les Japonais, avaient compris que l'on ne peint pas pour réaliser un trompe-l'œil de la nature, mais une traduction graphique, comme un schéma parfait des détails du monde, dont l'origine serait les idéogrammes. Déjà, la calligraphie voulait atteindre – avec un signe de pinceau – une expression complète, signifiant une lettre ou une idée mais aussi un sentiment né de la forme et du geste.

Hokusai traversa maints courants de l'époque Edo (XVIIe – XIXe siècles) et s'attaqua à tous les sujets sous une vingtaine de pseudonymes. Ses shunga (planches érotiques) sont folles et moins montrées : une femme avec une pieuvre géante ou des hommes aux énormes sexes turgescents, aussi soignés dans le détail que les branches d'un pin ou d'un saule. On ne sait plus s'il se sert des légendes ou s'il les crée, tellement ses compositions, devenues des modèles du genre, sont magnifiquement inspirées. On retrouvera ses femmes nues chez Degas, ses morceaux d'étoffe chez Klimt, ses paysages chez Gauguin. Il est aussi puissant et prolifique que Gustave Doré en Europe. Concernant la précision de son trait, la légende raconte qu'on aurait trouvé jusqu'à cent feuilles de papier de riz superposées pour corriger un seul trait qui n'était pas juste (car on n'effaçait pas, on recollait un bout, quitte à le ré-enlever). Il a même dessiné des cadavres, puis comme Vinci, leurs viscères, au grand écœurement de ses contemporains. Malgré leur dégoût, il a voulu observer et mémoriser jusqu'à l'invisible, fantômes et dragons compris. À certaines époques, pour survivre, il dut réaliser des petits livres-albums avec histoires, contes, animaux ou objets. Il fut comme les sages taoïstes : un exemple de vie, de simplicité, de travail et d'humour.

CATALOGUE *Hokusai*, Grand Palais, RMN, Paris, 2014.
LIVRE *Hokusai le fou de dessin*, Henri Alexis Baatsch, Hazan, Paris, 2014.
DVD *Visite à Hokusai*, de Jean-Pierre Limosin, Arte, 2014.

HOLIDAY BILLIE

Lady in Satin

La future icône bluesy Billie Holiday (1915–1959) connaîtra dans sa jeunesse divers foyers, institutions et maisons de redressement. Elle vivra ensuite dans de petits bordels privés. Devenue très vite chanteuse, sa peau claire, sa grande taille et son charme trouble de fêtarde, tantôt réservée, tantôt déchaînée, en font une branchée, originale, culottée et recherchée... avant 1935. Elle vit alors dans un ghetto permissif où tout est accessible : alcools, drogues, hommes et femmes. Elle commence à se produire dans de petits *speakeasies* et fait partie du *in-crowd*, des bandes à la mode. Blancs et mafieux tournent autour de ces aventuriers.

Billie est devenue une chanteuse en vogue, mais les temps vont changer. Herbe, coke et héro deviennent interdites. La police s'organise, multiplie les indics, et après la guerre, c'est la chasse aux sorcières : communistes, truands, artistes dérivants, drogués et Noirs des clubs sont au milieu de ces faunes parallèles. Billie devient une figure de ce monde underground. Ses addictions – herbe, héroïne et alcool – en font une diva sulfureuse du monde de la nuit. Ses agents sont-ils ses amants, ses dealers, des indics ? Les rumeurs les plus folles naissent à son sujet dès qu'elle apparaît, et la police va s'acharner sur cette étoile noire et scandaleuse dont les chansons font débat. Dans *Strange Fruit*, elle attaque indirectement la discrimination du Sud, les lynchages, le Ku Klux Klan. Des policiers zélés, en mal d'avancement ou de publicité, vont la traquer, lui enlever ses cartes de travail et se servir d'elle pour faire parler d'eux. Pourtant en matière d'héroïne, Billie n'est qu'une *chippy* (une petite sniffeuse) et en matière de coke un *snorting horse* (un cheval sniffeur). Mais elle est une grande accoutumée de la marijuana et de l'alcool depuis sa jeunesse. Et le tout réuni consume ses cachets de chanteuse à succès.

L'argent, un peu de réussite (elle a chanté avec Count Basie et Duke Ellington, dans les plus beaux lieux de New York), son goût pour la fête et son caractère bipolaire de fêtarde dépressive en font un personnage qui fascine, auréolé de mystère. On lui invente débauches et dérapages, train de vie imaginaire, quantités de drogues exagérées… Et tout un public jaloux ou raciste se délecte des malheurs de cette diva libre et désobéissante entourée de gangsters. En réalité, elle a gardé sa fraîcheur. De vieux amis parlent de naïveté, d'une fille volubile toujours prête à rire et à balancer des vannes grivoises, avec une voix voilée lui donnant un charme irrésistible.

Toute la faune qui l'entoure est fascinée par cette femme inclassable, au talent encombrant, originale et changeante : qu'ils soient Blancs, *straights* ou Noirs, vivant en marge, riches ou en quête d'expédients. Elle a sans doute été une sorte d'âme jazzy, bluesy, de l'époque dorée de Harlem, Chicago, L.A. ou San Francisco, en pleine éclosion des clubs dans les années 1940. Recherchée par les plus grands comme Lester Young, elle continuait de douter. Devenue la cible de toutes les convoitises, elle a amorti le choc avec un peu toutes les substances, y compris humaines. Trop belle, trop sexy, trop libre et imprévisible, avec un instinct musical et une fibre unique... tout reste à découvrir en elle.

LIVRE *Lady in Satin Billie Holiday. Portrait d'une diva par ses intimes*, Julia Blackburn, Rivages, Paris, 2015.

HOPPER EDWARD

Tranquille

Avec Edward Hopper (1882–1967), le peintre pépère des posters et des cartes postales, les critiques d'art nous ressortent toujours des tombereaux de clichés sur la sérénité, la beauté, la lumière et la philosophie de l'*Americana*, cette Amérique des mensonges justement, de l'*American way of life* qui n'a jamais existé. Vous avez tous vu son tableau *Nighthawks*, représentant un couple de nuit attablé au comptoir d'un *diner* avec sa machine à café chromée : un angle de rue, une baie vitrée, une lumière au néon, et ces faucons de la nuit qui n'ont rien de rapaces, juste des victimes de l'ennui et de la solitude des grandes villes américaines déshumanisées, dont Céline disait toute l'abomination mécanique de fourmilières industrialisées.

Illustrateur classique américain, Hopper est totalement imperméable aux mouvements de peintures de son époque – pointillisme, impressionnisme et surtout fauvisme puis expressionisme. Inlassablement, il va peindre presque en série des paysages tranquilles et surtout des maisons blanches en bois sous un ciel bleu (j'exagère à peine la répétition), de ces images à succès qui évoquent les vacances et le grand air. Quelle ambition ! Parfait pour décorer le salon ou la salle à manger : c'est reposant, ça ne gêne personne. Le tout en couleurs calmes, avec de grands à-plats délavés, comme passés à la machine à laver. Ni vibration, ni transparence.

Les critiques parisiens se pâment devant ces images simplifiées pour *drugstore*, usant de mots creux comme « transcendantalisme » ou « formalisme », se contredisant à chaque ligne. Mais avec son allure de fonctionnaire de banque, Hopper ne mouille que sa palette, sans prise de risque ni imagination, s'avouant lui-même « étranger aux êtres humains ». Ses images sont idéales pour ceux qui veulent apprendre à peindre académique (cours de première année : peindre par à-plats, bien mis en place), mais aussi pour ceux qui n'aiment pas la peinture, la grande, celle qui surprend par sa manière et pose des questions difficiles.

Enfin, Hopper cache mal son puritanisme et tout ce qui va avec : méfiance, pessimisme, peur des femmes (avec une touche de voyeurisme refoulé : elles sont toujours girondes et un peu dénudées). Les rares couleurs vives, comme le rouge (couleur complémentaire du bleu facile dont il abuse), ne sont là qu'en contrepoint, pour réveiller – à peine – ses compositions statiques, ennuyeuses, assoupissantes. L'hypocrisie paisible. Cet homme craint le diable et ses passions, c'est classique. Si vous voulez voir un peintre américain de cette époque qui ose lui aussi l'imagerie précise de l'illustration, mais dans un style vraiment lyrique et populaire, découvrez plutôt Thomas Hart Benton : un vrai bon, inventif, imperméable au bon goût, et qui fut notamment le professeur de Jackson Pollock. Sans rancune Edward ? Rien de personnel...

CATALOGUE *Hopper*, Grand Palais, RMN, Paris, 2012.

Houellebecq Michel

La salsa du démon

Michel Houellebecq (1956 –) a toujours flirté avec l'anticipation tel une Madame Soleil qui aurait été finaude et intello, avec une boule de cristal dans son écran d'ordi. En 1994, dans *Extension du domaine de la lutte*, il prévoyait que les informaticiens seraient des ouvriers spécialisés, une classe moyenne frustrée. En 1998, avec *Les Particules élémentaires*, il se lançait dans les clones et la vie éternelle. En 2001, dans *Plateforme*, il s'attaquait au tourisme sexuel et aux attentats islamistes. En 2005, dans *La Possibilité d'une île*, il osait les sectes et l'amour libre. Enfin, en 2010, avec *La Carte et le territoire*, il flirtait avec l'art conceptuel, puis une France du « tout touristique ». On note que dans tous ces thèmes, il mélange le « déjà-là » et le « possible » avec le « futur lointain ». Déjà, l'auteur-jongleur, dissimulateur et illusionniste, montre le bout de son nez.

Car ne nous y trompons pas, le succès du petit Michel, devenu gourou en vingt ans, passe par une alchimie soigneusement mise au point. Sa pertinence est souvent du culot, ses connaissances du copié-collé, et son « incorrection » savamment dosée. Vous remarquerez qu'il saute toujours d'un sujet à l'autre, comme un cuisinier avec ses épices et les plats de son menu. Avec son style docte et classique, son langage dix-neuvième, ses citations d'auteurs peu connus ou dépréciés, il nous claque son érudition à la figure. Puis, scandaleux ou libertin, il nous sert de l'échangisme, du sexe tarifé ou autre partouze, pour la détente de nos neurones. Ensuite arrive de la conso pure et dure : de la parka à l'appareil numérique. Et enfin, de la bouffe : surgelée ou cuisinée avec quelques vins de renom. Il peut alors passer à une théorie économique ou à des notions techniques de géopolitique ou d'idéologie scientifique. Et nous voilà achevés, conquis par ce petit génie qui ne se la joue pas et fume partout, insolemment, en chemise démodée et froissée.

2015 : *Soumission*. La sauce Houellebecq est toujours au point, avec les mêmes ingrédients. Le « déjà-vu » qui fait mal, les prévisions folles mais plausibles, le ton mesuré et docte du littérateur, sans oublier le désespoir romantique et les pulsions sexuelles salaces. Mais cette fois-ci, c'est tout le pays, perdu et à bout, flingué par une classe politique et technocratique en dessous de tout, qui va céder aux lois musulmanes, au grand basculement dans un islam modéré, pour le plus grand profit de tous. À travers la vie terne d'un prof de fac « à la ramasse », entouré d'excités ou d'arrivistes, flirtant avec flics haut placés ou officines vaguement suggérées, se danse un menuet de conciliation avec nos frères musulmans, pour le retour au calme de notre société éclatée. En passant, la seule qui résiste au découragement et à la paresse, c'est Marine ! Et ça, c'est la quenelle façon Houellebecq.

Quant à ce qu'il pense vraiment de cette comédie doucereuse et qu'il aimerait dévastatrice, je ne vous ferai aucun dessin. À vous de comprendre ce que désire ce joueur de flûte. Aurait-il une mission cachée, et une cagoule, comme le sous-commandant Marcos ? « Aie confiance... Entre dans la danse... », chantait en nous hypnotisant le serpent du *livre de la jungle*.

LIVRE *Soumission*, Michel Houellebecq, Flammarion, Paris, 2015.

Îles Salomon

Primitifs raffinés

Que peut-on comprendre des îles Salomon du bout du monde ? Au nord-ouest de la Nouvelle-Guinée, cet atoll de centaines d'îles accueillit pendant des siècles des peuples venant d'Australie, de Papouasie mais aussi des Maoris et autres Mélanésiens. Ces arrivées de peuples environnants s'étaleraient de – 27 000 jusqu'à 1 000 après notre ère, faisant de ce grand archipel plein de lagons un lieu unique de mélange de cultures. On y parla jusqu'à 900 dialectes et ces étranges peuples fiers et fins, bien installés, produisirent un des arts les plus cotés chez les collectionneurs d'objets primitifs de luxe. Les prédateurs avides de statuettes et de crânes gravés firent bombance et gros business (car bien des coupeurs de têtes animaient ces tribus imaginatives). Les missionnaires prirent leur part du butin, en faisant coup double : chasser les idoles en les vendant à des pirates !

Comme tous les arts sacrés, ces objets étaient très raffinés, calculés au plus près d'une vision hallucinogène du monde. Les artistes qui sculptaient ces dieux, armes, bijoux et proues de pirogue poussaient l'exigence jusqu'à teindre les bois en noir afin que les incrustations de nacre, coquillage ou même corail blanc se détachent fortement, par contraste. Ainsi les statuettes ont des regards plus puissants et des décorations (des tatouages en négatif : argent sur fond noir) qui vibrent à la lumière, les nacres étant irisées. Quelle leçon de qualité, mais aussi d'efficacité ! Tous les objets de culte ou de rituels doivent être chargés au maximum. Souvent les objets chamaniques (Canada, Amérique) utilisent les coquilles nacrées en incrustations irisées, ce qui ajoute à leur magie et à leur pouvoir. Ces statuettes sont souvent des figures de proue de pirogues. Ces petits êtres humanoïdes ont un museau proche du chien, pour sentir, humer et guider les piroguiers, mais peut-être aussi en hommage à une ancienne figure tutélaire de chien qui aurait enseigné aux peuples des îles Salomon.

À ces trésors s'ajoutent de superbes parures de poitrine ou de front, des disques de nacre gravés de lignes géométriques, taillés dans d'énormes coquillages – de vrais soleils sur les poitrines des chefs salomoniens (en plus de bracelets, colliers et tatouages). Ces bijoux au pouvoir surnaturel (le *mana*), venu des ombres, des esprits des morts, permettaient de capter force et succès. Parfois ces disques de nacre sont même recouverts d'écaille de tortue entièrement découpée et appliquée en marqueterie pour la silhouette du dessin à superposer – de l'orfèvrerie digne des plus beaux chefs d'œuvre de notre histoire. Ils devinrent aussi de magnifiques objets de collection, le rêve des amateurs d'art primitif de haute qualité. Imaginez aussi des reliquaires en forme de grands poissons noirs, avec de superbes ailerons et au milieu du corps une cavité contenant un crâne blanc – autant de trésors, par la beauté des lignes et le raffinement des détails. Ce qui est d'autant plus ironique qu'Álvaro de Mendaña, le navigateur portugais parti du Pérou qui découvrit ce lointain archipel en 1568, baptisa l'île « Salomon » car il cherchait la source des mines d'or de ce roi de l'Orient ancien ! Comme quoi les *conquistadores* (conquérants de l'or) n'avaient qu'un seul et unique but, et faute de mine d'or, ils se rabattaient toujours sur les objets de culte et de rituels. La notion d'art n'existait pas au sens où nous l'entendons. La beauté était gratuite, au service de l'esprit des ancêtres.

CATALOGUE *L'éclat des ombres L'art en noir et blanc des îles Salomon*, musée du Quai Branly, coédition musée du Quai Branly, Paris, 2014.

INDIENS D'AMÉRIQUE

Aux origines du chant et de la danse

Ce qui frappe chez les peuples dits primitifs, c'est leur façon d'appréhender ces domaines que nous rangeons en vrac dans la case « culture » : peinture, sculpture, musique, chant, danse. En ces matières, leurs approches et leurs buts n'ont généralement rien de commun avec les nôtres. Les explorateurs et ethnographes n'ont pas toujours saisi le sens de ces démarches, qui visent un « ailleurs » : un autre monde, parallèle et étranger au nôtre, inconciliable car n'ayant presque aucun point de contact, ni physique, ni mental.

En Jamaïque, quelques érudits (ou au contraire des « anciens » isolés) m'avaient expliqué que la danse avait un but quasi médical, par le massage des organes au niveau du ventre. En Chine, le tai-chi-chuan est une gestuelle dansée qui permet de mieux répartir les fluides dans le corps (notamment vers les extrémités) comme une gymnastique de santé, ce qui n'empêche pas la spiritualité ni le contact avec les arts martiaux.

Malgré des recherches poussées, des séjours répétés au sein des tribus, des enregistrements et des notations en nombre, le mystère indien reste entier. Les « intentions » des chants ou mélopées, par exemple, sans paroles ou presque, avec des gammes différentes de notes, des façons de chanter sans reprendre son souffle, étaient souvent chamaniques, magiques et secrètes, et le sont restées. On chante pour la guerre, mais aussi la chasse, la pluie, les récoltes et surtout pour la guérison : le sorcier chamane est un « homme médecine ».

Les Indiens d'Amérique (340 tribus) ont un grand nombre de chants pour chaque tribu. La cession de ces chants d'un clan à un autre peut être rémunérée, mais on en cite toujours l'origine. Et on dénombre autant de « danses » codées. Au raffinement de ces psalmodies, gestes et rituels s'ajoute la personnalisation de l'interprétation pour chaque individu, puisqu'il s'agit aussi souvent d'invoquer, d'appeler ou de faire naître un « esprit » animal, végétal, minéral, ou encore météorologique, parfois nommé « Orenda ». Il n'y a pas seulement un animal totem par individu, mais bien d'autres alliés ou ennemis, pouvant s'incarner dans n'importe quelle manifestation de notre environnement (éclair, vent de sable, buisson).

Malgré les traditions perdues et les interrogations qui demeurent, on en sait de plus en plus sur ces natifs américains : leurs marchés, leurs grandes maisons (en dur) et tumulus, leurs règles sociales et leur fantastique mémoire des chants et des vocalises, malgré leur nombre et leurs délicates nuances. Il s'agissait d'un peuple extrêmement « tellurique », habité et inspiré, instruit par la nature et devenu medium à force d'expérience et de ressenti. L'arrivée de notre civilisation n'a été qu'un désastre pour eux dans toute l'Amérique, justement à cause des quiproquos et incompréhensions permanentes.

LIVRE *Les Indiens d'Amérique et leur musique*, Frances Densmore, Allia, Paris, 2017.

Inhumaine (L')

Marcel L'Herbier ou le futuriste du cinéma

Réalisé en 1923, *L'Inhumaine* est un monument méconnu du cinéma d'avant-garde français. D'abord, ce film nous rince la tête des excès d'aujourd'hui : 3D, montage à la mitrailleuse et rythme halluciné des blockbusters américains schizos. Là, mouvements et plans-séquences semblent au ralenti et exercent un effet hypnotique. Ce long opéra muet est doté d'une musique moderne allant des percussions et des bruits à une sorte de jazz cool et sinueux. D'après le compositeur Darius Milhaud, c'est un certain Aidje Tafial qui enregistra cette bande-son hors du temps, un siècle plus tard ! Fernand Léger au décor, Robert Mallet-Stevens aux architectures et intérieurs, Paul Poiret aux costumes et aussi Jean Lurçat, Pierre Chareau, René

Lalique aux meubles et objets – Marcel L'Herbier est allé chercher les stars de son époque. Toutes ces énergies finissent par se sentir : chaque plan est une architecture, chaque cadrage une photo ou un tableau moderniste, chaque lumière ou détail contribue à étonner et éloigner de la réalité. Enfin les teintes rouge, bleu et or sépia achèvent cette étrange symphonie qui alterne entre le rétro absolu et des fulgurances qu'on n'atteint plus aujourd'hui.

Suite au cubisme, au futurisme et au suprématisme, l'époque était à la pureté, à l'absolu, au maximum des formes et des idées : un modernisme violent exacerbé et caricatural fait de géométrie et de dynamisme. La science avait fait péter les têtes avec la « Fée Électricité », le téléphone, mais aussi la radio, et surtout les radiations du radium naissant, qu'on allait utiliser comme peinture, laque et crème lumineuse et qui allait faire beaucoup de victimes (Pierre et Marie Curie furent aussi irradiés). Les poètes, stylistes et artistes crurent à la science magique, au superpouvoir de la technique mélangée à une bonne dose d'occultisme, de superstitions et d'exaltation devant la chimie, la médecine, les ondes, le « mesmérisme ». Le scénario de *L'Inhumaine* est imbibé de cette passion scientifico-magique : on y voit même de la « télévision », nommée comme telle, et le rêve de la radio mondialisée, le grand voyage des sons et des images. Il s'agit vraiment d'une direction de pensée que le monde a effleurée puis quasi abandonnée. Un regard anachronique où raffinement, décadence et science forment un ménage à trois paradoxal, un idéalisme tourné vers la beauté et la rédemption de nos vices par les découvertes scientifiques. La science peut purifier le monde, le débarrasser de ses lourdeurs et de ses erreurs, arracher les êtres au péché par un véritable ré-enchantement de la nature domestiquée. Une architecture moderne de béton et de verre, des bolides, des avions, des dirigeables, de nouveaux traitements miracles de radiologie... On croirait un manifeste des futuristes italiens vantant le progrès, la vitesse et les mégalopoles.

Partout dans le monde, cette foi dans le progrès va donner des œuvres peintes, sculptées, photographiées et filmées. Ce sera Fritz Lang, Murnau, Chaplin, tous fascinés par les villes illuminées, les paquebots, la vitesse, les inventions en tous genres. Des hommes gominés en smoking et des garçonnes emplumées avec fume-cigarettes dans des intérieurs noir et blanc, aux reflets argentés, éclairés par des néons en forme d'éclair, rêvant de modernisme effréné, d'omnipotence des techniques, dans un monde devenu éthéré, c'est aussi ça *L'Inhumaine*. Marcel L'Herbier a projeté mentalement, puis sur pellicule, un futur esthétisant et sans limite qui n'a pas vraiment eu lieu, mais qui fascine encore.

COFFRET DVD *L'Inhumaine*, de Marcel Herbier, Lobster Films.

Insulte

Devenez insulteur professionnel

Injurier ne suffit pas, encore faut-il le faire avec conscience et précision, et dans un certain contexte. N'insulte pas qui veut. D'où un livre au titre encourageant : *Injuriez-vous !* L'auteure, Julienne Flory, philosophe, sociologue, etc., se donne du mal pour nous expliquer avec sérieux les « Nique ta mère ! » et autres « Mange tes morts ! » – contexte, destination et réception. On apprend notamment que « salope » vient de « sale huppe » : un oiseau réputé sale. Mais surtout on découvre que l'injure est un énoncé performatif. Eh oui, il s'agit d'une action délicate, d'une performance, comme en sport ou en théâtre. En notes de bas de page sont précisés les auteurs importants s'étant exprimés sur le sujet, comme Freud, Foucault et Bourdieu, mais aussi des Anglais, très pointus sur ce sujet qui fâche, et pas mal d'universitaires.

C'est la dimension de performance qui me plaît : il faut que l'insulte transforme la situation et le ressenti – pas facile. Julienne Flory nous apprend qu'il s'agit d'un « acte locutoire », c'est-à-dire qui produit un énoncé. Ok pour ce nom bizarre. Là où ça se corse, c'est que l'insulte qui nous occupe se range dans la catégorie plus précise de l'« acte perlocutoire », c'est-à-dire visant à l'effet que cet énoncé produit, ou devrait produire. C'est déjà plus que le simple énoncé locutoire de la plupart des pauvres baveux. Ce n'est plus seulement un énoncé, mais une torpille ! L'effet transformerait donc l'insulte en une sorte d'action. C'est vrai que l'injure peut provoquer un froid, une bagarre, une rupture, etc. Mais le plus beau reste l'« acte illocutoire », où le simple fait de dire devient instantanément un acte réalisé ! Réservé à très peu de privilégiés : le maire lance « Je vous déclare mari et femme ! », et c'est fait. Le juge : « Je vous condamne à... ». Le prince : « Je vous fais chevalier », etc. C'est le rêve de tous les magiciens : transformer les gens en grenouilles ou en potirons simplement en le disant. Et voilà le fond du problème : en disant « Tu es un con ! », notre but est que cela soit noté, enregistré et acquis : untel *est* un con. Notre insulte doit estampiller la personne une fois pour toutes. Elle est « devenue » con. Il y a donc de la mégalomanie dans l'injure, une prise de pouvoir, une tyrannie par la volonté de nommer, de juger. C'est beau l'ambition. Mais ça ne marche pas à tous les coups. Si vous traitez un Anglais de chien, c'est raté, car les British aiment les chiens. Il faut le traiter de rat ! Ce livre vous aidera à éviter les bides. Voilà comment l'insulte mène à la connaissance. Bande d'ignares !

LIVRE *Injuriez-vous ! Du bon usage de l'insulte*, Julienne Flory, La Découverte, Paris, 2016.

J

JAMAÏQUE

Beats saga

Avec la Jamaïque, on peut toujours remonter d'un cran dans l'histoire, car l'île étant aux dimensions humaines, on a l'impression d'une grande famille, avec ses parrains, cousins, *bad boys*, *gun men*, et ses tantes, *nannies* et autres *sisters* charmantes ou increvables. C'est aussi une sorte de théâtre de Guignol où les bons (Howell, Garvey) et les méchants (Bustamante, Seaga) vont rencontrer les producteurs (Duke Reid avec Trojan, ou Coxsone avec Down Beat puis Studio One), puis les mystiques (Count Ossie) et les musiciens (Skatalites), et une ribambelle de personnages hauts en couleur.

Avec cette nouvelle compile de 20 morceaux, dont on ne connait pas – ou mal – les groupes ou les auteurs, le label Soul Jazz nous plonge dans la fin des années 1950 et le début des *sixties*. Les Jamaïcains découvrent alors des gens comme Fats Domino et son bop qui agit comme une pompe : le jump-up (qu'on appelait aussi « slow rock »). Vous y entendrez les premières pulsations du ska, également issues du mento, ce calypso jamaïcain si simple et entraînant. On est tellement loin dans l'histoire qu'il y a des traces de jazz et de be bop dans cette succession de morceaux adaptés du style américain d'alors.

On est content d'apprendre que Clement Seymour Dodd tient son surnom (Sir Coxsone) d'un champion de golf, sport dont il était adepte, et que c'est dans le *liquor shop* de sa mère Doris Darlington (Nanny's Corner) qu'il a commencé à passer des disques, puis avec Count Matchuki comme *deejay*, pour créer son premier label : Downbeat. Et la saga va débuter avec plein de talents : Eric Deans, Don Drummond, Alton Ellis, Ernest Ranglin, Johnny Moore, Roland Alphonso – des noms évocateurs qu'on va retrouver tout au long des années 1970, 1980, 1990. Une si petite bande de gens, capables de déclencher un si vaste mouvement musical, mystique, africaniste, révolutionnaire, avec le rastafarisme à la clé, mais soutenu par un son pénétrant.

La Jamaïque nous offre une musique populaire lisible depuis cinq ou six décennies. Perry Henzell (réalisateur de *The Harder They Come*) m'a raconté comment après la guerre, vers 1948 – 1949, il découvrit à cheval, au fond de la propriété de ses parents, des Jamaïcains vêtus comme dans la Bible, avec dreads, chasubles blanches et bâtons de pèlerin. C'était les premiers rastas du Pinnacle, la première communauté rurale et rastafari (que Leonard Howell puis Marcus Garvey tentaient de développer depuis les années 1920). Nous n'en finirons jamais avec cette île magique, perle des Caraïbes, sa forêts d'émeraude et ses cascades de diamants et beat noir.

CD *Studio one Jump Up The Birth of a Sound : Jump-Up Jamaican R & B, Jazz and Early Ska*, **Soul Jazz Records.**

K

Kahlo Frida & Diego Rivera

La souris et l'éléphant

Le grand peintre mexicain, c'est Diego Rivera (1886–1957). Lui et ses amis David Alfaro Siqueiros et José Clemente Orozco ont inventé le muralisme, ces grandes fresques historiques, sociales, révolutionnaires et lyriques. Avec ces immenses murs peints, ils ont influencé le monde entier : les Américains, mais aussi les Européens, de Picasso à Léger en passant par Dalí. Depuis, les très grandes toiles continuent d'impressionner, comme un « passage obligé » des grands peintres. Rivera est si doué que même ses portraits, symboliques, visions d'Indiens, de paysans mais aussi de mécènes, sont des évidences de beauté et de plénitude. À la base, les muralistes sont les peintres de la révolution mexicaine : foules d'ouvriers et d'agriculteurs exploités, scènes de l'histoire coloniale sanglante du Mexique – des forces symboliques qui s'affrontent (mais leur force lyrique englobe aussi les Indiens et leur magie). Pourtant, même les grands industriels américains vont commander à Diego Rivera des fresques murales pour leurs halls et usines, un peu comme à la Renaissance pour les palais et églises.

Frida Kahlo (1907–1954), jeune bourgeoise, allemande par son père, va adorer Rivera, devenant sa groupie puis son égérie avant de l'épouser. Diminuée par un terrible accident de bus, elle subit des opérations répétées et c'est là, alitée, qu'elle va suivre son maître dans la peinture. Contrairement à lui, ses toiles sont petites – presque des miniatures – et intimistes : loin des révolutions sociales, elle se peint, mais en malade symbolique avec bandages, corsets ou plâtres qui soutiennent sa colonne abîmée. Si Rivera est connu dans le monde entier, elle n'est qu'une amatrice, naïve et surréaliste, à l'inspiration morbide. De ses organes à ses vaisseaux sanguins, de ses os à ses cicatrices, c'est une martyrologie qu'elle représente et qui ne peut qu'horrifier le public. Grâce à la protection et à l'influence de Diego, Frida va élargir sa palette vers les Indiens, la nature, les animaux, les plantes et réaliser de nombreux autoportraits « à la mexicaine », avec chemisiers brodés, jupons, tresses, rubans, châles et bijoux.

Rebelle, elle peint son ombre de moustache et accentue ses sourcils qui se rejoignent comme un V ouvert sur son front. Visage auréolé de tresses, de rubans et de fleurs, boucles d'oreilles, bagues et bracelets – elle reprend exactement la tenue traditionnelle des Mexicaines de la capitale : les Indiennes.

Avec son visage aigu aux traits fins, elle est obligée d'en rajouter dans sa pilosité, sa couleur de peau, sa tenue et ses attitudes. Ces petits autoportraits sont une déclaration d'indépendance : une artiste indianisante, parée à l'indigène, entourée d'animaux et de fruits exotiques. Car Diego et Frida appartiennent à la « jet set » de Mexico, mais communiste ! Même Trotski vient les visiter (comme André Breton et bien d'autres). Le couple a une vie amoureuse agitée. La grande photographe Tina Modotti, qui les a présentés l'un à l'autre, multipliera les images d'eux avec des portraits qui feront le tour du monde. C'est cette image qui, vers les années 1980, déformera la réalité et fera de Frida une star stylée et à la mode, et de leur histoire une *love story* idiote.

L'exotisme de Frida va en faire un modèle décalé, une gravure de mode ultra latino en quelques mauvais articles, livres et films. La réalité est plus dure, douloureuse et triste. Pour comprendre cette petite femme têtue, regardez les toiles et fresques de Rivera. Il est la locomotive qui tire toute cette histoire. La force de ses évocations, le gigantisme de certaines de ses œuvres en font un personnage plus grand que nature et presque historique. Diego est la porte ouverte sur le grand monde et Frida la petite souris curieuse, forte et téméraire qui a été emportée par ce vent.

P.S. : Le seul film valable et respectueux de la vérité sur Frida Kahlo est *Frida, Naturaleza viva* (1986), avec l'actrice mexicaine Ofelia Medina. Actrice politisée, militant pour la protection des Indiens, inconnue aux États-Unis et en Europe.

CATALOGUE *Frida Kahlo et Diego Riveira. L'art en fusion*, musée de L'Orangerie, Hazan, Paris, 2013.

Kiefer Anselm

Peintre de la guerre

Le monde de l'art cherche toujours à alambiquer les démarches picturales, passant tout à la moulinette du concept, des références et des gesticulations intellectuelles. À tel point que la peinture, notamment, a failli mourir d'être occultée par ces brigades du non-art, du post-art et autres foutaises. La confrontation aux « arts plastiques » – je dis bien : tout ce qui utilise forme et couleur, matériau et support, lumière, volume, langage pictural et perspective, au grand dam de tous les ignares qui ont frénétiquement voulu dématérialiser l'art et en faire un objet purement intellectuel et théorique – cette confrontation, donc, oblige ces postmodernes à ratiociner, par incapacité de voir. Or justement, les « grands » peintres reviennent toujours avec des œuvres fortes, saisissantes par leur plastique, et qui pourraient se passer de tout discours.

Anselm Kiefer (1945–) me semble être de ceux-là, même s'il cède pour la renommée aux trompettes bouchées des conceptuels, qui font du vent autour de lui. Réaffirmant dès les années 1980 un art « allemand » (avec Baselitz, Immendorff, Richter, Polke, Penck, Lüpertz, par exemple, des néo-expressionnistes pour certains), il cite Caspar Friedrich, les *Nibelungen*, Dürer, Siegfried et marche quelque temps dans les pas de son premier maître : Joseph Beuys. La peinture de Kiefer évoque davantage Wagner que Lully, Bach ou Beethoven qu'Offenbach ou Ravel. Et il va bien falloir prononcer le mot « allemand », invoquer Thor, Parsifal ou l'esprit de la forêt pour décrire le style des objets géants qu'il propose. À l'heure de la mondialisation, et même si Anselm Kiefer a voyagé en Inde ou en Israël, l'esprit des peuples demeure et demande à être écouté. Pourquoi ce peintre, considéré comme un « poids lourd » de l'art contemporain, veut-il tant nous impressionner ? Pourquoi peint-il des ruines ou des étendues désolées de champ de bataille ? Pourquoi fabrique-t-il des livres géants en feuilles de plomb ? Pourquoi évoque-t-il la mort ? Ne pas répondre serait le mieux à faire pour laisser résonner ces coups de marteau. Et pour ne pas conclure, donc, un poème :

les héros et les dieux
de la mythologie
les faunes et les nymphes
féérique sarabande
les lutins et les rois
à l'aube de l'enfance
corps nimbés d'une aura irréelle
l'ombre des nuages plus blanche
l'essence intime des choses
la gloire de la disgrâce

(Gérard Berréby)

CATALOGUE *Anselm Kiefer*, Centre Pompidou, Paris, 2015.

KIERKEGAARD SØREN

Prêcheur pervers

Søren Kierkegaard (1813–1855) est un écrivain et un théologien protestant, une sorte de philosophe danois existentialiste avant l'heure. Fils d'un père commerçant aisé et élevé au sein d'une famille nombreuse et pieuse, il entre à 8 ans dans une école privée et élitiste, piétiste et stricte, basée sur la vertu civique, où on le pousse pour son intelligence prometteuse. En 1831, il entre à l'université de théologie mais il perd sa mère, ses trois sœurs et son père et se retrouve seul avec un frère. Dépressif, il suit les cours de Schelling. Déçu, il décide d'épouser Régine Olsen en 1840, avant d'annuler les noces. À Berlin, il rédige sa thèse de doctorat sur « Le Concept d'ironie rapporté à Socrate » puis ce penseur inclassable va d'abord écrire des espèces de sermons, comme *Crainte et tremblement*, où il explique aux puritains qu'ils sont loins de toute foi, ignorants et égoïstes, incapables comme Abraham de tuer leur enfant unique sans hésitation si Dieu le leur demandait. Il les traite quasiment de pauvres hypocrites, en-dessous de tout.

Kierkegaard va littéralement se couper de la société. Pire encore, il le répète : il ne se sent heureux que dans l'« esthétique » (la beauté et la noblesse) fuyant et détestant l'« éthique », cette morale horrible et frustrante. Ses livres étant choquants et controversés, il utilise des pseudonymes. Pour essayer de décrire un être aussi contraire, je me base sur son *Journal du séducteur*, traité machiavélique de la drague, descriptif ultra précis et piège pour séduire « La » jeune fille bourgeoise et vertueuse, et non seulement la rendre amoureuse d'un autre que son fiancé (lui-même), mais la dégoûter du mariage bourgeois, trivial et immonde, véritable marché de boutiquier, institution minable et destructrice de l'amour pur, vrai, élevé et planant, détaché de toute contingence. Ce livre étrange et inquiétant, véritable traité sur sa démarche d'« esthète » signé du pseudonyme Victor Eremita (l'ermite victorieux), fait suite à *Ou bien, ou bien*, autre traité d'esthétique sur la même ligne : comment échapper à la basse et méprisable trivialité de l'existence et rejoindre une harmonie plus élevée ? On ne s'ennuie jamais dans le *Journal du séducteur*, car sa démarche est sophistiquée et sa psychologie ultra cynique (« s'introduire comme un rêve dans l'esprit d'une jeune fille est un art, en sortir est un chef d'œuvre »).

Sous le nom d'Anti-Climacus, Kierkegaard va continuer d'écrire et d'invectiver la société protestante danoise jusqu'à être maudit et isolé. Le jeune homme prometteur, le pasteur chéri des fidèles, le gendre idéal, est devenu un Antéchrist agressif et déchaîné. Ses tirades à la fois poétiques, exaltées et obsessionnelles, ses titres comme *Miettes philosophiques* ou *Traité du désespoir*, ses sermons fous et sa mégalomanie en font un inclassable, hors époque, précurseur par totalitarisme. Il mourra seul dans un hospice, après avoir été ramassé dans la rue.

KINKS (THE)

Ray Davies : grand auteur, mauvais caractère

Les Kinks (« pervers » en anglais) sont une des pierres angulaires de la pop britannique magique des *sixties*. Si on oublie un peu les Beatles et les Stones, et si on met de côté les stricts blues (John Mayall, Animals ou Yardbirds) et que l'on veut du pur british, du jamais-vu, de l'excentricité mods, alors il ne reste que les Who, les Small Faces et les Kinks, en tête. Il faut toujours réviser les clichés, les hits et les fortunes diverses des groupes rock, même mythiques, pour y comprendre quelque chose et observer les talents à l'œuvre, débarrassés des modes et des scandales.

Emmenés par l'incroyable Ray Davies (et son frère Dave), les Kinks ont monté et descendu toute la gamme des rages, des cris, des trouvailles, des attitudes, des contradictions, des modes et même des sons de cette période où l'Angleterre recréait le monde. De son coup d'envoi, le célébrissime *You Really Got Me* – sur les amours énervés des jeunes mods sous amphés –, jusqu'au désabusé *Think Visual* – comme une parodie de slogan pour clips des années 1980 –, Ray Davies a écrit sur tous les aspects de cette flambée : les filles, les mods, les dandies (*I'm Not Like Everybody Else*), les *fashion victims* (*Dedicated Follower of Fashion*), les bourgeois paumés (*Sunny Afternoon*), les quartiers de Londres (*Waterloo Sunset*), la nostalgie (*See My Friends*), l'adolescence, les pop stars factices, la vie sociale anglaise (*Muswell Hillbillies*), les dépressions, les phobies, l'écologie (*The Village Green*). Sans compter des opéras, des films, des pièces de théâtre, des essais, des poésies, des spectacles, du cirque, du music-hall. Le kaléidoscope complet des étincelantes années 1960, où Londres réinventait la culture, se trouve dans l'œuvre des Kinks : mods, rock, garage et pink mêlés, avec un doigt de dandysme *hooligan*. Plus rare encore, en bons Britons d'origine prolo (six sœurs précèdent les deux frères dans la famille Davies de Muswell Road, au nord de Londres), ils n'ont jamais cédé à la vague californienne hippie ni à l'embourgeoisement. Et ainsi ils ont gardé leurs fans à vie (j'en suis). Que voulez-vous, quand on aime les chemises Ben Sherman et les polos Fred Perry, les Sta-Prest et les boots, on passe difficilement à la kurta indienne et au poncho.

Pour couronner cette saga kinkienne, les deux autres membres – Pete Quaife (basse et chant) et Mick Avory (batterie) – ont su tenir le coup au milieu des bagarres, beuveries et autres dérives violentes du groupe, avant que les habituelles crises d'ego n'entraînent *splits* et autres remplacements imposés par les leaders. Ray Davies (passé par l'école d'art de Hornsey) était à mon avis un insatisfait, un hyperactif et un exigeant, cynique et romantique à la fois – un pur produit de ce que générait la culture anglaise d'après-guerre. Ce qui explique en partie l'incroyable productivité de cet exceptionnel *songwriter* ne craignant aucun sujet ni contradiction, parfait étalon mod-Carnaby-Swinging London.

Sachez enfin que les Kinks ont été parmi les rares à ajouter à leurs guitares cristallines et à leurs chansons aigres-douces des riffs puissants appelés « *power chords* », avec des coups de lames de rasoirs sur amplis et guitares afin de rendre les sons encore plus rauques et déchirants (le futur hard rock). Merci de votre attention.

LIVRE *The Kinks. Histoire d'une nostalgie chronique*, Didier Delinotte et Jacques Vincent, Camion Blanc, Rosières-en-Haye, 2016.

KLEE PAUL

Apparence infantile et réflexion cachée

Le peintre allemand Paul Klee (1879–1940) fut à son âge mûr plongé dans les révolutions picturales : cubisme, dadaïsme, constructivisme, expressionisme. Pourtant il luttera toujours contre les « formules artistiques ». Son art, d'apparence simple, n'en est pas moins unique. Il réalise des dessins naïfs ou caricaturaux, des peintures plutôt décoratives, aux couleurs raffinées, aux formes apparemment enfantines, mais en perpétuelle évolution. Mais il rédige aussi une *Théorie de l'art moderne*, questionnant et expliquant la force des lignes, le pouvoir des formes, le langage des couleurs, les rythmes.

Il voyage, réfléchit, passe par le cubisme et le constructivisme, mais les règles de ces courants de peinture lui paraissent contraignantes et finalement paralysantes. Seul le courant dadaïste, plein de vie, de fantaisie et d'ironie, lui sert de modèle pour une expression libre qui peut aller jusqu'à la caricature, ou à une certaine naïveté. Professeur au Bauhaus, il finira par démissionner. Utilisant des lignes horizontales ou des grilles, il peut à la fois expérimenter sur la technique, les couleurs libérées des formes ou du réel, et utiliser le hasard ou les accidents. Il aura bien plus tard une grande influence sur l'illustration et le design populaire par son usage d'une géométrie volontairement maladroite, ses couleurs qui ne suivent pas leurs surfaces déterminées et ses personnages filiformes inachevés. Intrigué par les nombreuses propositions de Picasso (personnages déformés ou éclatés, représentations sauvages du réel), Paul Klee saura rester dans son style de petits formats, de colorations délicates, de recherches « anti-art ». Ses toiles modestes et ses grilles peuvent faire penser à des tapisseries ou des carreaux de salle de bain. On dira de ses petits signes abstraits qu'ils ressemblent à des codes de brigands ou à des alphabets magiques.

Klee est un des rares exemples d'artiste peintre à la fois intellectuel et sérieux, attaché à la recherche, conscient des obstacles à franchir pour évoluer, et ne tombant jamais dans aucun académisme, fût-il moderniste, ni dans aucune prétention ou gloriole de créateur. « Ne vous moquez pas de moi, disait-il, je le fais très bien tout seul. » Il faut le regarder de plus près, pour son génie simple et sa musicalité. Car une partie de ses œuvres évoquent des mélodies et pourraient faire de belles pochettes de disques, ou des affiches, pour du jazz ou de la musique contemporaine. Voilà pourquoi Klee est indémodable. Il reste le grand peintre d'une certaine harmonie, de la réflexion et de la fantaisie colorée. Et il a ouvert pour toujours un regard calme et varié sur le monde des formes.

CATALOGUE *Paul Klee. L'ironie à l'œuvre*, Centre Pompidou, Paris, 2016.

KOONS JEFF

Un coup de pied dans les Koons !

Depuis des années, avec des gens comme Murakami ou Koons, les médias tentent désespérément de nous vendre un art dégénéré pour gosses de riches, à la fois infantilisant et dépourvu de spiritualité. Mais pourquoi cet enthousiasme ? D'autant qu'on retrouve ces petites icônes de consommateurs sur des sacs et des chaussures (et bientôt des culottes), comme une affirmation triomphante de leur inanité. L'Américain Jeff Koons (1955 –) se justifie en disant qu'il tente de nous débarrasser de nos complexes d'infériorité comme il s'est débarrassé des siens. Élevé dans le magasin de décoration paternel à New York, son fonds culturel était fait de porcelaines ringardes, de miroirs dorés et d'animaux en terre cuite. Pour exorciser sa gêne d'avoir un goût de nouveau riche – ou un amour pour les « kitscheries » voyantes : caniches, rubans, pampilles et autres tissus pailletés – il n'a rien trouvé de mieux que de nous assommer avec ses objets de la sous-culture des foires et des stands de tir. Sa vengeance est cruelle, mais il clame son alibi : « Je fais cela par amour, pour vous déculpabiliser de votre mauvais goût et de votre culture bas-de-gamme. »

Et comme le petit Jeff est malin, il fait réaliser ses poupées en cristal, ou en céramique, façon luxe : les objets sont énormes, tape-à-l'œil, dorés sur tranche et confectionnés par les plus grands artisans du monde. À tel point qu'il fallut à Koons des financiers pour payer certains articles ! Un buste en marbre de Carrare, en cristal de Bohême ou en verre de Murano, c'est cher. Il se sert aussi du bon vieux pop art, des emballages de frites ou cookies, toujours aux couleurs criardes, pour réaliser des collages, qui deviennent ensuite des toiles immenses (exécutées par des copistes en ateliers de série) où des bouts de bikinis côtoient des ciels d'azur ou des palmiers avec quelques perlouzes ou diamants pour flasher le spectateur et les magazines de luxe sur papier glacé. Enfin, un réseau d'agents, galeristes, musées et responsables culturels garantit aux clients fortunés que ces objets souvent monstrueux, mais fabriqués avec luxe, conserveront une cote solide et que leurs millions de dollars ne partiront pas en fumée. Et le tour est joué, la boucle bouclée : mauvais goût assumé, mais très enrichi, et exécuté de main de maître (par des artisans de luxe) afin d'impressionner le client inculte. Car en Amérique, du moins dans certains milieux, on doit montrer son argent et exhiber du luxe pour impressionner le voisin.

Enfin, Monsieur Jeff se transforme en chef de rayon, souriant et rassurant, costard impeccable et sourire éclatant, pour assurer à ses acheteurs qu'il n'y a plus de complexe à avoir, et que ce gros caniche rose, ou cet ourson de deux mètres en bois massif, sculpté en Autriche, ne sera pas ridicule dans leur salon, mais au contraire libérateur ! Habileté machiavélique de ce garçon qui pour vendre ses gros produits à l'esthétique décadente, enfantine ou grotesque les présente comme des Rolls Royce ou des Ferrari étincelantes : chromées, laquées, doublées cuir pleine fleur, piqué sellier.

Il faut dire qu'après trente ans d'art pauvre, minimal, conceptuel, exsangue et froid, les spéculateurs, agents, galeries et musées n'avaient plus rien à se mettre sous la dent, et claquaient du bec ! Les politiques culturelles d'États frileux et incultes avaient intentionnellement soutenu ces arts du vide qui ne mettaient rien en cause et ne gênaient personne sur le plan politique ou moral – politiques de la ruine des vrais artistes plasticiens et des galeristes pionniers au profit d'instances culturelles payantes (car acheteuses aux frais du contribuable) et des rodomontades de quelques commis de l'État, affairistes ou courtisans. Car spéculer sur des bouts de ferrailles ou des concepts ne se voit pas et s'oublie vite : il n'y a plus ni objet ni enjeu, seulement des échanges de dossiers, des nominations, du clientélisme et de l'argent (certains appellent cela le réseau véritable).

Et donc Jeff Koons, issu de la même classe bourgeoise que ses marchands, apporte des images fortes, des non-œuvres voyantes (car souvent copiées sur des magazines ou inspirées de documents datés : il fait actuellement l'objet de deux plaintes pour plagiat), des

« trucs » clinquants qui font le régal de la presse féminisante de consommation et claquent entre une robe couture et une pub de voyage. Les grandes marques du luxe ne s'y trompent pas et s'associent joyeusement à ces démonstrations spectaculaires d'objets dépourvus de profondeur ou de pensée. Voici la première génération d'artistes riches en costume cravate, collaborateurs zélés des classes dominantes, vivant comme elles, pataugeant dans un univers bling-bling qui redeviendra vite pathétique de vide.

P.S. : La période « sexe » de Koons fut la goutte d'excitation nécessaire pour qu'on parle plus sûrement de son art néo-petit-bourgeois, teinté – à cette période – du frisson tabou et provocateur des fluides corporels, qu'il justifia par des réminiscences de pulsions enfantines, qu'il fallait, là encore, assumer et libérer.

KRAFTWERK

Pour l'amour des haut-parleurs

Tout a été dit sur Kraftwerk, groupe de musique allemand fondé en 1970 par Ralf Hütter et Florian Schneider, deux hommes de Düsseldorf passionnés de musique expérimentale électronique et disciples indirects du maître Karlheinz Stockhausen. En 1973, ils vont connaître un succès mondial inattendu avec l'album *Autobahn*, à la fois froid et dansant. Au milieu des autres groupes expérimentaux allemands, ironiquement labélisés « krautrock » (rock choucroute), comme

Can, Tangerine Dream, Popol Vuh, Faust, Klaus Schulze ou Neu, ils ne font ni du rock instrumental, ni du planant, ni de l'atmosphérique ou du Wagner techno. Déjà, ils sont à part.

Rejoints par Wolfgang Flür et Karl Bartos, ils mettent au point un quatuor où tout est programmé, samplé, filtré, pour des sons industriels, des voix venues d'ailleurs, mais au fond une rythmique dansante et des mélodies entêtantes. Leur avant-gardisme ne gêne personne, et les albums à succès et à thèmes vont se succéder : *Radioactivity*, *Trans-Europ Express*, *The Robots* et *Man Machine* (l'album le plus mondialement samplé). En quelques années, leur son a fait dix fois le tour du monde. Leur studio Kling Klang se déplace avec eux en concert. Ils ont eux-mêmes mis au point leurs instruments de *sequencing* à pédales, à partir de *computers*, boîtes à rythmes, orgues, vocodeurs et autres Mellotron. Le résultat est stupéfiant : amusant et dansant malgré la froideur des membres du groupe et le côté déshumanisé d'une musique de haut-parleurs.

Car Ralf Hütter et Florian Schneider sont techno à fond, délibérément et de façon très réfléchie, pour le long terme. Ils considèrent que la culture européenne est très riche et que la guerre l'a stoppée net en 1940. Alors ils repartent de là. L'Europe contre le bulldozer américain. Ça tombe bien : ils sont les premiers. Mais la new wave va aussi se passionner pour le Bauhaus (architecture, design et costumes), les constructivistes et suprématistes (la géométrie planante de Kasimir Malevitch et les affiches d'El Lissitzky), les futuristes (l'art des bruits de Luigi

Russolo) et autres expressionnistes allemands. Leurs pochettes de disques seront donc dans ces styles graphiques durs, tranchés et géométriques, industriels et même paramilitaires, opposés à la période hippie, psychédélique et art nouveau. Ce courant sera la vague de surf des Kraftwerk, de quelques tournées et d'une influence grandissante de leurs idées de musique fabriquée avec des machines, de sons activés sur des programmes, d'un quatuor de haut-parleurs.

David Bowie a voulu jouer avec eux, mais ça ne s'est pas fait. Car la rigidité des deux membres fondateurs, auteurs uniques de leurs morceaux, fait qu'aucune proposition ou collaboration ne passe la rampe. Si on ajoute leur passion pour le cyclisme (qui donnera l'album *Tour de France*), Kraftwerk a un peu fait le vide autour de lui. Voilà peut-être ce qu'il faut apprendre de ce groupe culte, grand-oncle des vagues électroniques qui vont envahir les festivals, raves, *parties* et autres méga-concerts. Kraftwerk ou la face froide de la dance, mais aussi la partie délicate et mélodique de la techno.

LIVRE *Kraftwerk*, Éric Deshayes, Le Mot et le Reste, Marseille, 2014.

Lam Wifredo

L'âme de Lam

Né à Cuba, huitième enfant du Chinois Yam Lam et d'une Afro-espagnole, Wifredo Lam (1902–1982) fut un artiste élevé dans la nature caraïbe. Après des études d'art à La Havane, il passe sept ans en Espagne – études d'art toujours – avant de rejoindre Paris. Véritable météore, Lam va trouver un langage pictural dont il est le seul représentant : bambous, lianes, troncs, feuilles, pattes d'oiseaux et membres d'humains en rangs serrés. C'est un fouillis évoquant la jungle, l'Afrique, les Caraïbes. Un style tropical, magique, dense, mais aussi un pinceau léger, aquarellé de noirs lavés et gris mouillés comme les calligraphes d'Asie. On voit aussi des corps, des seins et des fesses, et des têtes de masques africains inspirés des Peules, Bambaras, Dogons, Dahomey.

Cet Hispano-sino-africain, long, mince et élégant, qui avait la finesse aiguisée d'un Asiatique, va faire l'admiration de tous : Picasso, Blaise Cendrars, Michel Leiris, Douanier Rousseau, Matisse. Les surréalistes le vénèrent. Avec la guerre, il fuit et redécouvre les Antilles, la Martinique, et Cuba et son africanité tropicale, les ombres de la forêt, les chauves-souris de son enfance, les mystères de ses origines. Des oiseaux à long bec, longues pattes, des yeux ronds hallucinés, des mains, des pieds nus, des ailes arachnéennes, des cornes, des griffes, des épines, peinture vaudou où l'on croit apercevoir les orishas – Chango, Ogoun… – mais le tout maîtrisé, équilibré, composé.

Aimé Césaire, poète, prophète, porte-parole de la négritude profonde et lyrique, chantre inspiré des Antilles, rythme le monde noir des anciens esclaves avec des mots nouveaux, créoles, métisses, terriens, sensuels ou tristes. Et Lam illustre son ami et frère de gravures à la pointe sèche, de dessins dynamiques, de lignes graphiques d'animaux magiques et entremêlés. Picasso, d'un seul coup d'œil, comprend et imite Lam. Après avoir dit : « C'est mon fils », il avouera, gêné : « Il peut s'inspirer de l'art nègre lui, il a le droit », mais gardera quelques idées graphiques, notamment des masques.

Wifredo Lam reste le plus grand peintre des Tropiques, de l'africanité métisse, de la jungle et des magies. Avec lui, le monde des arts va se mettre à collectionner masques et statues d'Afrique, à s'en inspirer, comme l'avait fait Modigliani dans ses nus et Picasso avec les *Demoiselles d'Avignon* dès les années 1910. Aujourd'hui encore les Antilles, Cuba et Haïti sont des réservoirs de peintres, d'artistes naturels et magnifiques.

CATALOGUE *Wifredo Lam*, Centre Pompidou, Paris, 2015.

LAWRENCE DAVID HERBERT

Lady Chatterley

David Herbert Lawrence (1885–1930) est un fils de mineur devenu auteur de théâtre, d'essais, de poèmes, de livres de voyages et de romans dont le plus célèbre est *L'Amant de Lady Chatterley*. Objet de scandale social – la *lady* couche avec le jardinier – également taxé de pornographie, ce roman soulevait le voile de la frustration et du désir dans une Angleterre victorienne restée très prude : au XXᵉ siècle encore, les magasins spécialisés proposaient des ceintures de chasteté et on recommandait la chemise de nuit pour épouse avec une ouverture pour s'accoupler tout en restant couverte, et donc décente (de lit). Mais le doué et inspiré David Herbert Lawrence, devenu professeur après avoir frôlé la mort à cause d'une pneumonie due à la pollution au charbon (le fameux *fog*), est bien décidé à vivre. À 25 ans, il rencontre la baronne Frieda von Richthofen, qui va justement lui apprendre la vie et le plaisir. Ils voyageront en Europe, mais Lawrence a surtout basculé vers le Sud. Le soleil, la Méditerranée et le corps nu deviennent alors à la mode chez les nantis de l'Angleterre polluée. Après la guerre, en 1919, Lawrence rejoint la file naissante des *travellers* globe-trotters en quête de bronzage et de sensations – Capri, Sicile, Sardaigne, Malte. Une de ses nouvelles met en scène une Anglaise chic mais tubarde qui doit aller se soigner au sec et au soleil et atterrit en Grèce.

Gagnée progressivement par le culte du corps – magnifique scène de *striptease* de cette oie blanche coincée mais révélée – elle finit nue en pleine lumière et couche avec un berger, véritable faune tout droit sorti de la mythologie. Mode d'emploi de la liberté pour British coincé : le Sud puis les rayons purificateurs. Nietzsche l'avait dit : le culte dionysiaque doit renaître pour sauver les pauvres navets de la civilisation industrielle. Déjà dans *Women in Love*, Lawrence avait dressé le portrait de deux couples en quête de libération : ces messieurs-dames, artistes, poètes et esthètes, découvraient avec délectation la nouvelle culture de l'épanouissement, des poètes, de Freud et des penseurs hindous.

Invité aux États-Unis en 1922, Lawrence s'y rend avec sa Frida et découvre notamment le Mexique où le culte du soleil est vieux de 2 000 ans – caution mystique, exaltée et précolombienne pour l'écrivain, qui en tire *Le Serpent à plumes*, son plus beau roman : l'histoire d'une femme partagée entre deux Mexicains, un bel Indien militaire issu de la Révolution mexicaine et un grand propriétaire terrien d'origine hispanique qui souhaite rétablir le culte aztèque de Quetzalcoatl, le serpent à plumes ! Tension et moiteur tropicales, esthétique, cultes primitifs. Un autre roman-nouvelle de Lawrence, *L'Amazone fugitive*, raconte la fuite d'une Européenne, femme de politique, qui rejoint le désert mexicain pour aller s'offrir en sacrifice à des prêtres chamaniques !

Mais le plus fou chez Lawrence, c'est que ses romans sont souvent racontés par des femmes, dont il endosse le corps, les émois et les désirs – remarquable exploit de ce « cœur en feu » épris d'érotisme et de retour aux pulsions les plus archaïques, à l'antiquité grecque ou aux civilisations préhispaniques, avant les corsets catholiques ou anglicans. Il prône indirectement le culte phallique de Dionysos, ou du *lingam* de Shiva. En 1927, il publie enfin *L'Amant de Lady Chatterley*, comme un dernier soufflet à la « haute » société, hypocrite et viciée par les interdits. Il sera stigmatisé comme phallocrate, pornocrate, etc., puis réhabilité trente ans plus tard, dans les années 1950, pour son imaginaire et son avance en matière de sexualité déculpabilisée.

LÉAUTAUD PAUL

Un original qui fait monter le Mercure

On a oublié un peu vite Paul Léautaud (1872–1956) qui fit pourtant scandale en son temps. Père souffleur de théâtre très dragueur et mère danseuse légère, le petit Paul s'élève seul avec une vieille nounou chez laquelle il dort pour ne pas croiser les maîtresses de papa. En 1903, il connaît son premier succès avec *Le Petit ami* (ses aventures sentimentales) après avoir tenté la poésie, sa première passion. En 1907, après bien des métiers et trente ans de vie bohème, il se planque au *Mercure de France*, l'ancêtre de *La Nouvelle*

Revue Française. Il est en charge de la critique théâtrale et ne se prive pas de balancer des vacheries. Déjà, il est moderne et vif. Pendant trente ans, son journal va le rendre familier, même si la vie parisienne y est traitée sans concessions et sur un ton bonhomme. Mais c'est son journal intime, composé de notes, qui me paraît exceptionnel. Il y raconte en détail ses démêlés avec ses maîtresses, en termes crus, sans rien omettre.

Léautaud est connu dans les milieux littéraires. Gide, par exemple, adore sa franchise. Seul et vite, il apprend Diderot, Voltaire, Stendhal... Au *Mercure*, il se lie avec tous les écrivains, dont les symbolistes et les habitués : Apollinaire, Alfred Jarry, Rémy de Gourmont, Henri de Régnier, Paul Valéry, etc. À 23 ans il était déjà chez lui au *Mercure de France*, revue la plus prestigieuse de l'époque. Il croise sa mère avec laquelle il manque de coucher (il avait déjà expérimenté certaines maîtresses de son père). Il veut élever ses récits légers, mais c'est un vrai chaud lapin et ses histoires sont inimitables – insultes et réconciliation avec des maîtresses qu'il aime mûres et coincées – et surtout, il y va carrément. Les dîners l'ennuient sauf s'il y a des littérateurs ou des maîtresses qui couchent, ou s'il peut ramener à manger à ses chats. Dans les cocktails littéraires, il explique que les petits fours seront plus utiles à ses félins qu'aux pique-assiettes des éditions – précisons qu'il se retire dès 1912 à Fontenay-aux-Roses où passeront 300 chats et 120 chiens abandonnés, et même une guenon !

Léautaud ne respecte aucune institution, même artistique. Il a connu les jeunes prostituées qu'il défend et plaint pour leur sort. Il a vécu entouré de femmes – ami, amant familial. Il est tellement non conforme que même son épouse Rachilde, actrice, le chasse de son salon où il débine tout le monde. Il décline beaucoup de propositions, refuse de couper ou de changer quoi que ce soit dans ses avis et démissionne souvent (*Mercure*, *NRF*, *Nouvelles littéraires*), mais il devient une star des lettres. Vêtu comme un *moujik*, avec toques et chiffons, il sera redécouvert pour son originalité folle et connaîtra dans les années 1950 un succès permanent à la radio, où son culot fait merveille. On pense à Céline, à Miller, et presque à Bukowski, tellement cet auteur fut moderne, sans complexes, quasi porno à des époques antiques. Le tout sur un ton simple, dégagé, l'air de rien. Belle époque !

LED ZEPPELIN

Le groupe le plus parano du monde

Il ne faut pas moins de deux livres – dont un sur le seul manager, Peter Grant – pour lever un peu le voile sur Led Zeppelin, qui fut pour certains le plus grand groupe du monde. Deux auteurs pros, Barney Hopkins et Chris Welch, ont tenté d'en retracer l'historique longtemps gardé secret en s'aidant de dizaines de témoins : attachés de presse, agents, groupies, managers, *rock critics*, amis, familles, *roadies*, avocats, organisateurs, tourneurs et responsables d'Atlantic et autres Swan Song. Ces lectures m'ont replongé dans les querelles de chapelles de l'époque, où s'affrontaient fans et critiques, clans et familles intellectuelles. J'étais à *Actuel*, côté Byg Records, partisans de Beefheart, Gong, rock planant, Kraftwerk, Sun Ra, free jazz, etc. – plutôt intello froid. Et en face, les frères ennemis : *Rock & Folk*, à fond dans les grands groupes pop, psyche, progressive et même hard rock. Je pensais même que Led Zeppelin était américain, comme Jefferson Airplane ou Grateful Dead. Pourtant l'histoire de ces petits génies britanniques, véritables virtuoses d'un rock tentaculaire et boursouflé qui révolutionna les concerts *live* géants et le management des tournées, méritait plus d'attention. Comme tous les petits gars de l'après-guerre british, ils avaient grandi dans les ruines et la liberté. Passé les essais skiffle et rockabilly, les meilleurs avaient plongé dans le blues : Animals, Small Faces, Yardbirds. Mais le blues électrique anglais, c'est une tout autre histoire.

Le truc, c'est qu'avec ce groupe, Jimmy Page – un des trois *guitar heroes* anglais, avec Eric Clapton et Jeff Beck – a vraiment monté un casting qui a fait boum : John Bonham, batteur atomique (école Keith Moon, le batteur mythique des Who) ; Robert Plant, chanteur exceptionnel, beau et inspiré, et enfin John Paul Jones, arrangeur multi-instrumentiste de haut niveau. Ces trois pur-sang du British blues avaient déjà du métier. Ayant frisé la gloire avec les Yardbirds, un groupe vraiment séminal où les plus grands se sont formés, Page voulait désormais diriger et taper dans le mille d'un blues rock imparable : faire oublier les Beatles et surclasser les Stones. Le Swinging London envahissait le monde et la British Invasion était une réalité incroyable, alors il y croyait. Pour couronner ce plan, un certain Peter Grant, déjà entré dans la légende en coachant en Angleterre toutes les stars des années 1950 – Gene Vincent, Eddie Cochran, Bo Diddley, Little Richard, Jerry Lee Lewis, Chuck Berry, les Everly Brothers, etc. – devint leur manager. C'est avec ce géant de 120 kg que Led Zep va prendre une direction spéciale. L'homme devint leur garde du corps, leur chauffeur, leur trésorier, leur tourneur, et leur père, mais façon desperado. Érigeant un mur autour d'eux, il répondait à tous leurs caprices. Il en avait tant vu avec les *rockabillies* – vols, armes, menaces, insultes, bastons et police – qu'il ouvrit la route des Zeppelin au bazooka, la seule méthode qu'il connaissait. La violence entourant nos quatre surdoués devint alors le cinquième membre du groupe.

Leur succès phénoménal aux États-Unis, l'adoration qu'ils suscitaient, leur musique éléphantesque, leurs *shows* géants de quatre heures, leur look de *hooligans* mâtinés de Dorian Gray, leurs groupies scandaleuses, leurs excès, leur dureté et les truands dont Grant s'entourait les firent entrer dans la légende. Comment comprendre aujourd'hui cette conquête de l'Ouest par une musique énorme (ils sont avec le MC5 les parrains du heavy metal encore si actif) ? Un mélange d'idées – blues, folk anglais, dandies, *hooligans*, hippies mais aussi rockers purs et durs – des lectures comme les légendes médiévales de Tolkien ou les écrits satanistes d'Aleister Crowley, entre les mains d'anciens requins de studio dans une époque de violence et de passion (l'Amérique bouillonnait de manifs et d'émeutes), une pluie de dollars et de drogues variées : voilà le cocktail des années 1969–1975. La jeunesse, chauffée à blanc par des quantités de groupes souvent détonants, au firmament de cette passion, adora les quatre mousquetaires beaux et inquiétants, mystérieux et intouchables. La presse rock fut muselée et aux ordres du géant.

Entre les lignes de leurs chapitres et témoignages, ces deux livres-reportages révèlent les incroyables dérives, abus et misères d'une époque incomprise (1965–1975), classée « baba cool » par les ignorants et qui fut en fait une sorte de guerre civile teintée de décadence révolutionnaire. Une grande bataille rangée.

LIVRE *The man who Led Zeppelin : L'incroyable odyssée de Peter Grant, le cinquième homme*, Chris Welch, Rivages, Paris, 2015 (préface de Nick Kent).
LIVRE *Led Zep : Gloire et décadence du plus grand groupe du monde*, Barney Hopkins, Rivages, Paris, 2015.

LEOPARDI GIACOMO

Il nous influence encore et nous ne le connaissons pas

Il faut lire Giacomo Leopardi (1798–1837) et surtout sa *Théorie du plaisir*, où il déclare que : « Tout est mal. C'est-à-dire tout ce qui est, est mal [...] l'ordre, la condition, les lois, la marche de l'univers [...] » Il se réfère alors à ce qui n'est pas, ou pas encore, et au « non-être », vieux concept efficace des hindouistes. Mais ne vous effrayez pas : ce poète, philosophe et littérateur génial, qui a influencé Nietzsche et Cioran, est en fait un généreux penseur qui cherche à analyser et résoudre nos problèmes. D'où sa *Théorie du plaisir*, en apparence très contradictoire avec ses idées pessimistes, où il nous explique que puisqu'on se lasse de tout, même des plus grands luxes, mieux vaut se montrer moins avides, moins matérialistes. Lorsqu'on désire un objet, le maximum de plaisir est atteint avant, dans le désir, la quête de cet objet. Sa possession sera décevante et lassante, donc préparons-nous à ces échecs. Car Leopardi le dit tout de suite : l'être humain ne désire que le bonheur, le bien-être, l'épanouissement, mais encore faut-il qu'il sache où est son bien. Se tromper est un désastre. Voilà pourquoi il nous faut raisonner juste et bien. Alors Leopardi propose, soit de se contenter d'une petite vie matérielle potable, soit de chercher le réconfort dans les idées et l'esprit, soit de vivre des aventures qui pourraient nous faire oublier notre condition d'insatisfaits. Bref, il n'est pas dirigiste. Penseur souple, il cherche les possibles et les solutions à nos maux. Il étudie les problèmes par tous les angles et analyse causes et effets.

Fils d'un comte et d'une marquise, Leopardi était bossu et faible. Ses parents ne lui donnèrent rien, à part la bibliothèque où il apprit tout, tout seul : langues et auteurs, poésie et philosophie, pour comprendre une humanité qui lui était refusée. Contrairement à Pascal, il pense que la religion n'arrange rien et que son discours ne prouve que le contraire de ce qu'elle prétend. Comment ne pas apprécier ce novateur libre et radical qui, au fond d'une obscure province italienne, à l'aube d'un siècle rétrograde et puritain, va donner une leçon de pensée au monde, et, sans aide ni argent, réussir à diffuser ses idées pour toujours ? Il y a si peu de grands penseurs sans mécène ni institution, sans théorie ni morale... Alors si un jour vous perdez pied, lisez calmement Leopardi, à petites doses. Il n'est ni punk, ni irrespectueux – il est au-delà. L'homme vient d'ailleurs, loin des animaux, loin de la seule matérialité, c'est pourquoi il rêve de cette origine. Mais il cherche au mieux un bonheur adapté à ce qu'il est, pas absolu, ni infini, à sa mesure... Modeste en plus.

LIVRE *La Théorie du plaisir*, Giacomo Leopardi, Allia, Paris, 1994.
DVD *Leopardi, Il Giovane Favoloso*, Mario Martone, Rai Cinema.

LICHTENSTEIN ROY

Sur le podium du pop art

Le pop art naît en Angleterre, dès le milieu des années 1950, avec les collages de Richard Hamilton. Puis des artistes comme David Hockney ou Allen Jones (et ses femmes meubles) vont lancer la mode. Très vite, ces idées d'objets de consommation banals, détournés en icônes artistiques, vont trouver un écho énorme dans la société américaine, qui va presque s'approprier le mouvement. Jasper Johns peint des drapeaux américains (après avoir réalisé une boîte de soupe en bronze, avant Warhol). Robert Rauschenberg mélange des photos de presse et de guerre avec d'autres objets de la vie courante. Claes Oldenburg crée des objets géants. Et Warhol aligne ses séries de photos de stars. En Allemagne, Wolf Vostell bétonnera voitures et téléviseurs et en France, les Nouveaux Réalistes écraseront (César avec ses compressions) ou casseront (Arman avec ses colères) ces mêmes objets.

L'Américain Roy Lichtenstein (1923–1997), lui, se fait connaître avec des images de BD agrandies : combat aérien de la Deuxième Guerre mondiale et romance de gare avec blondes, baisers et larmes. Il ne travaille qu'avec les trois couleurs pures – jaune, rouge, bleu – posées sur fond blanc et cernées de noir, comme le Hollandais Mondrian et ses célèbres carrés abstraits. Son astuce sera de les étaler à travers des panneaux métalliques à trous, pour imiter la trame faite de points de l'impression des cases de BD, mais agrandies une centaine de fois. Avec ces trois couleurs tramées, et donc éclaircies, il obtient des roses pour la chair, des bleu ciel pour les décors et des verts (avec les bleus et jaunes superposés), des violets (bleus et rouges), des oranges (rouges et jaunes) et des bruns (avec les trois tons).

Très critiqué, il insiste : plus je suis fidèle à l'image, à la case de BD de départ, plus l'agrandissement sera mécanique – comme une fausse photo agrandie, mais en réalité repeinte avec ce système de trames à points – et plus ce sera fort et révélateur. Cette méthode est si efficace qu'au cours des trois décennies suivantes,

Lichtenstein va la décliner dans des séries successives. Séries d'intérieurs design, un peu comme des plans d'architectes intérieurs, puis de simples miroirs dont les trames noires, bleues et grises évoquent les reflets argentés, puis des copies « à la Lichtenstein » : Picasso, Matisse, Kandinsky sont repeints en grand avec des trames de couleurs systématiques. Le cubisme, le fauvisme et l'abstrait se prêtent au jeu des trames et des cernés noirs des « *comics* » de départ. Les trois couleurs pures tiennent le coup et Lichtenstein devient un des papes du pop (une de ses toiles atteindra plus de 5 millions de dollars de son vivant).

Enfin, Roy s'attaque au volume avec des sculptures en résine ou en altuglas transparent, toujours recouvertes de trames. Une tête de femme virtuose, redessinée au trait noir sur la forme en clair-obscur, avec des couleurs différentes qui divisent le visage en deux, comme des reflets de lumière. Les images de départ reviennent à la réalité du volume. Vous l'avez compris : Roy Lichtenstein, le discret (presque oublié), le têtu, sûr de sa formule et de ses choix radicaux, n'a jamais changé de direction en quatre décennies, même s'il a parcouru un peu tous les exercices de la peinture : nus, paysages, objets et écoles artistiques. Il est un des premiers modernes « classiques » et il a relié des extrêmes opposés – un lien indispensable pour nos cerveaux et notre goût.

CATALOGUE *Roy Lichtenstein*, Centre Pompidou, Paris, 2013.

Love

Arthur Lee, malédiction psychédélique

De même qu'il existe en peinture des « artistes pour artistes », il y eut en musique des groupes pop tellement haut de gamme, si pointus dans leurs références, que leurs fans étaient eux-mêmes musiciens. Il en fut ainsi des Small Faces ou des Pretty Things, mais aussi d'un des rares groupes californiens à avoir surfé aussi haut que ceux de la British Invasion : Love, d'Arthur Lee. Pour Lee et son compère John Echols, ça commence à Memphis, leur ville de naissance, puis ça continue à L.A., South Central, quartier alors basané et peuplé d'artistes genre Ornette Coleman (inventeur notamment du free jazz). Amateurs de jazz, Lee et Echols vont vite devenir les plus branchés du *Strip* de L.A., ce grand boulevard aux multiples clubs où gravitent hippies et zonards en quête de concerts, de *shows* et de deals. Ils passent de groupe en groupe, d'abord style Bar-Kays ou Booker T, puis blues folk (Grassroots), puis dans le sillage des Fabulous Four (les Beatles). Ils sont déjà des guitaristes fameux, capables de jouer beaucoup de styles différents, à l'aise dans les mélanges que les groupes US vont pratiquer avec talent. À force d'essais, de formations, de concerts et de *shows*, ils finissent par s'appeler Love, à cause d'un magasin de soutien-gorge (comme les New York Dolls plus tard avec un magasin de poupées).

Bryan McLean est embauché suite à ses relations avec Taj Mahal puis les Byrds. Fin 1965, les Grassroots commencent à être programmées dans les clubs, et Lee et Echols sont connus comme les Psychedelic Blackmen (et comme Sly plus tard ils seront des hommes de couleur avec public blanc). Arthur Lee est grand, impressionnant et invente le style hippie branché, avec bottes lacées, chemises imprimées, pantalon de peau, ceinturon et lunettes en losange ! Tout le monde le croisera, de Little Richard à Jimi Hendrix. Il est une star d'emblée. Morceaux virtuoses, ballades et rock garage, à l'anglaise, avec envolées flamenco, voix angélique et une capacité aux « breaks » et aux martèlements, Love propose un rock finalement ample, large, lyrique, énervé et riche. Je ne vois que les Seeds à être aussi modernes et à part.

Le groupe et sa bande s'installent dans un château baroque à San Feliz Ranch où Maurice Tourneur a tourné des films fantastiques, et où Cecil B. DeMille et Howard Hughes ont vécu ! On ne parle plus que d'eux. Arthur Lee est tellement *in* que Jim Morrison, encore inconnu, va l'imiter en tout : même look, même chien Labrador, même voiture et bientôt même Pamela Courson, toujours aux côtés de Morrison à sa mort à Paris en 1974. Et c'est dans le même label, Elektra, que les Doors s'envoleront et que les Love se crasheront. Arthur Lee est considéré comme un génie surdoué, mais il est paranoïaque, mégalo, agressif, puriste, écrase ses potes en composition musicale et gère tout, monopolisant argent et signature. Pourtant le monde musical l'admire, le terrible Bill Graham lui ouvre les portes du Fillmore (East et West, salles mythiques), Neil Young tente de le produire, des Anglais comme Jimmy Page, Eric Clapton ou Robert Plant l'adorent. Et au milieu de disputes et de drogues en tout genre – herbe, peyotl, coke – le groupe va quand même sortir deux albums mythiques, au firmament du pop rock : *Forever Changes* et *Da Capo*.

Encore un déménagement dans un grand lieu sur Laurel Canyon où Roger Corman a tourné *The Trip* (film sur l'acide de 1967, avec Jack Nicholson, Peter Fonda et Dennis Hopper, acteurs surbranchés qui décolleront avec *Easy Rider* un peu plus tard). Comme si tout ce que faisait Arthur Lee le rendait plus connu, recherché et mystérieux, mais aussi capricieux. Il n'accepte de jouer qu'en Californie et rend fous managers et tourneurs, attachés de presse et label. Drogues, violence, disputes, méfiance et début de port d'armes sont la marque de la tension qui régnait dans ces années 1960 aux US : manifs et politiques, hippies et flics, désordres et conflits raciaux. Même le *Strip* sera évacué par une police sur les dents (émeutes de Watts, Sunset Strip).

Les succès chaotiques de Love se déroulent dans une atmosphère tendue : défilés de musiciens, de labels et de producteurs au milieu des crises de Lee, éternel angoissé, bipolaire, sabotant tournées et enregistrements, mais souvent sauvé par des coups de génie et des états de grâce inespérés. Car il fait varier son groupe avec habileté en fonction des modes : si le style psychédélique les a portés haut, Lee et ses magiciens feront aussi des incursions du côté de Janis Joplin, Sly (and the Family Stone) et Hendrix. Mais il a aussi des accents R&B à la Joe Tex, Wilson Pickett, puis des riffs à la Cream ou des envolées comme Earth Wind and Fire. Cette palette de possibilités continue d'étonner et de conférer à Love une aura de phénix renaissant auréolé de malédictions diverses.

Des années 1980 à 2000, ce ne sera que come-back, retours en grâce et rechutes. Arthur Lee se grille avec tout le monde et fera même plus de cinq ans de prison pour accumulation de problèmes d'armes et de drogues. La valse des musiciens, managers et labels n'y fera rien. Arthur Lee fait son dernier bras d'honneur en 2006. Son album *Forever Changes* est plusieurs fois proposé comme le meilleur album rock jamais sorti. Mais ce créateur unique avait choisi le côté sombre d'une période explosive et encore mystérieuse aujourd'hui.

LIVRE *Arthur Lee et Love: Da Capo*, Didier Delinotte, Camion Blanc, 2017.

LOWRY MALCOLM

Mezcal et tequila sous le volcan

Après des études à Cambridge, Malcolm Lowry (1909–1957), fils de famille, voyage en Extrême-Orient comme mousse, puis en Allemagne et en Amérique. À Londres, il croise le poète Dylan Thomas. À Paris, il fréquente Cocteau et épouse Jan Gabrial, actrice et romancière américaine, dont il fera l'héroïne de son œuvre majeure,

Au-dessous du volcan. À New York, en 1936, son alcoolisme lui vaut un séjour à l'hôpital Bellevue (il en tirera un roman : *Lunar Caustic*). Cette même année, il s'installe avec Jan à Cuernavaca, au Mexique : problèmes d'alcool toujours, et de couple. Il faut dire qu'aller au cœur des champs de maguey, source du mezcal et de la tequila, au pays des *borrachos*, n'est pas la meilleure prévention contre la bouteille. Lowry ne s'est pas fait d'amis dans les milieux littéraires de Londres ou New York. En 1937, il n'a pas tout à fait 30 ans et sa vie est un échec. Resté seul à Oaxaca, toujours au cœur du pays mezcal, il continue de boire. Chassé du Mexique en 1938, il rencontre Margerie Bonner, starlette et auteur de nouvelles policières, qu'il épouse en 1940 au Canada, où il fuit encore la police. Cette aventure sentimentalo-éthylique, il l'écrit depuis 1936. *Au-dessous du volcan* (1947) est une fresque entre Faulkner et Hemingway. Mais les nombreux éditeurs contactés hésitent et Lowry remanie. Une dizaine de versions et plusieurs pertes de manuscrits jalonnent cette aventure. Ce roman à plusieurs niveaux de lecture, plein de mystères, de renvois et de flash-backs, est un reflet de sa vie et de son évolution personnelle.

Durant l'hiver 1946 – 1947, les Lowry sont à Haïti et découvrent le vaudou, grande culture vivante des Caraïbes. Puis Malcolm fait une rechute et retourne en clinique psychiatrique. Dommage, car on imagine le livre magnifique que ce géant littéraire inconnu, sensible et profond, exalté et tête brûlée, aurait tiré du chaudron haïtien. Bien d'autres idées et manuscrits resteront sans suite dans les années 1950. La force de

Lowry est dans son être profond. Se sentant coupable, il boit. Étant perspicace, il comprend. Reniflant les troubles humains, il les triture. Se pénétrant des lieux qu'il occupe, il les « voit » comme un médium et en ressent les vibrations telluriques. *Au-dessous du volcan* nous fait parcourir ce voyage initiatique d'un alcoolique halluciné au pays des condors, des magueys bleus et des petits fantômes d'Indiens chargés d'histoire, mais aussi des *farolitos*, ces lieux de perditions pour buveurs et tueurs où il se complaît. Lowry a même compris l'esprit des précolombiens et de leurs divinités, la croyance en des « doubles » présents partout, sur terre et en-dessous. Je suis allé à Oaxaca et à Cuernavaca. Sa maison est cernée d'autoroutes et on agite pour les touristes une réplique de celle-ci où est inscrit le slogan d'*Au-dessous du volcan* : « *No se puede vivir sin amor* ». La légende Lowry continue.

Lubitsch Ernst

Le show de la tromperie

Le cinéaste américain d'origine allemande Ernst Lubitsch (1892 – 1947) est le roi de la comédie hollywoodienne à grand spectacle des décennies 1930 et 1940. Il fait d'abord ses armes en Allemagne comme comédien, comique, puis réalisateur. Suite à quoi, demandé par Mary Pickford – créatrice avec son compagnon

Douglas Fairbanks et Charlie Chaplin de la United Artists –, il va tenter l'Amérique. Il ne tourne qu'avec les plus grandes stars de l'époque : Douglas Fairbanks, Greta Garbo, Marlene Dietrich, Gary Cooper, James Stewart, Claudette Colbert, Gene Tierney, Betty Grable – liste infinie de célébrités rétros dans la lignée du pur glamour hollywoodien. Dans ses films, les hommes sont toujours des *play-boys* gominés à fines moustaches en tenue de soirée. Et ces dames scintillent de paillettes et de bijoux, de fourrures et de strass. Je caricature à peine : ils ont tous l'air de sortir d'une boîte. C'est qu'ayant fui l'Europe après la Première Guerre mondiale, Lubitsch voulait éblouir, oublier et s'amuser. Et ça a fait « tilt » en Amérique, puis en Europe. S'entourant des meilleurs scénaristes, il va lancer ses compatriotes allemands Billy Wilder et Otto Preminger. Il produira également Joseph L. Mankiewicz. Sa touche de sophistication, ses dialogues enlevés et pétillants d'humour et de double sens, l'élégance absolue de ses personnages, vont imposer le style Lubitsch et les Oscars vont pleuvoir. La plupart de ses films sont inspirés de pièces de théâtre, surtout d'auteurs hongrois qu'il adore. Chantre de l'adultère, Lubitsch voit dans le couple à trois le sommet de l'existence. Un mari inquiet, une femme hésitante et un prétendant acharné, voilà son brelan d'as. Tous ses films sont basés sur ce thème éternel : les femmes volages mais calculatrices, les pièges et les ruses de la jalousie, du refus simulé, du regain d'intérêt, du faux désespoir et des arguments mensongers. Il redéfinit sans cesse les règles de la tromperie, la décline dans tous les genres, lieux, époques et situations. Et même si elle n'a pas eu lieu, on fait comme si! Pendant plus de deux décennies, Lubitsch va aligner ces comédies amoureuses en exploitant toutes les possibilités de l'adultère: dramatique ou comique, mystérieux ou burlesque, absurde ou calculé. Ajoutez décors, costumes et surtout musique, sa deuxième passion: pas de drague ni de regards sans violons, pas de baisers sans pianos.

Lubitsch a trouvé en Amérique le théâtre parfait du petit univers qui l'obsédait: les riches, les people et la jet set, aux prises avec le désir, la jalousie et la concurrence au point d'en devenir comiques et pathétiques. «L'être le plus digne est ridicule au moins deux fois par jour», disait-il. Voilà comment cet illusionniste s'est perpétuellement moqué de ceux qui firent sa fortune. Conséquence: on peine encore à le considérer comme un cinéaste «sérieux».

La plupart des films de Lubitsch sont disponibles chez Bac Films.

M

MAGRITTE RENÉ

L'Alfred Hitchcock du surréalisme

S'efforçant d'être absolument anti-conventionnel, René Magritte (1898–1967) affirmait qu'il n'était ni au-dessus ni au-dessous de la peinture mais quelque part ailleurs. Qui ne connaît pas les chapeaux melons, les pommes (dont les Beatles s'inspireront pour leur label) ou les nuages de ce Belge merveilleux qui sut « imager » les questions métaphysiques ? Peintre modeste, il vécut pendant vingt ans avec sa femme dans un petit rez-de-chaussée. Personnage très drôle aux allusions sexuelles cachées, exclu des surréalistes – preuve de son honnêteté –, il refusa les diktats de la psychanalyse. Merci Magritte !

Conscient que la peinture est un code, il n'a gardé que les symboles et les archétypes de notre culture : statue, ciel, nuage, oiseau, nu, œuf, chapeau, paysage, œil, miroir, pierre. Il est un peu le fils spirituel de Giorgio De Chirico, ou la version simplifiée de Dalí, avec lequel il passa des vacances amicales à Cadaqués. Il n'empêche que sa méthode illustrative simple et peinte presque en à-plat lui a permis des juxtapositions fortes, sans ambiguïté, jouant des vides, des pleins, des collages et des transparences.

Avec Magritte, les objets anodins (une pomme, une pipe, une cage à oiseau) acquièrent une dimension existentielle. Il sait insuffler force et mystère à ses images.

Sa lucidité, sa distance vis-à-vis de la peinture, sa démarche originale en font un artiste à part. Car cet homme longtemps isolé a su rester pur, droit, drôle, productif et irrespectueux et, en pleine époque d'écoles modernisantes, abstraites et autres, réaliser à travers sa manière simpliste les premiers posters de l'art moderne. Il est aussi un grand artiste pop et ses images s'impriment dans nos têtes. Malgré leur apparente simplicité, les questions qu'elles soulèvent sur la représentation, la mise en scène (ou en abyme) et surtout notre place de spectateur d'un monde qui se dérobe, sont très profondes. Les accessoires de Magritte sont ceux d'un prestidigitateur qui ne ferait pas d'effet de surprise ou de magie, nous obligeant à nous demander ce que veulent dire ses mises en scène.

Michel Foucault l'a d'ailleurs longuement interviewé sur sa philosophie. Son regard sur le monde est plein d'humour et de perspicacité. Il a l'art de déceler l'étrangeté et le mystère des éléments quotidiens, car il a compris que nous les voyons tous différemment et que nous associons bien des choses à ces objets banals.

CATALOGUE *Magritte. La Trahison des images*, Centre Pompidou, Paris, 2016.

MALEVITCH KASIMIR

Pour en finir avec l'art moderne

Kasimir Malevitch (1879–1935), artiste russe d'origine polonaise, est le plus grand théoricien de l'art moderne. Dès 1910, il compte parmi les pionniers d'un art abstrait détaché de tout réalisme mais appuyé sur une vision plastique unique : le suprématisme. Il se base sur le système de Cézanne, selon lequel il faut ramener tout ce qu'on dessine ou peint au cube, à la sphère et au cône, c'est-à-dire refaire le monde en géométrie et en perspective. Car peindre et dessiner sont des actes intellectuels, obligeant l'artiste à appliquer des codes, des règles de compréhension du monde, des systèmes de représentation. Cette période 1900–1945 va donc s'appeler « art moderne » (après 45, on dit « art contemporain »), car elle rompt avec l'habileté en trompe-l'œil des classiques, romantiques, baroques, puis impressionnistes, etc.

Avec Malevitch, fini la peinture photo, qu'il traite de vieille dentelle poussiéreuse. On entre dans l'art spatial, pur, aux formes géométriques, sans attache avec le monde tangible, mais qui ouvre sur un univers entier. C'est lui le radical qui va peindre le *Carré noir* puis le *Carré blanc sur fond blanc*, comme des manifestes de la non-représentation et de l'envol d'une peinture purement spirituelle et spatialiste. Puis Malevitch va voir surgir le constructivisme, le cubisme, le futurisme, le dadaïsme, le surréalisme, etc., selon qu'on cherche à représenter les volumes, la vitesse, l'esprit, le rêve. L'art est en pleine révolution et va dans son sens. Mais il va aussi connaître la Révolution russe de 1917, et donc l'art au service du peuple, dans les rues, les journaux, sur les affiches, dans les théâtres, dans l'architecture, les usines, le cinéma (avant que cela ne tourne mal et ne laisse place au « réalisme socialiste », peinture figurative de propagande). Alors c'est à travers des collages, affiches, maquettes, expos, aquarelles, pièces de théâtre et œuvres architecturales que Malevitch et ses amis – El Lissitzky, Ivan Klioune, Jean Pougny et Olga Rozanova, mais aussi les gens du Bauhaus allemand comme Kandinsky ou Mondrian – vont imposer au monde ce suprématisme si poussé.

Malevitch souhaite atteindre sur ses toiles à une sorte de quatrième dimension : largeur, hauteur, profondeur et espace, pas moins. Ses formes géométriques aux couleurs pures (bleu, rouge, jaune, sans mélange, et avec le noir et le blanc) doivent évoquer le vol, l'air, la spatialité des éléments. Il y voit un nouveau réalisme pictural. Bien qu'il étudie les signes (comme la croix, qu'il utilise comme un signe non naturel, vraiment issu des créations humaines), il veut dégager sa peinture de toute signification symbolique ou rationnelle. Suprématie du sentiment pur. Pour couronner le tout, Malevitch croit en un être suprême, une volonté supérieure, un Dieu, en plein communisme athée. Et c'est en révolutionnaire passionné, en poète inspiré, en visionnaire fougueux qu'il décline sa pensée. Manifeste de pensée radieuse, ses écrits sont exaltés mais logiques et précis, philosophiquement solides et libérateurs, rédigés dans une langue de littérateur fin et profond attaché à toute chose et à la vérité. Il défend ses idées, explique l'origine et le but de son art, et attaque de front tous ceux qui mentent, ne vont pas jusqu'au bout, ou cherchent les honneurs ou la facilité. Il faut lire Malevitch car il est le plus clair, le plus profond et le plus engagé dans son art, avec une énorme culture historique et artistique. Penseur entier et clairvoyant, il nous emporte dans un supra monde que la raison structurée ne déserte pourtant pas une seconde.

LIVRE *Écrits*, Kasimir Malevitch, Allia, Paris, 2015.

MEKAS JONAS

Le pape du cinéma underground

Le Lithuanien Jonas Mekas (1922–) arrive à New York en 1949 avec son frère Adolfas. Chassés par la guerre, les deux hommes sont réfugiés dans des camps américains. À 27 ans, Jonas le poète va tenter de se réenraciner dans la Grosse Pomme. Il vit dans le quartier de Williamsburg avec d'autres réfugiés de l'Est ravagé de l'Europe et travaille à l'usine. Fou de poésie et d'images, il envoie des scénarios à Hollywood. Sans réponse, il s'achète une caméra Bolex avec laquelle il filme frénétiquement tout ce qui l'entoure : amis, rues, passants.

En 1954, il crée *Film Culture*, un magazine tourné vers le cinéma européen et bientôt américain indépendant, dit « underground » ou « expérimental ». Dès 1958, il a sa chronique dans le *Village Voice*. En 1960, il participe à la création du New American Cinema Group, hors de l'industrie *mainstream*. Puis en 1962, il fonde la Film Maker's Cooperative, société de distribution dirigée par les cinéastes eux-mêmes et qui, huit ans plus tard, avec le développement du cinéma indépendant, des réseaux parallèles et de la *free press*, deviendra l'Anthology Film Archives, avec Peter Kubelka, Adam Sitney et Stan Brakhage. On est en 1970 et les quatre hommes vont devenir les mousquetaires du cinéma expérimental.

Mekas fréquente les écrivains et poètes beat, Warhol et sa bande, Barbet Schroeder (qui vient de tourner *More* à Ibiza et Formentera) et des tas d'artistes du Village de Manhattan. Ginsberg revient d'Inde et des Hare Krishna défilent dans les rues avec les anti-guerre du Vietnam. Le mouvement hippie est fatigué, mais l'underground tient bon. Mekas a été influencé par le mouvement Fluxus de George Maciunas, où sont passés les musiciens John Cage (le minimaliste) et John Cale (futur Velvet), La Monte Young (musique répétitive), Marian Zazeela (*light shows*), Wolf Vostell (activiste viennois), Nam June Paik (l'empileur de télés), John et Yoko, Ben et Arman qui ont fait circuler Fluxus jusqu'à Nice ! Grâce à Mekas, on peut voir des films rares de Stan Brakhage, Kenneth Anger, John Cassavetes, Maya Deren, Jack Smith (renseignez-vous sur ces génies fondateurs du cinéma indépendant ou expérimental, ils influencent encore notre goût aujourd'hui). Warhol allait en regarder pendant des heures, ce fut son école d'art.

Dès le début des années 1950, on l'a dit, Mekas s'était mis à filmer tout ce qu'il voyait à New York, Brooklyn ou Williamsburg. Réfugié, déraciné, il voulait tout rattraper du vide de la guerre. Insatiable, il nous offre des séquences impressionnistes de la ville où il s'intègre : un défilé, une manif, un chantier, des enfants noirs habillés en dandies, des passants, des artistes plus ou moins connus, des amis, un *breakfast*, un pique-nique, une balade dans la neige – une nouvelle vie, et des milliers de bobines des magasins de trois minutes de sa caméra Bolex. Mekas croit en l'instant et ses images fugitives nous restent dans les yeux : un visage, un chat, un trottoir où passent des gens comme on n'en voit plus, des ambiances, des lieux disparus.

Mekas ira au port filmer d'autres réfugiés, jeunes ou vieux. Il retournera en Europe, à Hambourg, dans son camp de travail, et en Lituanie dans sa ferme kolkhoïzée, où sa mère, son frère, sa sœur sont toujours. Partout où il passe – côte d'Azur, Italie, Vienne – il trouve à filmer par bouts, ou en laissant sa caméra posée, ou par rafales, ou séquences, puis ajoute une voix-off, ou de la musique, du classique ou Lennon chantant. Mekas a capturé la montée des années 1960 : manifs, Vietnam, pop culture, mouvements parallèles et les artistes, les poètes comme lui, les Beat, puis le mouvement Fluxus, puis pop, puis rock. À force de filmer l'Amérique et surtout New York, de retrouver et de conserver tous les films d'artistes, il se réintègre dans une existence et un projet, et protège ses semblables. Son âme de poète nous offre la plus grande ballade possible au XXᵉ siècle.

COFFRET DVD Jonas Mekas, Potemkine Films.

Melville Herman

I would prefer…

Avec *Moby Dick*, Herman Melville (1819–1891) a atteint le firmament de l'auteur absolu. D'origine hollandaise et écossaise, cet auteur suprême fut largement incompris de son temps et mourut dans la pauvreté. Jeune, il lit Lord Byron, James Fenimore Cooper, Walter Scott, aventures et poésies à l'anglaise. Il vit de travaux divers dans une banque ou en instituteur. Dès 1839, il effectue un premier voyage comme mousse vers Liverpool, qui donnera lieu à son roman d'apprentissage, *Redburn*. Puis il parcourt un peu l'Amérique – Illinois, Mississippi – sans trouver d'avenir ni de place en ce bas monde. Fin 1840, il atterrit à Nantucket, berceau de la chasse à la baleine. Il part en trois-mâts vers les îles Galápagos, puis Marquises où il déserte en 1842. Fuite à Tahiti, prison, puis fuite vers Hawaï (deux romans : *Taipi* et *Omoo*). En 1850, il fait la rencontre de Nathaniel Hawthorne, qui l'aide en écrivant sur lui et sur ses nouvelles d'histoires de mer et de mousses.

Un an plus tard, installé près de son ami, Melville écrit enfin *The Whale* (la baleine) qui sortira sous le titre *Moby Dick* en Amérique.

Mais sa carrière littéraire ne sera qu'une suite de désillusions. En 1852, *Pierre ou les Ambiguïtés*, un roman-fleuve moral et dramatique, suscitera le rejet. Hostilité des critiques, public dépassé, Melville vole trop haut et trop tôt. *Moby Dick*, son « roman-monde », aborde tous les sujets : des baleines – leur graisse, leurs huiles rares, leur ivoire et leur mystère – aux illustrateurs de cachalots et de marines, en passant par les bateaux, les techniques, les outils, les mœurs à bord et aussi toutes les associations d'idées que suscitent le voyage et la mer : la morale, l'éducation, l'honneur, le courage, le destin, l'injustice la souffrance, mais encore les tréfonds de l'homme, les croyances et superstitions des marins, les rêves, et les moindres détails de la vie.

Melville écrit des aventures encyclopédiques et échevelées où enfer et paradis bouillonnent, avec questions philosophiques et métaphysiques, car il est l'homme infini, dont la pensée et l'imaginaire n'ont pas de limite. Un esprit pénétrant et profond s'il en est. Dans *Bartleby*, il dépeint l'existence d'un greffier qui refuse d'écrire, et dans *Benito Sereno* la visite fantomatique d'un navire qu'on ignore occupé par des mutinés assassins... Melville est aussi un voyant, une sorte de prophète halluciné qui décrit à travers ses héros la grandeur et les misères des grands caractères, la puissance des éléments et les démons qui nous agitent. Au XIXe siècle, dans une Amérique puritaine puis industrielle, ses propos sont effrayants, trop fous et trop larges pour une pensée corsetée (c'est aussi vrai en Europe). Justice ne lui sera rendue qu'au début du XXe siècle, quand sa parole sera enfin comprise.

MICHAUX HENRI

Un barbare en Asie

Henri Michaux (1899–1984), penseur belge, poète, écrivain, essayiste, philosophe, peintre et dessinateur, demeure inclassable. Cet homme à l'intelligence surdéveloppée ne cessa d'expérimenter. Avec Aldous Huxley et William Burroughs, il fut un des rares à tenter d'éclaircir un peu l'univers des drogues, notamment la mescaline avec *Misérable miracle* (1956) et le cannabis avec *Connaissance par les gouffres* (1961). Il dessina ensuite ce qu'il avait vu ou ressenti, comprenant que seules des images graphiques ou d'encre aquarellée pouvaient aider à pénétrer ces mystères de la perception sensorielle. Vous imaginez quelle idole il fut pour les hippies ! Ses nombreux livres ont traité de tout, mais je retiens son voyage en Inde de 1930. Insatisfait par la pensée occidentale, un peu étroite pour lui, Michaux se rendit en Asie pour découvrir ce qu'il considérait comme les trois grandes civilisations : indienne, chinoise et japonaise. Il fut assez dur avec les deux dernières, qu'il avoue en plein désordre guerre-

colonisation, mais l'Inde, bien qu'anglaise, le fascina vite et il y trouva quelques remèdes miracles.

Michaux ressent l'irrespect total des Européens envers les croyances indiennes, les rites, les temples, les sacrifices, le détachement. L'Hindou aime adorer, en silence ou en fanfare, dans le dénuement ou les feux d'artifice. L'Inde est tissée de paradoxes : paix et violence contenue, ascèse et pudibonderie, face à une sexualité jaillissante en millier de *lingams* et de statues érotiques, livres d'amour, de technique, de respiration. Et ce pays riche (en or), foisonnant et repu, qui paraît pourtant si exsangue... Mais surtout Michaux trouve en Inde la « force psychique », cette quête du pouvoir sur soi et sur les éléments, ces sciences de respiration, de posture, de yogi ou fakir. Indifférence à la faim, à la douleur, et extase dans le dénuement. Michaux avait trouvé une philosophie qui dépassait les nôtres, et un goût et des manières totalement exotiques. Le dépaysement total, dans une infinité de paradoxes, mais aussi de divinités et de mantras aux effets constatables. Cette civilisation millénaire le bluffa et lui offrit des armes pour penser, évoluer et se décrasser de la vieille Europe à la dérive.

Son livre *Un barbare en Asie* reste un succès et une vérité après des décennies (car cette Inde magique résista et il en fut abasourdi, lui qui croyait avoir vu la fin d'un monde). Louis Malle alla tourner *L'Inde fantôme* en six films magnifiques après l'avoir lu, et des centaines de routards partirent à sa suite découvrir la magie de l'Inde. Finalement, Henri Michaux le découvreur fut une sorte d'alchimiste de la physiologie, un explorateur aventurier de l'esprit et des peuples, prêt à changer, à se dépasser et à reconnaître des qualités qui lui étaient étrangères, voire lui faisaient horreur. Ce Wallon ne cessa de voyager (corps et esprit), devint français en 1955, et, non content de tous ses essais sur les signes, l'imaginaire, l'être, la poésie, la pensée, le grotesque, l'esthétique, et bien qu'il remit tout en cause, il s'immergea dans l'art plastique.

Midi-Minuit

Dracula underground

Tout commence par une salle de cinéma faubourg Poissonnière, à Paris : le Midi-Minuit, permanent entre les heures indiquées, spécialisé dans les films d'épouvante, fantastiques et de science-fiction (*Frankenstein*, *Dracula*, momies et loups-garous). On est au début des années 1960, et justement ces films sont teintés d'érotisme, bizarres et décalés. Ces œuvres qu'on dit de « série B » et qu'on qualifie de « navets » ou de « nanars » forment un territoire méprisé. Grossière erreur : le climat et l'imaginaire de ce cinéma bis et son esthétique sont bien plus intéressants que beaucoup de productions courantes.

En 1962, un fan éclairé, Michel Caen, crée la revue *Midi-Minuit Fantastique* en hommage au genre, épaulé par deux spécialistes, Alain Le Bris et Jean-Claude Romer, et un inclassable esthète, Jean Boullet (qui va créer la revue *Bizarre* avec l'éditeur culte et sulfureux

Éric Losfeld). La revue est belle, planante, avec d'admirables photos et couvertures, traitée par thèmes : King Kong, épouvante dans le cinéma anglais (les productions Hammer Film), *Les Chasses du comte Zaroff* (une des premières chasses à l'homme au cinéma) ou Barbara Steele, monstre sacré du genre. En réalité, c'est tout un monde de passionnés underground qui se regroupe autour de l'érotisme, du sadisme, des pulsions, de l'inconscient et des légendes de monstres ou de génies fantasmagoriques (rejoint par des auteurs comme Jacques Sternberg, Francis Lacassin, etc. et des interviews de papes du fantastique). Car c'est la seule contre-culture de l'époque : les existentialistes, lettristes et situationnistes d'après-guerre sont incompris ; les beatniks ne sont pas arrivés, la Nouvelle Vague non plus, et il ne reste que des fans de *comics* rares et des amateurs de revues interdites.

C'est fou de penser qu'autour de cette revue esthétisante qu'était *Midi-Minuit Fantastique* se dégagea toute une culture parallèle, de ceux qui refusent le monde moderne, technocratique et *clean* qui se prépare. Les icônes de *Midi-Minuit* sont sur l'autre rive ! Tous les thèmes tabous sont réunis : sexe, crime, sadisme et masochisme, pulsions, inconscient, surmoi, dédoublement, délire, hallucinations, et surtout la beauté des monstres, l'érotisme des vampires, le charisme du comte Dracula, l'ambiguïté des sorcières, succubes, félins et autres âmes damnées. Aujourd'hui, cela paraît ressassé, mais en 1960, ces sujets faisaient trembler le bourgeois, frissonner les filles et vibrer les garçons – une piste de décollage parfaite pour passer à autre chose. Ces sujets allaient se perpétuer avec la *free press*, les *comics*, le cinéma indépendant (Roger Corman) et tous ces films allaient devenir culte (*Freaks*, *Cat Woman*, *L'Île du docteur Moreau*, *Vaudou*, *Le Masque du démon*, *La Nuit du chasseur*, etc.). Les Italiens se mettront au polar sanglant (*Giallo*) avec Dario Argento et Mario Bava, et les remakes se multiplieront sans cesse, mais les premiers films restent plus magiques. Avec une petite revue de cinoche, les Français avaient lancé le nouvel underground, et toute une esthétique planante et éternelle !

LIVRE *Midi-Minuit Fantastique : L'Intégrale, Volume I*, Michel Caen et Nicolas Stanzick, Éditions Rouge Profond, Aix-en-Provence, 2014.

MILES BARRY

Aventures dans la contre-culture

De Barry Miles (1943–), j'avais lu la vie de Paul McCartney et surtout son Londres underground avant les années 1960, au tout début de la contre-culture. Je l'avais reçu à Nova, avec Marc-Alexandre Millanvoye, pour une interview fleuve sur sa vie de fou de principal acteur, archiviste et historien de la contre-culture. Conseiller culturel des Beatles vers 1965, il créa la galerie Indica, où Lennon rencontra la jeune artiste performeuse Yoko (qui confiait une paire de ciseaux

aux spectateurs pour qu'ils découpent ses vêtements et la laissent nue). Aujourd'hui encore la librairie Indica, qui fit suite, est le meilleur endroit de Londres pour dénicher tout sur la contre-culture.

Barry Miles participa aussi à la création du magazine *Free Press I.T.* (*International Times*), phare underground londonien qui influença toute la *free press*, dont *Actuel*, avec notamment des articles de William Burroughs ou Allen Ginsberg. Bien sûr, Miles savait tout sur les boutiques, les concerts et les diverses personnalités, et dès 1969, il fit le tour de l'Amérique à la rencontre des penseurs de la *counter-culture*. Il devint l'archiviste de Ginsberg puis de Burroughs, vécu dans des communautés hippies, alla jusqu'à Big Sur pour voir le pape Henry Miller, inventeur des grands romans sur la liberté totale qui influencèrent définitivement Fante, Kerouac et Bukowski. De galères en succès, de travaux et livres multiples en aventures de routard, Miles égraine encore des anecdotes savoureuses ou stupéfiantes, parfois à la limite du supportable, nous rappelant les excès et la déchéance de certaines grandes figures de la marginalité.

Dans *In the Seventies*, il dresse un inventaire incroyable de ses rencontres, y compris en France avec des inconnus comme Harry Smith, génial auteur d'une anthologie de la musique folk américaine, qui fit autorité dès le début des *sixties*, et initiateur du mouvement folk. Miles nous décrit les communautés misérables, le Chelsea Hotel à New York, mais aussi des virées dans les lieux culte de la contre-culture américaine ou des soirées mémorables comme la grande soirée glam *trash* des New York Dolls au Mercer Arts Center, première pierre du punk américain en 1973.

Chaque page fourmille de noms ou d'indications, de mécènes ou de monstres, d'événements majeurs ou aussi ridicules que les aventures des Pieds Nickelés. Miles n'est pas tendre avec les idoles : Dylan un peu usurpateur et usé ; Ginsberg désordonné, pur produit du foutoir hippie ; Burroughs snob et fascisant ; Brion Gysin prétentieux et hédoniste. Et il n'épargne pas davantage toutes les groupies naïves de l'époque, branchées bouddhisme, zen et mantras magiques. Bien sûr, dans cette farandole révolutionnaire, il y a aussi du sexe, des voleurs, des escrocs, des menteurs, des profiteurs, et quelques tragédies comme cette poignée de Weathermen (les Black Panthers blancs qui voulaient porter le Vietnam en Amérique, en posant des bombes – ce qu'ils ont fait) se faisant sauter par accident en plein New York !

Et après le punk, Miles transformé en *rock critic* pour le *NME*, roulant en limousine avec quelques survivants gâtés de la pop au milieu de punks sans le sou hurlant à la trahison, connut le moment de bascule de la fin des années 1970. Lucide, Miles décrit aussi les affres de l'addiction, les délires mégalo ou mytho des victimes du LSD, de la *weed*, de la coke, de l'héro, de la morphine ou encore du speed, ces amphétamines en usage permanent aux US depuis les années 1950. À travers ces chapitres sur chaque branche de l'underground – y compris celle de la jet set, des mécènes et autres milliardaires – c'est le portrait d'une génération qui se dessine, avec une inconnue : pourquoi tant de révolte, de délire, d'attitudes suicidaires ou masochistes ? Car aux US, c'est sous le signe de la violence que fut placée la soi-disant révolution hippie du Flower Power, avec ces expérimentations extrêmes qui firent tant de dégâts.

On pourrait écrire un livre sur *In the Seventies*... Il faut connaître les détails et les protagonistes de cette époque mythifiée (que Miles propose de baliser entre 1963 avec les Beatles et 1977 avec l'arrivée du punk), car on ne révise jamais assez les histoires de l'avant-garde, trop souvent mal comprise, voire carrément trahie par de mauvaises interprétations.

LIVRE *In the Seventies. Aventures dans la contre-culture*, Barry Miles, Le Castor Astral, Bègles, 2016.

MILLER HENRY

Mille kilomètres heure

Henry Miller (1891–1980) est le précurseur absolu de tous les écrivains anars, libertaires et beatniks. Pour tous ceux qui se prétendent beat, hippies, décalés, il est un anti-modèle pour en finir avec le passé puritain. John Fante, Charles Bukowski, Nelson Algren, William Burroughs et Jack Kerouac sont tous ses enfants. Avant eux il a foncé dans l'aventure hipster des premiers *travellers*. Employé new-yorkais, gars de Brooklyn, il découvre la culture, l'anarchie, Nietzsche et Bakounine.

Il vit des aventures invraisemblables dans le décor rétro des buildings, meublés, dancings et autres *speakeasies*. Déjà, il a le goût des danseuses, filles de bars, entraîneuses ou simples ouvreuses de cinéma. Et en 1924, c'est dans un *dance palace* qu'il rencontre June Mansfield, sa deuxième femme et la Mona de ses livres. Inspiratrice destructrice, June le décide à se consacrer à l'écriture. Elle est à la fois Venus, salope, magouilleuse, perverse ou lesbienne et inassouvie... comme lui.

Miller écrit *Sexus* (1949), *Plexus* (1953) et *Nexus* (1960), mais aussi *Tropique du Cancer* (1934) et *Tropique du Capricorne* (1939), trilogie et série époustouflantes d'un homme seul qui tente d'écrire dans les années 1930, d'apprendre à avoir des choses à dire et des expériences nouvelles. Longtemps interdits car pornographiques et anarchistes, ces livres seront publiés par Maurice Girodias en France (Olympia Press), à Paris, où Miller séjourne en amoureux de vielles cultures et en zonard parfait, assumé. Il est alors un écrivain errant en devenir, un bohème absolu qui sait se faire accepter, et entretenir. Il invente le cool. Éternel voyageur, voyeur, expérimentateur, c'est Henry Miller avec son nom allemand et ses yeux bridés de vieux sage chinois. Il fréquente tous les artistes, écrivains et âmes perdues. Il survit, rêve de littérature, des Russes qu'il admire : Gorki, Dostoïevski, Tolstoï – les grands connaisseurs de l'âme humaine. Mais l'extrême inverse l'attire aussi : le calme fascinant, le bouddhisme, le zen. Il découvre la philosophie indienne, puis extrême-orientale : détachement, contemplation, ascèse – tout le contraire de lui, l'affamé, le goinfre, l'obsédé sexuel. Mais toujours pauvre, il se rassasie de rien ! Et là encore il devance les hippies, les routards, les globe-trotters, car il part des textes et penseurs, des idées de base, puis il les vit. Il les applique, au quotidien.

Coincé en Grèce pendant la guerre, Miller le faune, l'ami de Bacchus, de Dionysos et d'Aphrodite, écrit *Le Colosse de Maroussi* (1941), son hommage à Homère, à Platon et aux philosophes grecs, mais aussi à la bonne vie et aux visites dans les îles magiques de Méditerranée. Libertaire-épicurien, il s'enivre de toucher à tout, de mélanger sagesse hindoue et Kamasutra, avec un zest de désespoir dostoïevskien. Des années 1930 aux années 1960, jusqu'au bout, Miller trotte en tête, écrivant des textes très variés, avec des titres drôles comme *J'suis pas plus con qu'un autre* (1976). Il est aussi l'auteur d'un porno, *Le Monde du sexe* (1939), car il pratique les femmes, comme une expérimentation réelle des sensations, mais en passant. En effet, il bouge souvent, ne s'impose pas, glisse comme les grands voyageurs aventuriers. En 1940, il finit par rentrer aux US. Dans sa déception, il écrit *Le Cauchemar climatisé* (1945) et s'installe à Big Sur, sur la côte californienne sauvage, terre indienne magique, dans une cabane avec quelques artistes isolés et ermites, comme lui – des rassasiés de la vie, en quête de paix. Avec d'autres femmes, Miller écrit encore, classe ses énormes archives... Ultra célèbre, il peint, dessine et plane au coucher du soleil. Même dans sa retraite, il est en avance !

Moondog

Clochard viking, roi du contrepoint

Louis Thomas Hardin (1916–1999), alias Moondog, a sorti des dizaines de disques, écrit des centaines de mélodies et hanté les rues de New York en tenue médiévale, casque à cornes sur la tête ! Ce grand druide musicien, compositeur pour compositeurs, est né au Kansas et a connu plusieurs vies. Tout jeune, il découvre les mélopées indiennes qui l'influenceront toute sa vie. À 16 ans, il perd la vue avec un bâton de dynamite oublié, mais ce surdoué va quand même continuer la musique grâce au braille. Musicien, il est surtout un compositeur inspiré. Dès 1938, il a les cheveux longs et fabrique ses vêtements en grands carrés de tissu, façon poncho. Le premier hippie ?

En 1943, à 27 ans, il arrive à New York. Installé dans une mansarde, se nourrissant de porridge, fruits et légumes, il écrit de la musique et des poèmes. On l'arrête pour un recueil photocopié critiquant la société de l'époque. Il devient un phénomène de la bohème, pose pour des cours aux Beaux-arts, survit grâce à des amis comme Barbara Prentice (riche fille d'éditeur). Il fera un tour d'Amérique, inventera des instruments (Trimba, Oo, Uni), cordes ou percussions jouables avec doigts, maillet ou archer. Il devient le viking de la 6e avenue, passionné de mythologie nordique, couronné par son casque. Puis il sort son premier 78 tours. Tout le monde vient rencontrer l'attraction : Duke Ellington, Benny Goodman, Sammy Davis, Marlon

Brando, John Cage et Edgard Varèse. Charlie Parker est prêt à jouer avec lui. Il se marie, a une fille. Ce passéiste veut composer des madrigaux, en canon et lignes mélodiques superposées : le contrepoint. Il réalise ses premiers enregistrements pendant les années 1950 chez Columbia. Alan Freed se sert son nom pour baptiser son *show* télé le *Moondog Show*, et crée le Moondog Coronation Ball pour les jeunes bopeurs. Moondog lui intente un procès (on raconte qu'Igor Stravinsky aurait appelé les juges, leur signalant qu'il s'agissait d'un compositeur important) et, miracle, il gagne. Et Alan Freed rebaptise son émission *The Rock and Roll Show*, en 1955.

Moondog aura une vie rude et frugale, mais sa légende durera jusqu'en 1999, ponctuée de collaborations étonnantes comme avec Elvis Costello ou Stephan Eicher. On n'en finirait pas de raconter ses aventures, concerts étranges et enregistrements compliqués. Il vivra en Allemagne en amoureux des *Nibelungen*, arpentera la forêt de Brocéliande en curieux des Celtes et l'Angleterre pour les légendaires Saxons. Tout le monde a l'air d'aimer Moondog, mais qui le connaît ?

LIVRE *Moondog*, Amaury Cornut, Le Mot et le Reste, Marseille, 2017.

MÜNCHHAUSEN

Luxe et volupté sous le IIIᴱ Reich

Karl Friedrich Hieronymus, baron de Münchhausen – qui a réellement existé, mais au service de la Russie, et notamment contre les Turcs vers 1740 – a laissé une légende qui n'en finit pas de tourner. Était-il amoureux de la grande Catherine de Russie ? Était-il un héros ou un prétentieux ? Ce mercenaire en a tant fait, et a tant voyagé, que son nom est devenu celui d'un syndrome de mythomanie. Il finira ruiné, mais non sans avoir comme Cyrano flirté avec la Lune, comme Casanova multiplié les conquêtes féminines et comme Tartarin vécu des aventures héroïques. Il portait beau, comme en témoignent son portrait en grande tenue d'officier. On le surnomma le baron de Crac en référence aux « craques » – bluff et affabulation, manie, folie – qu'il racontait. De son vivant, Rudolf Erich Raspe publia ses récits en anglais, puis Gottfried August Bürger les retraduisit en allemand avec la poésie en plus. Théophile Gautier adapta le texte en français et Gustave Doré illustra ses frasques avant d'être suivi par tous les grands illustrateurs des siècles suivants. Qui dit mieux ?

Beaucoup ont vu le film qui lui a consacré en 1988 Terry Gilliam, le réalisateur des *Monty Python* et de *Brazil*, qui s'est transcendé en 3D pour ce héros fantaisiste et rêveur. Mais c'est la première version, la grande, la magique, qui m'intéresse. Du super grand spectacle : des paillettes, des costumes argentés, des femmes dorées, des étoiles diaprées, des ciels moirés, des décors fabuleux ou naturels, des Turcs dignes du *Bourgeois gentilhomme*. Le Grand Canal à Venise fut bloqué et envahi pour une seule scène de cinq minutes. Tous ces décors démesurés et soyeux vont vous frapper. Vous allez croiser le comte de Cagliostro et Soliman le Magnifique. Vous allez voler dans les airs et dormir sur la Lune.

Les acteurs ressemblent à des marionnettes de luxe, les costumes à des armures de poupée et l'espace à une sorte d'azur. Car tout le film est comme irisé, brillant comme un diamant éclairé par un laser. Je crois que les couleurs folles viennent de la pellicule et de la technique haut de gamme allemande, car voilà : cette superproduction fut réalisée 1943, pour les 25 ans de la UFA (pour Universum Film A. G., *la* société de production allemande), avec budget illimité et producteur mégalo : Hermann Goering (Maréchal en chef des armées du Reich) ! Le but de cette superproduction était de faire oublier la guerre. Il fallait faire mieux que les Américains et Hollywood. Une poignée d'Allemands ont donc tenté de faire rêver le monde en plein conflit mondial. Les artistes du cinéma boostés par les puissances de l'Axe !

Propagande ? Même pas, car le film est bucolique et planant. Schizophrénie plutôt, émanant d'un régime qui flingue au nom des lendemains qui chantent. Un grand spectacle, étrange, naïf et poétique, peut donc naître au beau milieu d'une guerre mondiale. Je me demande même si ce film n'est pas une perle justement parce que les équipes, comme coupées du monde, mises sous cloche en pleine barbarie, ont voulu s'arracher au malheur, conjurer le sort et montrer l'amour et le sourire au cœur du désastre. La guerre y est montrée comme une opérette bouffonne – un peu de magie blanche face à la magie noire.

DVD *Les Aventures fantastiques du Baron de Münchhausen*, de Josef von Báky, Artus Films.

MURALISTES MEXICAINS

Grands espaces

Pour comprendre le Mexique, le plus simple est d'y aller et d'admirer sa lumière, son espace, son architecture et surtout sa population. Ce pays est si unique, coloré, vivant et pittoresque pour les Européens que nous sommes qu'il fut tout au long du XXe siècle une terre de fantasmes, un lieu magique avec ses volcans, ses temples précolombiens, son désert, ses cactus, ses plages et son folklore. Le Mexique reste un Eldorado. Hollywood ne s'y est pas trompé, y tournant ses westerns glamour, de *Vera Cruz* (1954) avec Burt Lancaster et Gary Cooper à *La Vengeance aux deux visages* (1961) avec Marlon Brando. Et toutes les beautés du cinéma ont revêtu poncho et jupons pour faire la belle Mexicaine ou l'irrésistible métisse. Eisenstein comme Buñuel y ont réalisé leurs plus beaux films. Antonin Artaud, André Breton, Pierre Alechinsky y sont allés en pèlerinage. Et les artistes mexicains ont eux-mêmes influencé des maîtres comme Picasso ou Pollock.

La mode y a puisé ses basiques : poncho, sarape, sombrero et santiags. L'industrie du tourisme y expédie chaque année des milliers de vacanciers qui vont se pâmer à Tenochtitlan, l'ancienne capitale aztèque, ou sur le site archéologique de Monte Albán. Les plages des Mayas au Yucatan sont le Ibiza des Américains et le théâtre de *Spring break*s enflammés. Moins connu : on doit aux tribus mexicaines – olmèques, zapotèques, toltèques, chichimèques, etc. – rien moins que le café, le maïs, les carottes, toutes les courges, courgettes, potirons et concombres, la pomme de terre et la tequila, le tabac et les haricots. Ces jardiniers raffinés ont accompli des miracles, devenus notre pain quotidien.

Des peuples précolombiens aux *conquistadores* et à la révolution sociale et agraire, le Mexique est un pays héroïque, avec une galerie de personnages hors-norme, plus grands que nature. Cinéastes, photographes (Edward Weston et Tina Modotti), architectes mais surtout quantité de peintres et graveurs ont honoré la beauté des Indios, ces peuples méso-américains naturellement beaux, évocateurs d'un paradis terrestre artisanal et agricole, plein de grâce, de modestie et de talent. Colonisé, exploité, maltraité, le peuple mexicain a conquis tous ses envahisseurs, continuant d'inspirer le monde par ses couleurs, ses formes et son art. Les Français, Espagnols, Américains ont tous été mexicanisés, même Kerouac et Burroughs quand ils y séjournaient ! C'est un peu le syndrome de l'Inde. Le Mexique est un pays essentiellement plastique : tout y est beau, dessiné, sculpté, stylisé avec franchise et force sous la lumière d'un soleil violent. L'ensemble confère une atmosphère magique au Mexique, comme le sont ses champignons, son peyotl et son mezcal.

Le XXe siècle et la révolution (1910 – 1920), avec Pancho Villa et Emiliano Zapata, ont acquis malgré leur violence un parfum romantique à cause de leurs lieux grandioses et de leurs tenues si belles, sur fond de baroque espagnol. S'en suivit une autre révolution, artistique cette fois, avec le stridentisme et surtout le muralisme, avec ses trois représentants principaux : José Clemente Orozco, David Alfaro Siqueiros et le célèbre Diego Rivera (qui forma un couple mythique avec Frida Kahlo). En voulant éduquer le peuple à travers leurs immenses fresques, raconter la véritable histoire du Mexique, mouvementée et cruelle, ces hommes ont révolutionné l'art moderne et influencé le monde entier. Un peu comme les futuristes italiens, ils voulaient être expressionnistes, modernes, en mouvement, et défier toutes les règles, sans chevalet ni musée ! Ils ont peint en format géant, sur les murs des universités, des bâtiments administratifs, des palais de justice ou des écoles. Ils ont réalisé des fresques historiques, des scènes de foules, d'histoire et de vie quotidienne en hommage au peuple mexicain. Ces peintures panoramiques parfois peintes en perspective, comme au grand angle (effet *fish-eye*), débordantes de corps, parfois en gros plans, évoquent le cinéma ou la photo. Indéplaçables, ces merveilles ne se voient qu'*in situ*. Et ce qui est unique dans le muralisme, c'est que pour une fois, les artistes se sont préoccupés des pauvres et de la justice sociale. Ils ont montré la beauté des délaissés, des paysans, des ouvriers, des femmes, des Indiens surtout – leur décor, leurs tenues de simples péones, chaussés de *huarache*, coiffés de paille. Et c'est aussi ce qui fait tout le souffle de cette peinture.

CATALOGUE *Mexique 1900 – 1950 : Diego Rivera, Frida Kahlo, José Clemente Orozco et les avant-gardes*, Grand Palais, RMN, Paris, 2016.

MUSIQUES PLANANTES

Espaces-sons 1961 – 1988

La génération de ceux qui avaient 20 ans en 1970 fut frappée par le rock allemand, ou planant : Klaus Schulze, Popol Vuh, Tangerine Dream, Ash Ra Tempel, et bien sûr Can et Neu, avec en prime la claque Kraftwerk dès 1973. Il y eut aussi les répétitifs Terry Riley, et La Monte Young, côté américain, avec une tendance minimaliste, ou encore Mike Oldfield qui fit la fortune du label Virgin, avec le tube anglais *Tubular Bells* (la célébrissime musique de *L'Exorciste*). Suite au Pink Floyd et au rock progressif (symphonique), la pente électronique-synthétiseurs avait ouvert une faille dans la boîte de Pandore. Mais en réalité, les musiques concrètes, atonales et expérimentales, avaient débuté bien avant, dans les années 1960, avec nombre de passionnés de bidouillages de sons, de cassettes, de bandes, de boucles. Et tout ce monde de *geeks* et de trafiquants de bruits allait s'éparpiller dans les musiques de films, bandes-son pour expos et autres plages auditives pour méditations et ashrams.

Le label Soul Jazz Records sort une compile de cette mouvance New Age qui a beaucoup flirté avec les clichés de l'espace, les planètes, la science-fiction et toutes les utopies galactiques de l'homme du futur. On y croise des Américains (majoritaires), mais aussi un Italien (J. B. Banfi), un Grec (Iasos) et même un Français, Richard Pinhas (groupe Heldon, auquel participa Norman Spinrad), et l'Anglais Tim Blake, qui officia avec le groupe Gong, puis Crystal Machine. Cette passion internationale pour les ronflements, *glissendos*, vagues, plages, nappes et tous les effets dits « atmosphériques », connaîtra plusieurs époques, puisqu'on la retrouvera fin 1980 dans les raves parties, le chill out, la transe, les Balearic music, etc.

Il y a le côté musique relaxante et étirée qui a engendré toute la mythologie post-psychédélique des centres de méditation, de l'alignement des chakras, du karma bienheureux et aussi cette communion avec l'univers d'une humanité « réaccordée ». Le trip New Age a vécu, et toutes ces musiques en furent les tentatives d'illustration sonore. Le caractère intellectuel, philosophique, scientifique et sérieux est induit par la technologie, les outils et parfois les diplômes de ces « chercheurs en sons » aux prises avec de nouvelles approches de fabrication, d'étirement, de distorsion et de nouveaux sons sans lien avec le passé. Les documentaires sur la nature ou l'espace, mais aussi des films comme *Dune* ou *2001*, en ont fait leur image de marque sonore, et on regrette que les grands magasins et les aéroports n'aient pas su, au lieu de nous servir leur muzak faussement moderne, s'aligner sur le planant, finalement bien plus agréable à long terme.

CD *Space, Energy & Light. Experimental Electronic & Acoustic Soundscapes 1961–1988*, Soul Jazz Records.

N

Narcissisme contemporain

L'art renversé pour humilier le monde ?

Deux universitaires de Montpellier se sont lancés dans une étude critique de l'art où se mêlent philosophie, psychanalyse, politique et socio-psychologie pour mettre à jour la longue dérive d'une discipline pervertie. Pour Valérie Arrault et Alain Troyas, la société libérale libertaire a progressivement conduit une partie des artistes à se moquer des conventions pour en arriver à des formes de non-art quasi absurdes, *gore* ou *trash*, qui seraient en réalité l'expression d'un violent narcissisme contemporain. Tous les artistes-faiseurs, conceptuels de salon ou de fonds de tiroir, sont décortiqués en vue de décaper leurs prétentions intellectuelles ou esthétiques et de dénoncer leurs objets ou performances pour ce qu'ils sont : des crises d'ego.

C'est donc la thèse d'une perversion de l'expression artistique, transformée en « quelque chose » qui se voudrait un mélange tiré de la vie quotidienne, avec ses platitudes, ses répétitions et son ennui, ou au contraire ses dérives et ses excès. D'où ces expositions quasi vides, avec quelques vidéos ou objets banals faisant fuir tous les publics excepté le petit monde des aficionados de l'art concept. On a pu voir des parpaings, des vieux vêtements, des bouts de bois. Ou à l'inverse des œuvres choquantes, basées sur le sexe, les excréments, le sang – tout ce que des esprits étriqués ont cru trouver de blessant et irrespectueux envers l'art plastique, esthétique, mesuré et composé. Comment un public peut-il encore marcher devant une rayure de Buren, un état d'âme de Sophie Calle, une cuisinière de Lavier ? Au fond, là n'est pas la question, car ça n'a jamais marché – ce sont des réseaux d'argent et de clans.

Ce livre épais et analytique dénonce la spirale stérile et les pauvres effets d'un art spectacle réduit à la provocation, mais où il faut à ces non-artistes un minimum de succès, d'argent et de publicité pour se croire arrivés et mener leur « *lifestyle* snob, cupide et narcissique », dixit les auteurs. À travers 360 pages d'exemples et d'analyses, démonstration est faite de la situation dramatique d'une civilisation qui n'a plus les repères nécessaires – beauté, style, travail – pour produire des œuvres éclairantes. Sont dénoncés comme ils le méritent tous les faiseurs, de Marcel Duchamp et ses pissotières à Wim Delvoye et sa machine à excréments. La liste est longue de ces célébrités affligeantes enfin réduites à leur narcissisme malhonnête.

Une seule lueur positive peut-être : cet « art écrabouillé » serait une tentative d'effacer la séparation entre l'art et la vie. Mais l'art est une discipline plastique illogique et à part, que seuls quelques-uns savent manier. La seule liaison entre art et vie quotidienne passe par la vision codée et réagencée des plasticiens. Rien ne sert de vouloir détruire les règles en la matière, puisqu'il n'y en a pas. Et inutile d'y mettre de l'intellect à tout prix, sans jamais se laisser porter par le génie des formes. Tout cela est un quiproquo dont il ne ressort qu'une gesticulation désespérée. Et même si le narcissisme n'est pas la seule cause de ce drame, il y contribue largement. Ce gros livre savant est un bon procès, avec preuves et pièces à conviction, destiné à tous ceux qui croient encore à ce cul-de-sac, conséquence d'un détournement.

LIVRE *Du narcissisme de l'art contemporain*, Alain Troyas et Valérie Arrault, L'Échappée, 2017.

NÉOROMANTIQUE

1979–1984

Durant la période thatchérienne, la crise incita la jeunesse britannique à relever la tête et à jouer le délire vestimentaire et capillaire contre l'austérité imposée. Ratiboisés par les punks minimalistes des années 1976–1978, les Anglais avaient besoin de retrouver leur excentricité, leur glamour et leur fantaisie. Déjà, le mouvement punk puisait ses racines dans le glam rock, Bowie et Roxy Music, bien plus que chez les hippies – la décadence plutôt que le Flower Power. Aussi ce retour aux déguisements et aux couleurs s'accompagna-t-il de plusieurs étiquettes. Un côté pirate et révolutionnaire chez Vivienne Westwood et McLaren, style révolté punk oblige.

Un côté *Blitz*, rétro 1940 et dernière guerre, mâtiné de Bowie, avec la bande de Steve Strange, Visage et compagnie. Mais aussi des créatures éthérées, des préraphaélites diaphanes en perruques et falbalas, corsets et redingotes, des Incroyables et Merveilleuses à la sauce Portobello. Puis quelques clans écossais en tartan et d'autres moyenâgeux flirtant avec Robin des Bois. Enfin quelques ladies difficiles à dater, mais baignant toujours dans l'histoire, les légendes et les contes héroïques.

Après le jeûne punk, noir et strict, cette frénésie modeuse devint en quelques mois une pieuvre aux innombrables tentacules, couvrant tous les possibles historiques, poétiques, fantasmatiques. Ce fut une folle vague où les tricornes se mêlaient aux crinolines et les hussards aux gentilshommes en pourpoints. Dans les clubs londoniens, on pouvait croiser aussi bien une corsaire jamaïcaine qu'une lady d'*Autant en emporte le vent* ou un page au visage maquillé de pâles figures géométriques. C'était naïf et parfois très raffiné. L'ambiance tenait un peu de la nef de fous, les gens ne sachant plus s'ils voulaient être du côté de Beau Brummell et Dorian Gray, de David Bowie et Marc Bolan, ou de Barbe Noire et Nelson. En fond de décor, quelques rockabillies en Edwardians attardés, une poignée de skins virant au look *rude boy* et ska, et des punks tardifs en tartan et chaînes lorgnant vers les éternels rétros des années 1930, 1940 et 1950. L'un de ces fous inspirés, un certain John Galliano, finit par montrer au monde de ce qu'on pouvait faire de cette ébullition.

Et apothéose, chaque bande avait son groupe musical : Ultravox, Human League, Orchestral Manœuvres in the Dark, Soft Cell, Spandau Ballet, Duran Duran, Depeche Mode, Adam and the Ants, Bow Wow Wow, Japan, Boy George, Gary Numan – la liste est interminable. Les sources de cet engouement furent principalement Kraftwerk, puis Bowie (Roxy Music, etc.), mais aussi la période berlinoise (*Low*, *Heroes*) et les albums avec Iggy (*The Idiot*, *Lust for Life*) – un retour aux sources européennes, donc, qu'elles soient glam, prog, krautrock, mais avec la mode et les écoles d'art greffées sur ces styles : naissance du look et du clip. Enfin, la généralisation des synthétiseurs permit des effets symphoniques, électroniques, futuristes, pour faire illusion et combler, après la déprime punk, une mégalomanie très new wave.

À chacun de juger si cette période trouble et très critiquée – à cause de cette débauche de tenues et de coiffures à mèches décolorées – n'est pas également celle d'un tsunami de groupes finalement populaires, et malgré le côté « garçon coiffeurs » et pop démocratisée, un réservoir d'idées. Car n'oublions pas que cette vague fut la matrice de beaucoup de groupes à venir, entre pop électro et funk blanc.

LIVRE *Groupes pop à mèches (1979 – 1984) : Néo-romantiques, modernes : le sublime et le ridicule*, Pierre Robin, Actes Sud, Paris, 2015.

Neville Richard

Rock, drogues, sexe et utopies

Richard Neville (1941 – 2016) fut l'éditeur de *OZ*, magazine satirique australien de 1963 à 1967. Puis à Londres, de 1967 à 1973, *OZ* devint un organe de la *free press*, chantre de la libération et de la contestation. *Actuel*, le magazine-parrain de radio Nova, fut influencé par *OZ* dans sa version free et underground de 1970 à 1975 (avant de devenir un magazine de reportage de 1980 à 1995). Voilà notamment pourquoi je vous en parle.

Neville a raconté ses mémoires dans un récit chaotique intitulé *Hippie Hippie Shake*. Il en ressort qu'effectivement, l'époque 1967–1973 ressemblait à un immense shaker dont les hippies ressortaient secoués (de la tête), rincés (du corps) et essorés (du portefeuille). L'auteur nous raconte en détails une série de récits échevelés et salement ironiques : le concert des Stones à Hyde Park pour la mort de Brian Jones, où des skins postés dans les arbres bombardèrent les hippies de canettes de bière ; une représentation du Living Theatre, où la tribu débridée et nue cracha sur le public (puis s'autocracha), avant de se battre avec tout le monde et de battre Judith Malina, la compagne de leur leader Julian Beck ; les pionniers d'Ibiza finissant tous avec une blennorragie carabinée vers 1969 ; le festival de l'île de Wight, entre boue, famine et jacquerie. Bref, Neville n'y va pas avec le dos de la cuiller.

Après le psychédélisme, LSD, pilules et gros joints avaient explosé les cerveaux. Les anciens planants étaient devenus des contestataires et des provocateurs fous, réclamant concerts et drogues gratuits, mais aussi sexe généralisé, y compris avec les très jeunes. Le chemin parcouru en cinq ans environ, entre les mods *straight*, dandies et speedés, et ces bandes de freaks sales et affamés, était en train de boucler la boucle de l'échec complet. La justice anglaise alternait les saisies, et les procès pour cette *free press* accusée d'attentats à la pudeur et à la morale. Tout cela tournait au cirque médiatique.

Mais la vraie dureté, voire la méchanceté, de ce livre est d'affirmer qu'au milieu de toutes ces exigences de révolution et de liberté, les hippies s'arnaquaient les uns les autres, se volaient et se maltraitaient! Les couples étaient des désastres et la plupart devenaient crasseux et intenables, irrespectueux envers leurs compagnons – des monstres de prétention qui n'assuraient plus rien de la vie quotidienne. Certains, même parmi les leaders des mouvements de contestation, avaient perdu la raison et emmerdaient tout le monde avec des déclarations folles, des revendications barrées ou des utopies absurdes. Et c'était encore pire aux US qu'en Europe : les flics abattaient carrément étudiants, Black Panthers et Weathermen au cours d'émeutes et autres réjouissances. Ne soyez pas choqués : les *sixties* ont été médiatisées en *Flower Power*, mais c'était de l'intox pour la postérité. La violence de la réalité était inimaginable, même pour beaucoup de contemporains. Le public et les médias finissaient souvent par donner raison aux hippies, forcément cools et bien intentionnés. Mais la réalité était plus dure, égoïste, anarchique et fit de nombreuses victimes. Quelques livres de souvenirs durs et lucides comme celui de Neville se chargent de ressortir les cadavres du placard. À lire en face!

LIVRE *Hippie Hippie Shake : rock, drogues, sexe et utopie : voyage dans le monde merveilleux des sixties*, Richard Neville, Rivages Rouge, Paris, 2009.

NEW YORK

L'Âge d'or

Will Hermes est incollable sur New York et particulièrement sur les années 1970, où toutes les musiques basiques explosèrent en une myriade de groupes, concerts et lieux divers, donnant lieu à une véritable frénésie populaire. Son livre *New York 73/77, une ville en feu* dit tout. À la suite de Miles Davis, Ornette Coleman, Chick Corea, Herbie Hancock, etc., le jazz s'écoutait partout, et d'étranges fusions du Mahavishnu Orchestra, Sun Ra et autres Weather Report secouèrent le cocotier, donnant des fruits comme Don Cherry ou Randy Weston. Les minimalistes et autres expérimentateurs genre John Cage, La Monte Young, Terry Riley, John Cale, Moondog, Philip Glass vinrent rajouter des bruits, des silences, des percussions world ou des répétitions à l'infini, soutenus par des bourdons et autres drones à une corde, ou par des instruments bricolés face à des synthétiseurs. Arriva ensuite une secousse de rock garage, puis glam, et les New York Dolls vinrent déchirer le rideau des théâtres, boostant le rock électrique, décadent et *trash* jusqu'au punk, explorant la boîte de Pandore déjà entrouverte par les Stooges, Alice Cooper ou Todd Rundgren. Adoubés par quelques parrains genre Iggy, Bowie, Warhol et Burroughs, voici donc les punks : Richard Hell, Tom Verlaine, Patti Smith, Blondie, Wayne County, Suicide et les Ramones qui vont faire la gloire du Max Kansas et du CBGB (dont les initiales, c'est drôle en l'occurrence, signifient

« Country, Blue Grass et Blues »). De leur côté, les Latinos – Cubains, Portoricains, etc. – ne sont pas en reste : Tito Puente, Celia Cruz, Willie Colón, Ray Barretto, Rubén Blades, Johnny Pacheco, Cal Tjader, Mongo Santamaría, Willie Bobo et tant d'autres stars vont relancer salsa, son, mambo et cha cha. Labels, formations mouvantes, regroupements mythiques comme Fania All Stars, seront massivement suivis par leur communauté qui va même accoucher des buzzards rétros de Kid Creole, Tommy Mottola, August Darnell et sa bande de Coconuts.

Hermes raconte chaque concert, bagarre, O.D., comme s'il y était, et toutes les jalousies, coups bas et autres arnaques indissociables de la scène rock, évoquant tous les lieux, théâtres, ballrooms, salles de fête, casernes de pompiers, gymnases, arrières-salles et autres assoces, sous-sol, bars, lounges de grands hôtels qui accueillirent cette effervescence. Comme si Broadway renaissait, mais avec du rock, du punk et du latino pour rallumer les halls des salles de spectacles rétros : Ritz, Roxy, Gramercy, Ziegfield, Mercer.

Côté quartier, l'éruption va être brutale. Afrika Bambaataa a trop écouté Funkadelic et Kraftwerk. Le Jamaïcain DJ Kool Herc veut son sound system, quitte à le poser au coin de la rue comme ses cousins déjà lancés de l'île magique. Puis des pointures comme Grandmaster Flash seront suivis de drôles de schtroumpfs façon Public Enemy ou Furious Five. Tous ont été chauffés par Isaac Hayes, James Brown ou Stevie Wonder, le funk ou la soul, le R&B des *sixties*. Le smurf, break, hip-hop, rap ou autre pulsion vont inspirer danses, graffitis et battles à chaque coin du Bronx, du Queens, de Williamsburg ou de Brooklyn. De nouveaux quartiers s'allument dans un New York élargi et toujours plus incontrôlable. Les grandes salles de danse deviennent des clubs avec DJ, mixes et « *long playing* », morceaux rallongés, collés bout à bout pour que le dancefloor ne désemplisse pas et que le MC puisse s'en donner à cœur joie.

Le rythme devient disco et toutes sortes de gens vont s'en mêler, se copier, se sampler, se voler et se trafiquer. Après Diana Ross, les Ohio Players ou Bootsy Collins, on voit arriver les Nicky Siano, David Mancuso, Ian Schrager, Steve Rubell, Carmen D'Alessio, Larry Levan. Des DJ, des organisateurs, des meneurs de soirées, des fêtards, starlettes, coaches avec carnets d'adresses, stylistes, décorateurs, vont lancer le nightclubbing et les galettes vont pleuvoir, de Cerrone à Grace Jones. Puis la Motown va lâcher un deuxième souffle puissant avec Gloria Gaynor, Donna Summer et Marvin Gaye – le sacre de la « dance music ».

Comment tous ces mouvements musicaux ont-ils pu fleurir en même temps sur deux-trois ans, comme un bouquet miraculeux ? Et on pourrait rajouter reggae, new wave et bien d'autres sous-genres pop ou dance, qui bourgeonnaient déjà. Le livre suit aussi le parcours d'outsiders comme Bruce Springsteen ou Willy DeVille, le dandy du Spanish Harlem à la sauce bayou. New York fut le chaudron de cette ébullition, sa Hell's Kitchen (nom d'un quartier), laboratoire démoniaque de sons, de percussions, de mouvements, de modes et de personnages chargés à bloc par les grands genres musicaux et artistiques des années 1960, qui transformèrent la Grosse pomme en Arche de Noé.

Will Hermes, *New York 1973 – 1977. Des Ramones à Philip Glass, cinq ans au cœur d'une ville en feu*, Rivages, Paris, 2014.

Nico

Déesse solitaire de l'underground

Née Christa Päffgen, la future star de l'underground Nico (1938 – 1988), enfant de la guerre, sera d'abord top model en Allemagne. Son aura et son physique de Valkyrie vont attirer l'œil en Europe. Federico Fellini lui demande de jouer dans sa *Dolce Vita*, Paris lui offre un autre film et un essai de disque, Gainsbourg la croise, et c'est Nico Papatakis* qui la baptise de son prénom. Brian Jones et Andrew Loog Oldham, respectivement membre et manager des Stones, la produisent sur vinyle. L'Amérique va la révéler, Bob Dylan l'inspirer, Jim Morrison l'aimer, puis Iggy Pop et les Stooges l'auront pour groupie (on raconte qu'elle tricotait pendant les sessions de *Raw Power*). Andy Warhol en fait la star de la Factory, puis la chanteuse du Velvet Underground. Un tourbillon ascensionnel ! Elle est partout et toujours au bon endroit dans la jet set pop des *sixties* et les stars flashent sur elle (elle aura un enfant d'Alain Delon, Ari, qu'il ne reconnaîtra pas). Malgré ces succès répétés, son originalité et son indépendance la portent ailleurs. Lassée de l'Amérique et du rock, elle ne gardera que John Cale, le Gallois du Velvet, féru comme elle de musique savante, orientale et médiévale, qui va contribuer à faire d'elle l'auteur et interprète d'une œuvre musicale à part.

À l'aube des années 1970, Nico a 30 ans et fait déjà l'objet d'un culte. À l'instar de Pierre Clémenti, Jonas Mekas ou Andy Warhol (dans *Chelsea Girls* ou *Imitation of Christ*), Philippe Garrel va l'immortaliser sur des heures de pellicule où elle ne joue qu'elle-même : *La Cicatrice intérieure* ou *Le Berceau de cristal* sont des odes à sa présence, filmées dans des déserts ou au bout du monde, véritables trips d'acide esthétisants accompagnés par sa voix grave de diva germanique. Toutes ses chansons deviennent d'ailleurs des classiques : *All Tomorrows Partie's*, *I'll Be Your Mirror*, *Sunday Morning*, *I'm Waiting For The Man*, *Femme Fatale*... Même Lou Reed n'avait pas prévu un tel succès. Elle se produit régulièrement, s'accompagnant d'un orgue indien à pédale pour réciter des poèmes lancinants. Elle imagine des fusions de tous les mythes : égyptiens (Isis et Osiris), allemands (*Nibelungen*), anglais avec Byron ou Shelley. Elle s'invente un personnage entre la Pythie magicienne et clairvoyante et les fées britanniques (Morgane). Sa vie va devenir une quête du Graal, comme dans les romans de chevalerie de Chrétien de Troyes. Pourtant elle vit en bohémienne, toujours pauvre malgré ses admirateurs.

À l'époque l'héroïne est partout, dans le rock comme dans le punk, et Nico a plongé dedans. Battante, elle continue (pour payer le dealer). Au cours des années 1980, elle devrait être *has been*, mais elle fait encore 1200 dates de concerts en Europe, à New York, en

Australie ou en Nouvelle-Zélande. En Europe de l'Est, on l'attend depuis vingt ans! Sa vie devient une errance, entre Manchester, Paris et Ibiza. Partout, elle est reçue comme une icône. Même déchue, elle reste fascinante. Les punks sont émus, les gothiques l'adulent. La bande de la Factory la fait passer à l'Hacienda.

Nico aura partagé toutes les musiques: pré-punk, rock allemand, classique, indien, jazz, cabaret, *noise* et world. Et les musiciens les plus aventureux se seront joints à elle. La liste de ses disques, vidéos, hommages, apparitions, pirates et autres *bootlegs* louches ou volés est interminable. Nico reste la représentante la plus extrême de l'underground solaire des années 1960 –véritable charnière idéologique et poétique. Écoutez sa musique, rock ou planante: avec elle le monde bascule.

LIVRE *Nico, Femme fatale*, Serge Féray, Le Mot et le Reste, Paris, 2016.

---

*Nikos Papatakis: personnage à redécouvrir! Grec né en Éthiopie, il se battra contre les Italiens! À Paris il dirige le cabaret La Rose Rouge. Il est l'auteur de plusieurs films engagés et underground, et notamment *Les Abysses* ou *Les Pâtres du désordre*, un merveilleux film sur la désobéissance dans la Grèce profonde.

Nigeria

Musique populaire de l'Indépendance : 1960–1963

Le Nigeria, tête de pont de l'Afrique de l'Ouest, est un pays électrique et vibrant. Et Lagos, sa capitale, une métropole entre sous-développement et modernité. En 1960, après bien des remous et guerres civiles, le pays a acquis son indépendance. Et, comme en Jamaïque, les Anglais ont laissé un pays chancelant, qui va vivre une indépendance hors de portée et décevante. Le mélange de chrétiens, musulmans, animistes, et de trois ethnies principales – Yoruba, Igbo et Hausa – ne facilitera pas les choses. Dans les années 1980, Fela (Ransome Kuti), musicien de famille (Yoruba, un peu griot), exporta son afrobeat dans le monde. Mais ses ancêtres et bien d'autres artistes issus de chorales et fanfares avaient déjà jalonné les années 1930 et 1940 d'orchestres de plus en plus modernes, avec cuivres et cordes, pour le style *highlife* (genre issu du Ghana des années 1920 : brillant et chaud). Puis, sur des bases de tambours et de percussions virtuoses, et de chants traditionnels yoruba, vint le genre populaire appelé « juju ». Mais les combos nigérians ont attiré toutes les maisons de disques dès les années 1920. Decca Records, EMI, RCA, Odeon, Columbia, Parlophone, Philips ont enregistré ou acheté les tubes nigérians avant que ceux-ci n'arrivent à créer des labels locaux. Et, comme toujours, les musiciens d'Afrique de l'Ouest étaient branchés sur les extraordinaires musiques dansantes des Caraïbes et des Antilles. Le calypso de Trinidad, le son et le mambo cubains, un peu de samba brésilienne, le tout avec des arrangements jazzy, et des notions de musique européenne classique, romantique. Avec ce fantastique *melting pot*, et les indépendances se répandant dans une Afrique déjà dotée de grandes villes avec bars, hôtels, théâtres et night clubs, les grands orchestres pouvaient tourner et commencer à jouer autre chose que le style pour colons, inspiré de Louis Prima, Benny Goodman ou Glenn Miller, et parler de leur société. Le talent inné fit le reste : nombreuses formations, leaders inspirés ou curieux, et à partir des années 1960, rock et soul vinrent accompagner cette palette déjà riche de toutes ces fusions.

Sur cette première compilation Soul Jazz, une solide toile de fond de percussions roulantes entrecroisées, sophistiquées, discrètes ou soutenues : on entend ces tambours qui parlent, chuchotent et résonnent, soutenant tous les styles. Des chants calmes, plus ou moins lancinants, des mélopées chantées en canon, chœurs, solos, et toute la gamme des cuivres : tantôt rétros calypso, on pense aux Soundies américains des années 1940, ces vieux clips pour lancer la musique latino et les danses à la mode. Une ambiance très soirée, gala, entre Cuba, Kingston et Trinidad : chanteurs charmeurs et fluides, qui semblent des instruments pour le solo, racontant des histoires de femmes, d'argent ou de social, en dansant sur des pas glissés, des breaks savants et des effets jazz.

CD *Nigeria Freedom Sounds ! Popular Music and the Birth of Independent Nigeria : 1960 – 1963.* Soul Jazz Records.

NIN
ANAÏS

À la recherche de la bohème perdue

Anaïs Nin (1903–1977) est une écrivaine, muse et poétesse américaine d'origine franco-cubaine. Dès l'âge de 20 ans, à peine expérimentée de ses séjours à New York et Paris, mariée pour un temps, elle devient amie ou maîtresse d'écrivains : Antonin Artaud, Henry Miller, Edmund Wilson, Gore Vidal, James Agee, Lawrence Durrell. Marquée par Miller, elle disait : « Je n'ai pas pu comme lui vivre pleinement et insouciante », mais sa quête de création ne cessera jamais. Remariée à un banquier cool, elle pourra traquer à New York cette bohème dont elle rêve et se livrer à son obsession des relations humaines. Dès les années 1920, elle est attirée par les sphères artistiques. À côté de ses livres et romans, son journal en quatre ou cinq tomes me paraît tout expliquer et mériter d'être compris, notamment les années 1930–1940 qui sont la somme de cette culture à part, antisystème, que Miller et ses amis (Durrell, D. H. Lawrence) ont brillamment lancée : l'esprit libertaire international d'un groupe d'Européens ouverts aux autres cultures – moyen-orientale, puis hindoue et asiatique – pour une vie plus épanouie. Le système occidental flanche et cette Café Society, élite intellectuelle et artistique, va tout prendre sur la tête – sexualité, drogue, psychanalyse, danse, sexe, contestation, philosophie orientale, mysticisme, musique et cinéma – toucher à tout et tout contester. Au point qu'Anaïs Nin va passer son temps, entre la rédaction de ses romans érotico-poétiques, à se chercher auprès des artistes, écrivains, éditeurs, critiques et homosexuels dont elle s'entoure.

Assez vite, cette « *star fuckeuse* » va devenir quasi culte à cause de ses rencontres avec des monuments littéraires. Mais elle va raconter simplement son quotidien, déjà fantasmé et déformé. Si on lui fait une réputation sulfureuse et fausse de bisexuelle, il reste qu'elle avait du tempérament et n'était pas farouche. Mais son journal (pas prévu pour être publié et qui ne le fut qu'après la mort de son mari) annonce bien la suite : les beatniks, les hipsters, le jazz, la route et les hippies qui vont puiser dans cette forme de vie dite « artistique », toute en expériences, en intellectualisation du monde, puis en fêtes, trips, voyages, vie en bande où l'on se drague, s'essaie, se provoque, s'exploite ou se détruit. Psychanalyse, symbolisme, libération du corps, des femmes, des homosexuels (encore poursuivis à l'époque) – tous les éléments de la contre-culture sont déjà là. Pour sa passion et sa volonté de fourmi de vivre toutes ces expériences, Anaïs Nin est une pionnière. On a retenu d'elle le sexe et l'érotisme, alors qu'elle a tout connu, aussi de l'envers du décor de l'underground avec ses escrocs, ses pique-assiettes, ses gourous destructeurs et toute une sarabande de paumés, de profiteurs et de toxiques qui sont les indispensables anticorps de cette culture moderne et éclatée.

Les journaux et correspondances d'Anaïs Nin sont publiés chez Stock Éditions.

No wave

Pas sans vague

Les années 1978–1982 furent une période de créativité suractive au sud de Manhattan, à New York, durant laquelle se développa ce style qu'on baptisa « no wave », aux nombreuses ramifications : rock, rap, disco, punk, électro, latino, cinéma, arts, éditions, photos, magazines et performances de toutes sortes. Années explosives, ultra riches en événements sur plusieurs niveaux et dans des groupes très différents au départ.

La plupart des spécialistes parlent ou du punk rock, ou de la fièvre disco, ou des rappeurs naissants, mais pas des bandes qui se sont entremêlées et concurrencées pour ce résultat presque aussi fou que les Swinging Sixties de Londres, et ce dès 1963, avec une génération américaine boostée depuis plus de trente ans au rock, Hells et gangs, magazines et *comics*, modes, dessins animés, cinéma, événements violents, puis Vietnam, émeutes, en même temps que hippies, psychédélisme, LSD et culture pop et punk ! Beaucoup vont converger vers la Grosse Pomme. Après Warhol et sa Factory, chacun veut s'exprimer, s'épanouir et liquider les frustrations nées des puritanismes et de l'éducation *straight*. Comment s'étonner que le rock se durcisse au CBGB (club de Manhattan) ou au Max's Kansas City (club de New York), que la peinture passe aux mains des *kids* de faubourgs et qu'une attitude provocante se généralise ?

À la bande intello de Patti Smith, Richard Hell, Television, Talking Heads, etc. vont répondre les desperados : Ramones, James Chance, Lydia Lunch, Richard Kern (héritiers des New York Dolls et des Cramps) et tant d'autres, mais aussi les rétros déconnants : Kid Creole, B-52's, Blondie, Klaus Nomi, et les graphistes Keith Haring, Basquiat, Futura... Les lieux évoluent pour ces bandes : Loft, Mudd Club, Studio 54, Negril, Paradise Garage, Danceteria, Pyramids et d'autres clubs moins connus et très pointus (le 57). Les galeries tentent de suivre l'explosion de lieux d'expos et concerts comme The Kitchen ou PS One. Et les grands noms de l'art – Leo Castelli, Ileana Sonnabend, Holly Solomon – suivent. Des films se tournent avec Richard Kern, Lydia Lunch, Nick Zedd, et surtout Amos Poe, Jim Jarmush (Steve Buscemi et Vincent Gallo sont déjà là), héritiers du ciné underground à la Jack Smith, Stan Brakhage, Jonas Mekas, Kenneth Anger et John Waters. Le hip-hop naissant va aussi donner des images et des films historiques. Même les discos, sous influence Giorgio Moroder, vont faire sauter les codes avec Larry Levan et Frankie Knuckles à Chicago, envoyant une onde puissante vers New York. La musique house va aussi secouer les têtes et lancer des labels (Salsoul Records).

Une musique syncopée, jazzy, funky va illustrer cette *blank* génération passée à la cold wave puis no wave (la compile NO *New York*, avec Eno aux manettes). DNA, le groupe d'Arto Lindsay, les Contortions de James Chance et Anya Philips, le groupe Gray de Basquiat, les quatre sœurs d'ESG, Liquid Liquid, Mars, Bush

Tetras, Teenage Jesus and the Jerks, Walter Steding, etc. Musique innovante, bruitiste, déstructurée, improvisée... (Captain Beefheart avait ouvert une porte, restée entrouverte). Tous ces avant-gardistes n'ont pas oublié Alan Vega, La Monte Young ou James Brown. Le label Celluloid va tenter cette offensive, avec Tuxedo Moon, Cabaret Voltaire, et même Throbbing Gristle, puis Material, Suicide avec ZE Records. Plus tard ce sera Nick Cave avec Birthday Party ou Thurston Moore avec Sonic Youth qui se souviendront de la leçon. New York aura connu pendant cinq ans une période à la limite du vraisemblable, vivant au rythme de la musique, de la culture, des idées et des inventions plastiques de toute une faune déjà passée au tamis des années 1960 et 1970, puis enrichie à l'uranium punk. Quand on pense que ce pic de civilisation était considéré par les médias comme l'agitation fiévreuse de bas quartiers réputés dangereux !

LIVRE *Downtown Manhattan 78 – 82, de la No Wave aux dancefloors*, Christophe Deniau, Le Texte Vivant, Paris, 2015.

Noise

Quand New York était cultivée

Il est des pics civilisationnels, des âges d'or, des moments de grâce où un peuple, un pays ou un lieu deviennent le théâtre d'inspirations et d'émulations produisant de grandes réussites. L'éclosion du punk fut une de ces périodes. Bien que mondial, le mouvement eut ses villes phares : Londres, Berlin, Paris, mais aussi New York qui se tailla une place à part avec la no wave et la cold wave. Toute la difficulté pour ces avant-gardes est de changer les choses en s'appuyant sur les références nécessaires. Sous influence européenne, les artistes de New York choisirent Rimbaud, Baudelaire, Cocteau, Godard – une touche très française mais aussi des avant-gardes européennes, allant de Dada aux situationnistes et expressionnistes.

Patti Smith, Television et Richard Hell passaient de la Beat Generation à la poésie française. Des gens comme Klaus Nomi apportaient le cabaret berlinois et l'expressionnisme, un peu comme James Chance et les Contortions, ou Lydia Lunch et ses cris à la Antonin Artaud. Jim Jarmush ou Richard Kern pouvaient rappeler l'esthétique de la Nouvelle Vague. Enfin Basquiat fut un peintre expressionniste à la haïtienne. Bien sûr il restait de l'Americana avec Alan Vega et son psychobilly électro ou Keith Haring et ses bonshommes « signalisation ». Les B-52's restaient très John Waters et Baltimore style. Blondie – ancienne Bunny girl pour le club Playboy – était « Girlie Pop ». Et puis il y avait les latinos de Kid Creole. Mais dans l'ensemble, il était question d'oublier un peu l'Amérique pour aller vers un style plus intellectuel, international, syncopé et raffiné, quitte à mélanger poésie, électronique, world, couture et design. D'ailleurs une bande de Français (Maripol, Edwige Belmore, Lizzy Mercier Descloux, Michel Esteban) d'Italiens (Edo Bertoglio), d'Asiatiques (Anya Philips, Ikue Mori) de Latinos (Diego Cortez, Arto Lindsay qui venait du Brésil) était déjà mêlée à cette scène surgissante et fiévreuse. Il en résulta un style plus froid, plus intello, parfois glacé ou robotique, mais qui conféra un ton et une unité à l'irruption new-yorkaise, un genre plus acéré et pointu – *sharp* ! Ce fut un dépoussiérage radical du rock, pop et consorts. Bien sûr, il restait du punk rock, du *trash*, du décadent-glam, du *show*, mais cette vague se disciplinait autour d'un axe, de la culture « arty ». J'oubliais : une dose de funk permettait de danser sur cette matière froide.

CD *New York Noise (Dance Music From the New York Underground 1977 – 1982)*, Soul Jazz Records.

0

Optique, cinétique et cybernétique

Attention les yeux!

L'art optique, cinétique ou cybernétique fut une mode durable et récurrente, qui démarra dès les années 1910 avec les Italiens du futurisme, les Allemands du Bauhaus et les Russes du mouvement suprématiste. Avec l'abstrait et le moderne, les artistes se sont senti pousser des ailes : fini les toiles et les couleurs, bonjour les objets bizarres et les bricolages qui déforment le monde visible ! Ils découvraient les effets optiques, les démultiplications peintes par les futuristes, les décompositions des cubistes, mais en vrai, comme au cinéma. Ajoutez une dose de scientisme, un peu d'électricité, des batteries, néons, ampoules, moteurs et dynamos, le tout agrémenté de miroirs déformants et de métal chromé pour les reflets, et le tour est presque joué. Reste à accepter l'idée.

Les formes se déforment. On voit à travers des gélatines ou du celluloïd. Ça tourne, ça bouge, ça vibre. Les rayons de lumière se mélangent, s'estompent ou se croisent, et nos yeux ont du mal à suivre. Cette fascination néo-technicienne pour des objets d'art teintés de technologie lumineuse, électrique ou mécanique, montre bien la naïveté des artistes, placée sous le signe d'un grand espoir dans la science et le progrès. Malgré les déceptions, cet engouement ressurgit tous les quinze ou vingt ans, avec l'arrivée de nouvelles techniques.

Après les effets optiques simples, les artistes ont utilisé des petits moteurs, puis des néons et autres spots lumineux, des fumées et vapeurs pour estomper le tout, enfin des miroirs, et peu ou pas de laser. Après tout, les artistes sont des mystiques de l'image et de la rétine. Ce qui arrive à notre vision est leur credo et sans doute ne peuvent-ils résister au plaisir d'obtenir un effet, quoiqu'il en coûte de bidouillage, bricolage ou autre subterfuge pour nous fasciner. Mais cette débauche de moyens et de quincaillerie gène un peu la contemplation et vieillit souvent mal. Cette sur-matérialisation de l'art n'est compensée que par la simplicité du message : échapper à l'image fixe, obtenir un glissement magique de la forme ou de la couleur.

La France a joué un grand rôle dans cette période cinétique avec la galerie Denise René à la fin des années 1950. Puis, au début des années 1960, les artistes militants de cette même école se sont regroupés à Paris – des Argentins comme Julio Le Parc, et d'autres Latino-américains. Avec ce mouvement anti-peintre et anti-expressionniste, la contestation avait rejoint l'art, à la plus grande joie des gauchistes, des révolutionnaires et des intellectuels. Les mouvements pop et psychédélique seront les réacteurs de ces idées optiques et perceptionnistes, mais ils achèveront aussi de faire vieillir ces idées vibrantes et ces formes instables. Et finalement les *light shows* et le LSD rendront caduques ces « machines artistiques ».

CATALOGUE *Dynamo, un siècle de mouvement dans l'art 1913 – 2013*, Grand Palais, RMN, Paris, 2013.
CATALOGUE *Julio Le Parc*, Palais de Tokyo, Skira, Paris, 2013.

Origines du son

Du stéthoscope au casque audio : mieux lire nos tympans

Pour les vrais curieux du son et autres exigeants, les 500 pages d'*Histoire de la modernité sonore* de Jonathan Sterne retrace deux siècles – XIXe et XXe – d'approches et d'inventions visant à capturer et restituer les sons. Une aventure incroyable. D'abord il y eut le stéthoscope du docteur français René Laënnec, en 1816. La médecine rendait l'écoute et le son utiles, nécessaires au diagnostic. Première révolution. Au cours des siècles, des philosophes avaient déjà émis des tas d'idées sur le son : vibration, mouvement et même fréquence au XVIIIe. Mais c'est lorsqu'on voulut fabriquer des machines à capter ou imiter qu'on bascula dans le technico-moderne, et dans une sorte de folie douce. Le phonautographe à oreille (vers 1870), par exemple, utilisait une vraie oreille humaine, prélevée sur un cadavre. Pour vous donner une idée du climat.

L'histoire des engins du son est passionnante car elle touche au corps, à la technique, mais aussi à la philosophie première : que veut-on faire ? Déplacer, reproduire, retraduire, imiter les sons ? Et pour servir quelle cause ? Le progrès en médecine d'abord, puis le progrès tout court, car c'est une accélération du monde dans son ensemble que vont engendrer toutes ces inventions. C'est pour aider les sourds qu'Alexander Graham Bell, en 1876, mettra au point le téléphone. Le chapitre des machines est stupéfiant, car des membranes, on est passé à écrire le son (avec un stylet intégré, pour graver les ondes). Voici pour le capteur tourné vers l'oreille humaine, mais l'émetteur lui, va devoir s'intéresser à la bouche, comme producteur de bruits modulés. C'est une histoire sans fin qui tourne comme les pavillons de nos oreilles ou des coquillages en spirales. Le son nous fait revenir à nos sens, et aux éléments producteurs, avec membranes, pavillons et chambres d'échos. Parallèlement, et d'Hippocrate jusqu'à Laënnec, vont s'écrire des méthodes visant à domestiquer ces sons, à les nuancer et surtout à les nommer. Le lexique acoustique n'existe toujours pas. On sait décrire ce que voient nos yeux, mais qu'en est-il de ce que nous entendons ? Dès le début, ce livre précise l'avantage du visuel sur l'auditif, et le côté moderne et direct des images par rapport au parent pauvre – car plus mystérieux et caché – du son (on dit que le dessin s'adresse à l'esprit et le son à l'affectif).

L'arrivée de l'électricité, conducteur fulgurant, est une deuxième révolution. En transportant les images et les sons à la vitesse de la lumière, le courant électrique va conduire au téléphone. La capture et la reproduction des sons tenaient déjà de la magie, mais se parler à distance relève du miracle. Seulement ces machines et techniques doivent être rentables et les chapitres consacrés au commerce des sons – revente, support, distribution, publicité – véhiculent une impression à la fois ridicule et un peu sinistre, car on est entré dans le trafic : matches retransmis, concerts, opéras, gravés dans la cire puis les acétates, et réclames parlées... C'est un peu le début d'un cauchemar, de cette cacophonie mondiale qui fait notre quotidien. Ce livre nous remet à l'esprit les étapes laborieuses et les efforts conjugués de tant de passionnés, mais aussi leurs délires et leurs voies de garage, et surtout le sens de cette saga moderne qui déferle maintenant sur nos vies. Alors qu'écoute-t-on ? Pourquoi ? Avec quelle qualité ? Et quelles conséquences sur nos destinées ? Pour voir autrement nos oreilles, lisons leur histoire.

LIVRE *Histoire de la modernité sonore*, Jonathan Sterne, La Découverte, Paris, 2015.

ŌSHIMA NAGISA

Pour japonophiles avertis

Au milieu des années 1970, Nagisa Ōshima (1932–2013), un des plus grands cinéastes japonais, acquiert une renommée internationale avec *L'Empire des sens* (1976) et *Furyo* (1983). Mais à l'époque, il a déjà conquis son pays depuis une quinzaine d'années avec des films d'auteurs engagés et radicaux. Rien qu'en 1960, il alignait trois films : *Contes cruels de la jeunesse*, *L'Enterrement du soleil* et *Nuit et brouillard*.

Après la guerre de 40, le Japon est bouleversé, brisé. Car le pays a connu au moins trois conflits : l'envahissement de la Chine et de la Mandchourie, la guerre de Corée, et la guerre du Pacifique qui se soldera par deux bombes atomiques sur Hiroshima et Nagasaki. L'Empereur a signé la reddition avec les Américains et renoncé à son droit divin. Ōshima va tenter de raconter ce passage du Japon ancien, féodal et militaire, au Japon moderne. Et le cinéaste ne supporte pas l'occupation américaine. Dans *Le Piège* (1961), il raconte comment un soldat afro-américain capturé devient une bête de somme pour des paysans japonais.

Ōshima cherche l'identité japonaise. Dans les années 1960, il participe à tous les mouvements d'avant-garde. Il s'intéresse à l'art, à la politique, au sexe, à la littérature engagée. Avec *Journal d'un voleur de Shinjuku* (1968), il réalise un film expérimental, presque situationniste, parfois improvisé, avec des manifestations, du théâtre, des débats, des questions d'identité et de libération : sexe, désordre et contestation permanente. Car le Japon a eu son mai 1968, avec combats de rue et militants armés et casqués. La rigidité traditionnelle s'en trouva fêlée. En 1971, dans *La Cérémonie*, Ōshima dénonce les clans, ces grandes familles qu'on appelle « maisons », où les plus vieux dominent et où l'on vit tous ensemble. Enfants naturels, conflits, incestes et suicides composent la trame d'un film hiératique, figé, fait de banquets et de réunions rigides où l'on lave son linge sale en famille, mais en respectant les codes japonais.

Le côté unique de Nagisa Ōshima, c'est qu'au cours de sa carrière, il a ressemblé à Roberto Rossellini en faisant du néoréalisme, puis à Jean-Luc Godard avec de la Nouvelle Vague, puis à Roman Polanski avec des films angoissants et même à David Lean avec une épopée guerrière. Ōshima le radical a su aussi se plonger dans des atmosphères paysannes, violentes, policières, familiales, grand spectacle ou même sexuelles. Chaque film est une démonstration de scénario, talent, rigueur et recherche du style adéquat pour raconter l'histoire choisie. Mais les codes japonais sont très présents et il faut s'y connaître un minimum. Et malgré la beauté formelle, on peut détester cette tension, cette lenteur, ces plans-séquences interminables. Mais si vous êtes de nature contemplative, vous saurez goûter à ces univers lointains.

COFFRET 9 DVD Nagisa Ôshima, Carlotta Films.

OZU YASUJIRŌ

Tempête dans un bol de saké

La plupart des réalisateurs admirent le cinéaste japonais Yasujirō Ozu (1903–1963), mais aucun n'oserait faire le genre de films qu'il a tournés. Le travail d'Ozu évoque celui d'un compositeur versé dans les préludes, sonates et autres *adagios* dont le tempo serait toujours *moderato*. Lenteur, plans fixes et délicatesse des sentiments sont ses armes. Ni cris, ni violence – on est loin de l'Amérique. *Fleurs d'équinoxe* est le premier film couleurs du maître, mais son 48e film tout court (Ozu a commencé à tourner en 1927). On est en 1957, une dizaine d'années après les bombes atomiques sur Hiroshima et Nagasaki, et le Japon vit sous occupation américaine. Mais si les Japonais acceptent l'américanisation de la mode et du design (les looks et décors sont des modèles du genre), et le style occidental moderne, leurs traditions sont encore bien présentes : politesse, effacement, discrétion, rituels et autres rigueurs nippones. Film sur la fin des mariages arrangés, *Fleurs d'équinoxe* permet à Ozu de cerner les contradictions et les nostalgies de l'ancien Empire du soleil levant. Les portraits de femmes, muses des poètes, sont particulièrement subtils dans cette période de transition. Ce sont elles les fleurs d'équinoxe, rouges et poussant près des cimetières (comme les coquelicots), peut-être parce qu'elles vont enterrer les traditions. Lorsque la scène montre des personnages assis, Ozu les filme au ras du sol dans une position typique, agenouillée, rappelant celle de certains bouddhas, et avec des cadres composés pour l'immobilité et la retenue. Si vous n'en pouvez plus des effets spéciaux, des montages déchiquetés et des bruits et hurlements inutiles que le cinéma US déverse sur nos têtes, alors Ozu est pour vous : recueillement et concentration – zen. Je ne suis pas pour changer notre nature inquiète d'Occidentaux, mais pour la gymnastique de l'esprit : se tremper dans les émois japonais, leurs émotions fines mais profondes, leurs émois contradictoires, leurs envies de perfection et leur nostalgie rêveuse.

Ozu était si maniaque qu'en plus des tenues admirables de ses acteurs et actrices, il choisissait lui-même les tissus d'ameublement des décors ! Et même s'il montre le déclin d'une identité nationale, il le fait méthodiquement et sans ressentiment, comme un constat élégant. On voyage sans s'ennuyer. On glisse sur un courant continu, sans à-coup. C'est tout l'art d'Ozu de nous emmener plus loin que prévu, presque à notre insu, en nous berçant d'images apparemment lisses et calmes, mais qui abritent nos drames humains. Trop de politesse, d'*a priori* et de retenue empêche les êtres de se dire qu'ils s'aiment, se comprennent, partagent les mêmes doutes et subissent les mêmes demandes affectives souvent frustrées. Le cinéma atteint rarement cet art, cette économie et ce tempo si juste entre silence et action, avec des rôles si complets et si riches. Les hommes semblent regarder en eux-mêmes tandis que les femmes pétillent sous la coquille conservatrice – très loin de nous en apparence, mais ne vous y trompez pas.

DVD *Fleurs d'équinoxe*, de Yasujirô Ozu (1958), Arte Éditions.

P

Pacadis Alain

Dandy punk, esprit des seventies

Avec la réédition d'*Alain Pacadis : Itinéraire d'un dandy punk*, gros livre d'Alexis Bernier et François Buot, les vieilles mémoires vont se rafraîchir et les jeunes cerveaux s'ouvrir à des manières perdues. Cette enquête sur la vie d'Alain Pacadis (1949–1986), journaliste à *Libération* et fan de rock, tente de restituer l'état d'esprit d'une époque, de la fin des années 1960 au milieu des années 1980, et les connexions entre médias, lieux, starlettes, attitudes, modes, clans et zones blanches. Vaste programme, d'où les 350 pages.

Alain « Too Young To Die Too Fast To Live » Pacadis signait aussi sa chronique de *Libé*, intitulée « White Flash » puis « Nightclubbing », « Alain "death trip" Pacadis » – pour vous donner une idée du mec. Homo, punk, junkie et demi-clodo, Alain avait été beatnik, hippie, routard et ensuite décadent, glam, rock puis punk. Warhol, Iggy et Lou Reed, telle était sa trinité. Comme le groupe graphique Bazooka se trouvait chez moi, rue de Turbigo – juste entre le Gibus, le Tango, les Bains et le Palace, les quatre clubs *in* de Paris – Alain passait souvent. Il était orphelin, pauvre, laid et, disons-le, sale. Sa petite piaule rue de Charonne n'avait qu'un évier, bordé de la crème dépilatoire pleine de poils de barbe de Dina, la travelotte qu'il logeait. Une vie et un décor plus proches de *L'Assommoir* que de la Factory. Mais comme ce même garçon hantait tous les cocktails, vernissages, expos, concerts et mondanités de Paris et qu'il avait fini par le raconter dans *Libé*, dans un style faussement simple et candide, il était à son tour devenu une starlette.

Alain parlait gentiment et avec une certaine préciosité. Il était cultivé et délicat, tant qu'il ne buvait pas. L'alcool le rendait étrangement agressif et suicidaire, le poussant à s'attaquer à plus fort que lui. Il fut trop pauvre pour mourir d'overdose d'héroïne, comme tant d'autres à l'époque. *Libé* payait 10 000 francs chaque salarié, sauf Alain qui se faisait royalement arnaquer (il était pigiste, comme votre serviteur qui, après plus de deux ans de dessin de presse, BD et pleines pages, ne fut jamais déclaré). Les punks qui sauvaient *Libé* de la faillite étaient punis par les vieux gauchistes reconnaissants. Car cette époque n'était pas tendre, avec ses jalousies exacerbées, ses coups bas quotidiens et ses drames de trahison récurrents. C'est d'ailleurs drôle qu'on se représente les années 1960 comme une décennie gaie, alors qu'elles furent sinistres, et les années 1970 comme une décennie généreuse, alors qu'elles furent marquées par l'avidité et l'arrivisme. Mais le tout baignait dans un torrent de créativité impensable aujourd'hui.

Au séminaire de *Libé*, par mesure d'économie, on était deux par chambres et j'étais le seul à être OK pour partager la sienne. Il se plongeait dans la baignoire, sans shampoing ni savon, et en ressortait avec quelques coulures sombres. J'insiste sur ces détails afin que ceux qui liront ce livre n'aillent pas s'imaginer pas que sa vie était un tapis de roses. Comme Pivot, lorsqu'il l'invita à *Apostrophes*, qui le prit pour un jet setter, alors qu'il se nourrissait de petits fours dans les cocktails, voire ne mangeait tout simplement pas. C'est justement ce paradoxe du vrai pauvre qui côtoyait les riches et les célèbres, du « *dejado* » entouré de figures chics et apprêtées, qui lui conférait une valeur par l'absurde et par l'incompréhension qu'il générait.

Pacadis était à la fois le roi et le fou du roi des punks, qui respectaient cet être indifférent aux choses matérielles, et pourtant ultra branché et invité partout, malgré son allure et ses dérives permanentes. Mais la période fut bouclée en deux-trois ans, suite à quoi il se jeta dans la voie sans issue du disco, des paillettes et des clubs, où il n'était plus reçu que comme un fantôme. Sa fin romantique et morbide mit un terme à sa notoriété. Le petit orphelin de la rue de Charonne eut un enterrement parisien fastueux où se réunirent Jack Lang et Gainsbourg, acteurs, chanteurs, journalistes et écrivains, tous un peu hébétés autour du joueur de flûte disparu.

L'enquête de Bernier et Buot est d'autant plus précieuse qu'après la mort d'Alain, un paquet de gens l'évoquaient en intimes, alors qu'ils n'avaient jamais approché le desperado. Alors si j'ai un seul conseil à donner pour pénétrer ce monde, c'est d'oublier les grands noms du livre et de s'intéresser à ces inconnus vers lesquels allait Pacadis, qui tout comme lui firent le sel de cette époque impitoyable.

LIVRE *Alain Pacadis : Itinéraire d'un dandy punk*, Alexis Bernier et François Buot, Le mot et le reste, Marseille, 2013.

Panique à Needle Park

Love story chez les toxs

Le cinéaste Jerry Schatzberg connut son heure de gloire avec deux monuments. Après *Portrait d'une enfant déchue*, avec Faye Dunaway en 1970 – extraordinaire vision du mal-être des top models par un ex-photographe de mode –, il refrappe l'année suivante avec *Panique à Needle Park* ou le quotidien des junkies de Sherman Square, à New York. Al Pacino s'y impose pour longtemps, contrairement à Kitty Winn, qui lui donne la réplique et ne réapparaîtra pas après ce rôle symbolique. Vingt ans plus tôt déjà, un certain William Burroughs avait commencé à écrire *Junkie* (qui ne sortit qu'en 1953), son premier roman autobiographique, racontant en détail les combines des junkies d'après-guerre. Vers 1947, les toxicos malins trouvaient encore des doses toutes prêtes de morphines dans le surplus de l'armée, dans les paquetages des soldats ! Si deux décennies plus tard le « deal » s'est organisé, importé et clando, c'est surtout le nombre de clients qui a changé, et leur nature. Après les amphétamines des années 1940 et 1950 qui boostèrent l'Amérique en douce, c'est la poudre, le cheval, l'héroïne qui cueille les hippies en descente d'acide. Les drogués ne sont plus des truands et des prostitués, des jazzmen ou des marginaux récidivistes, des antisystème convaincus, mais des bourgeois, des étudiants et des employés. L'Amérique peut se faire peur.

Dans *Panique à Needle Park*, Schatzberg nous fait suivre en cinéma vérité un Pacino parfait, à l'aise en petit junky organisé, charmeur, glandeur et voleur. Son personnage fait plonger une pauvre fille à la dérive, qui délaisse son « bon genre » pour faire des passes. Bien sûr, rien n'est ne nous est épargné : trahison, mensonges, combines minables, chutes répétées et prison. Le succès de ce film reste à comprendre : voyeurisme sadique de la souffrance, fascination pour l'échec absolu, romantisme morbide de l'amour teinté de mort. À la même époque, Barbet Schroeder montrait exactement le même malheur dans son film *More* : un couple sombrant dans l'héroïne, mais sous le soleil d'Ibiza. Mais « ça » – la révolte, les beatniks, la route, les héros littéraires maudits, la pop music et les paradis artificiels au goût d'Orient – n'explique toujours pas pourquoi des générations entières se sont jetées sur ces mythes négatifs et autodestructeurs. Quelle réaction violente, inconsciente ou lucide, leur a fait rejeter en bloc tout ce que proposait le monde moderne ? Comment peut-on à la fois percevoir l'inutilité de la consommation, et ne pas voir le danger absolu de la drogue ? Éternelle histoire des hommes, jeunes et avides de différence et de risque, mais aussi de mode (l'héro). *Panique à Needle Park* eut le mérite d'exister. Aujourd'hui, on croit voir un reportage intimiste sur les toxicos des grandes villes. La banalisation est passée par là, mais le drame persiste.

DVD *Panique à Needle Park*, Jerry Schatzberg, Carlotta Films.

PARADJANOV SERGUEÏ

Comment finir au goulag avec des images

Si vous aimez les contes et légendes anciennes, l'Orient lointain et inconnu, les miniatures persanes, les guerriers mogholes, les cavaliers cosaques, les monastères orthodoxes, les icônes dorées, les princesses et devineresses, les destins chahutés et les visions extatiques, le tout sous le sceau des amours et des passions, alors vous devez connaître les films de Sergueï Paradjanov (1924–1990). Avec lui, l'ensemble se joue sous les monts du Caucase, entre mer Noire et mer Caspienne : Ukraine, Géorgie, Arménie et Azerbaïdjan.

Fils d'antiquaire, Sergueï Paradjanov a grandi à Tbilissi, en Géorgie, dans une caverne d'Ali Baba remplie d'objets, costumes, tapisseries, tentures et armes anciennes. Son imaginaire vient de là, et il continuera toute sa vie à accumuler des collections d'objets hétéroclites qui vont peupler ses films. Il étudie à la grande école de cinéma à Moscou, épouse une musulmane tartare, puis tourne plusieurs documentaires à Kiev. Devenue orthodoxe, sa femme sera assassinée par sa famille pour trahison. Paradjanov se remarie avec une Ukrainienne, dont il a un fils en 1958.

En 1964, son film *Les Chevaux de feu* le rend soudain célèbre en Europe. La beauté des paysages, des acteurs, des costumes, des décors – séries de tableaux presque muets, images tirées des contes et légendes d'Asie centrale – émerveille un Occident trop cartésien et logique. Avec Paradjanov, on plane, on voyage, on imagine encore plus. La réussite est totale. La Nouvelle Vague l'encense. Même Godard le surnomme « le maître du temple du cinéma ». On le compare à Ingmar Bergman, Pier Paolo Pasolini, Akira Kurosawa, Luis Buñuel, Orson Welles. Mais il tourne dans la langue de ces pays annexés par la Russie soviétique (en arménien, ukrainien ou géorgien) et chante leurs mythes et légendes, ce qui est considéré comme un crime antirusse et lui vaudra le goulag et la censure de ses films à venir. En captivité, il survit et réalise de somptueux collages et des dessins riches et détaillés pour ses prochains tournages. En 1968, *Sayat Nova* ou *La Couleur de la Grenade* est un merveilleux poème filmé, un choc esthétique, une série de miniatures persanes, censuré pour « anticonformisme » ! Le soviet transforme ses qualités en défauts.

En 1984, après quatre années de goulag, il parvient à sortir *La Légende de la forteresse de Souram*, sublime histoire géorgienne où cavaliers, cosaques, princes et marchands, pèlerins et devineresses, nous entraînent dans un flot d'images extraordinaires, belles comme des peintures mogholes. En 1988, *Achik Kérib, conte d'un poète amoureux*, dernier film achevé de Paradjanov, applaudi à la Mostra de Venise, est dédié à son grand ami et égal : Andreï Tarkovski, lui aussi persécuté par le régime.

COFFRET 4 DVD Sergueï Paradjanov, Montparnasse Classique.

PASOLINI PIER PAOLO

Le scandale permanent

Dès son premier film, *Enquête sur la sexualité* (1964) – reportage sur les plages italiennes où il interroge les vacanciers sur le sexe, l'homosexualité et la prostitution – Pier Paolo Pasolini (1922–1975) dérange. Dans l'Italie d'après-guerre, où le divorce est interdit, l'hypocrisie règne et Pasolini met les pieds dans le plat. Avec son physique de dur, presque de boxeur, il parle comme un super intellectuel. Il est savant et analyse tout : les mœurs, la société de consommation, la décolonisation, le racisme de classe, les pauvres, les femmes, Dieu et la religion, l'Histoire. Très vite, il devient le grand intello de gauche italien : écrivain, journaliste, metteur en scène, scénographe, dramaturge. Et en prime il est poète, élégant, curieux de tout et parle avec un sérieux imperturbable des grandes traditions : religion, société, pouvoir, autorité.

Chacun de ses films est une gifle pour les institutions et le public. Pasolini travaille à la grenade ou à la bombe à retardement. Communiste, il a eu le temps de désespérer de la société italienne, entre église et mafia, bourgeoisie et police. Sa vie a été dure : frère tué en 1945, père militaire emprisonné pour dettes, manque d'argent, déménagements fréquents. Lui-même sera mêlé à une affaire criminelle par erreur. Et c'est encore sans parler de son homosexualité souterraine. Avec sa mère redevenue institutrice, il monte à

Rome pour survivre, se lance dans la poésie, publie des magazines, des anthologies et des articles. Les communistes le rejettent, et en 1955, il finit par publier une étude sur la prostitution masculine, *Ragazzi* (les garçons), qui lui vaudra son premier procès pour « caractère pornographique ». Il sera acquitté, mais ses films lui causeront encore trente procès. Toute sa vie, cet homme blessé et révolté sera chassé par la société.

Flashs de filmographie pasolinienne : dans *L'évangile selon Saint Matthieu* (1965), Jésus a une tête de mauvais garçons et les apôtres des allures de paysans et de clochards ; dans *Théorème* (1968), un éphèbe séduit toute une famille, y compris les hommes et la bonne ; dans *Médée* (1969), la diva et cantatrice intouchable Maria Callas se fait violenter sur des peaux de bêtes ; dans *Porcherie* (1969), le héros finira dévoré par des cochons ; dans *Salò ou les 120 Journées de Sodome* (1976), un état policier et fasciste torture des foules de prisonniers à longueur de scènes. Je me souviens de ces films comme ça, à mesure des années 1960 et 1970, avec des détails, des scénarios, des physiques qui voulaient choquer, mais aussi des ellipses et une façon anti-commerciale de filmer – ni voyeurisme, ni complaisance, mais une volonté d'offenser.

Pasolini sera aidé par deux écrivains majeurs : Alberto Moravia et sa femme Elsa Morante. Il deviendra l'intellectuel italien complet, provocateur et militant. Comme son alter ego allemand, Rainer Fassbinder, il fonce et travaille sans cesse. Débats, rencontres, actualités, colloques, participations – il est partout. Les procès le fatiguent, sa vie aussi : malgré un grave ulcère, il mènera sa guerre contre la société jusqu'à sa mort en 1975, alors qu'il courait après des rushes volés de son film *Salò* : une nuit de rendez-vous piégés et de chantage à la fin de laquelle il sera tué, puis écrasé par sa propre voiture ! Crime d'homosexuels crapuleux ou assassinat orchestré par la droite dure ? L'affaire n'a jamais été résolue car les deux versions existent avec noms et témoins. Pasolini est mort comme il a vécu : dans le conflit, la course à la vie, une certaine violence, les règlements de comptes et un idéal inaccessible. Il prônait la justice sociale, la tolérance, le retour aux sources, l'amour libre jusque dans les campagnes, avec en toile de fond son horreur de la société de consommation déshumanisante. Un ennemi public utile, en quelque sorte.

CATALOGUE *Pasolini Roma*, Cinémathèque, Skira, Paris, 2013.
COFFRET DVD *Pasolini*, Carlotta Films.

PASSION

Pays des interminables larmes...

Si vous vous sentez d'humeur romantique, si vous êtes ouverts à tous les serments, si vous ne niez pas la passion dévorante, si l'amour absolu ne vous paraît pas un vain mot, si le don de soi vous intrigue, lisez ces quelques lignes : on y parle de sensibilité à fleur de peau, de grands sentiments et d'amoureux transis.

Héros numéro un : Guru Dutt (1925–1964). Ce cinéaste indien est devenu une star de Bollywood dès les années 1950 avec quelques films mélodramatiques d'un romantisme échevelé, qui ont donné le ton à des milliers d'autres réalisations. Nul mieux que lui n'a su faire pleurer les foules, filmer les femmes nimbées de lumière, les hommes sombres ou flous, dans des atmosphères de rêverie, de désespoir amoureux, d'idéal et de sensibilité poétique. Il a fixé les règles de clair-obscur, de longs plans fixes, de travelling à travers des espaces pour arriver au sujet.

Il serait l'équivalent indien de Josef von Sternberg (le mentor de Marlene Dietrich), mais avec en sus la sensibilité vibrante de l'Inde. Une de ses grandes héroïnes (dans *Le Maître, la maîtresse et l'esclave*) n'hésitera pas à devenir alcoolique et à se comporter comme une prostituée pour reconquérir son mari, débauché et cynique (impensable dans l'Inde juste indépendante et ultra-puritaine de 1950). Sa propre vie sera déchirée entre sa femme Geeta Dutt, la voix chantée de tous ses films, et Waheeda Rehman, son actrice dès 1957 (*L'Assoiffé*), où il incarne un poète maudit. Il meurt d'un cocktail drogue-alcool à l'âge de 39 ans, alors qu'il vient de réaliser son chef d'œuvre, *Fleur de papier*, l'histoire d'un réalisateur à succès qui tombe amoureux de son actrice et perd tout. C'est lui-même, car ses films étaient sa vie.

Le héros numéro deux est une héroïne, multiple : princesse Mononoké, Yaegaki, ou tout autre figure féminine des contes et légendes de l'amour au Japon. Dans cette tradition des geishas et autres prétendantes à l'amour parfait, il n'y a aucune limite de don et de soumission pour sauvegarder sa passion. Les femmes, filles, princesses, geishas, fées, etc., sont assez systématiquement scarifiées, tatouées, écorchées, amputées, saignées de leur propre chef! Et ce avec le plus grand naturel, afin de combler les manques de leur amant, leurs doutes ou leurs infidélités. Elles paient comptant et en nature, leur poids d'amour et de servitude. Se couper la dernière phalange du petit doigt n'est pas un privilège des mafieux Yakuza, mais bien une invention des amoureuses et courtisanes, afin de raviver l'intérêt de leurs amants. Se faire tatouer mille fois le nom de l'être aimé est bien aussi. Se raser la tête et beaucoup d'autres tortures, petites ou grandes, sont également très appréciées dans ces codes amoureux.

Là encore, tels Roméo et Juliette, ou Tristan et Iseult, les amants sont séparés ou éloignés l'un de l'autre par les obstacles, les ennemis, les codes, les traditions, la morale et bien d'autres barbelés hautement spirituels, qui finissent par les tuer. Comme l'Inde, le Japon sublime la passion contrariée comme multiplicateur des sens, aiguisant l'esprit de l'amour dans les moindres détails : peaux, cheveux, sexes, doigts, ongles, exaspérant corps et esprits, jusqu'à commettre des actes irréparables, après avoir versé des torrents de larmes, bien sûr. Le corps et ses liquides, comme un temple, inondé par la mousson indienne ou le typhon japonais.

DVD *L'Assoiffé* et *Le Maître, la maîtresse et l'esclave*, Guru Dutt, Carlotta Films.
LIVRE *Les Histoires d'amour au Japon : des mythes fondateurs aux fables contemporaines*, Agnès Giard, Glénat, 2012.

PENN IRVING

Portraits modernes pour icônes définitives

Irving Penn (1917–2009), beau et racé, au coup d'œil sûr et à la technique parfaite, est entré au Panthéon des photographes. Ce New-yorkais au goût bon chic bon genre fut vite recruté par la mode et les magazines sur papier glacé, prescripteurs de beauté et d'élégance. Sa façon de faire, en Rolleiflex, noir et blanc, en studio, un peu sombre pour que les ombres noires soient très marquées, deviendra l'image de marque du « portrait artistique moderne ». Son professeur d'art à l'université était Alexey Brodovitch, directeur artistique au *Harper's Bazaar*, temple du bon goût et du chic. Et Penn va s'entraîner à saisir des gens du peuple et de la rue dans toute l'Amérique, et jusqu'au Mexique où Frida Kahlo attirait tous les esthètes branchés.

Pour aller très vite, Penn est recruté à *Vogue*, et le directeur Alexander Liberman l'installe sur la 5e avenue, dans un studio voisin appartenant au groupe Condé Nast. Le photographe réalisera plus de soixante couvertures pour ce magazine : les plus belles robes de Balenciaga à Dior, mais aussi les grandes personnalités du monde l'art et de la culture. Les noms portraiturés par Penn sont tous issus du *Who's Who* mondial. Choisissez n'importe quel réalisateur, peintre, auteur, danseur, acteur, designer, musicien – de Picasso à Hitchcock, de Joséphine Baker à Miles Davis, de Lévi-Strauss à John Houston – il les a tous photographiés.

Ses images remontaient le niveau de l'article.

Bien sûr, il était simple, discret, très avisé, avec un œil de lynx, un art du dosage et un rien de mise en scène. Le mystère Penn est celui des grands faiseurs, au-delà de l'habileté, indifférent au génie tapageur, juste la mesure parfaite de la lumière et une sensibilité haut de gamme qui lui permettent de cliquer à la bonne seconde. Ses portraits semblent évidents, comme des statues, des tableaux, des instantanés parfaits – des modèles du genre. Pas glamour, plutôt un peu tragiques. Un théâtre du drame sourd de l'humanité épinglée comme une collection de têtes, de bustes définitifs et pourtant intimes. Un peu tristes, noirs, hors de la mode, du monde, enfermés avec lui dans le studio de prise de vues. Comme Richard Avedon ou Cecil Beaton. Rien à dire, c'est parfait.

En 1971, Penn est allé photographier des Touaregs au Maroc, comme il avait immortalisé les Mexicains en 1941. Sa femme, Lisa Fonssagrives, en a fait un petit film où il n'y a rien à voir à part les Touareg, puisqu'il est si rapide et discret (il a aussi fait des objets, animaux, natures mortes). Son seul drame est le dessin et la peinture : il s'y est escrimé et cassé les dents. Appuyer sur la détente, et diriger pinceau ou crayon pendant des heures, ce n'est pas le même univers.

N.B. : Irving Penn est le frère du grand cinéaste Arthur Penn (*Bonnie and Clyde*, *Little Big Man*, etc.).

CATALOGUE *Irving Penn : Le centenaire*, Galeries nationales du Grand Palais, RMN, Paris, 2017.

PICABIA FRANCIS

Leçon de peinture libre

Entre Picasso et Picabia (1879–1953), choisissez le deuxième. Pourquoi ? Parce qu'après une démonstration cubiste vers 1912, cet Espagnol d'origine adopté par Paris sera un des premiers dadaïstes, provocateur et doué, multipliant les peintures mécanistes (ou « mécanomorphistes »), représentant des machines rutilantes et rigides qui obséderont son ami Marcel Duchamp – un art élémentaire, optique, avec des traces de Bauhaus. Mais très vite le talent explosif de Picabia ira aussi jouer avec des lettres, des mots remplissant les toiles, de l'ironie – totalement dadaïste et drôle. Il nie le sérieux, avec des « espagnolades » kitschs, cette fois à l'opposé des déclarations dadaïstes, mentales et intellectuelles (et un clin d'œil à Picasso, qui le talonne pour la première place).

Ce peintre qui aimait la vie voulait s'amuser, bien décidé à se moquer des artistes sérieux, théoriques et amers, coincés dans leur « -isme » respectif (expressionisme, fauvisme, cubisme, futurisme, constructivisme, etc.). Picabia ne cessera jamais de changer, d'inventer, de détourner ou de se moquer des principes de continuité, de sérieux, de réussite. Giorgio De Chirico, artiste libre et plein de fantaisie lui aussi, en fera de même après avoir hissé ses peintures « métaphysiques » au sommet de l'art moderne. Mais on ne pardonne pas à ces trublions leur culot. Pourtant Picabia ne va pas en rester là : il mélange les styles, invente les « transparences » en superposant les dessins, toujours avec facilité, témérité et réussite.

En 1922, il présente un châssis de toile vide avec des ficelles qui s'entrecroisent, référence à l'art mondain de « tirer les ficelles » et de ne plus peindre du tout (fonds de commerce de Duchamp). Dès les années 1920, après les machines, les Espagnoles, les toiles lettristes, dadas, conceptuelles, il réalise des collages sur toile avec de tout, mais aussi des toiles très colorées, entre cubisme, surréalisme et figuratif, sa propre école – de belles silhouettes, des motifs décoratifs, comme des serpentins et des confettis, quelque chose de joyeux, de folklorique, parfois pop et simplifié, parfois chargé comme du Kandinsky, mais où se mélangent figuration et abstraction. Inadmissible pour les modernes coincés. Puis ce sera les nus, érotiques, ridicules ou détournés de magazines, comme des posters vulgaires, des transparences audacieuses et élégantes, mais aussi des toiles minimalistes avec quelques points ou tâches, qui influenceront l'art par leur radicalisme innocent.

Picabia fera même du cinéma avec *Entr'acte* (1924), film expérimental où il se chargera de tout – idées, décors, costumes – comme il l'avait fait pour les ballets suédois au théâtre. Le film se termine par la partie d'échecs célèbre opposant Man Ray à Marcel Duchamp, puis un corbillard emballé tiré par un chameau fonce dans un Luna Park ! Et malgré toute cette créativité généreuse, le monde de l'art le déteste, car il menait grand train : fêtes, voitures, yachts, femmes, et argent.

On ne voit pas le rapport avec l'art... Jalousie ! Il sera déconsidéré pour ses opinions en 1945, jugé « réactionnaire » (même si le régime de Vichy a condamné ses toiles érotiques). Pourtant il a sauvé un couple de la Gestapo. Mais rien n'y fera, malgré des tableaux encore pleins de vie et de trouvailles, il sera grillé. Les institutions artistiques ne lui pardonnent pas ses fantaisies, ses pirouettes, son mépris des critiques et d'un certain public. La guerre a balayé les délires, détournements et paradoxes dans l'art, jugés pas sérieux, voire irresponsables. Exactement ce que Picabia voulait : ne rien lâcher de sa liberté.

POLIAKOFF SERGE

Les icônes abstraites

À 20 ans, Serge Poliakoff (1900–1969) accompagne son frère à la guitare dans les cabarets russes de Paris. Il lui faudra vingt ans pour exprimer son vrai talent – la peinture – et attendre la fin de la guerre pour commencer à en vivre un peu... Je ne sais pas si on peut encore comprendre ces vies romantiques, bohèmes et aventureuses de réfugiés, d'immigrés et de prisonniers, de même que ces époques : guerre, révolution, entre-deux-guerres, nouvelle guerre mondiale.

Comme son ami néerlandais Bram van Velde, Poliakoff est un « *natural born painter* », donc un mystère.

Tous deux alignent des traits, des couleurs, des surfaces, comme en tâtonnant, et l'ensemble finit en une belle toile qu'on a envie d'accrocher chez soi, n'importe où. La légende dit que Poliakoff était si pauvre, et sa chambre à Paris si petite, qu'il devait sortir dans le couloir de l'immeuble afin d'avoir assez de recul pour voir sa toile en entier et la corriger. Il ressemblait à un bon bourgeois, posé et élégant en costume croisé. On aurait presque dit un médecin ou un banquier. Et pourtant, rêveur, silencieux et romantique, il se foutait un peu de l'argent comme de l'avenir, ce qui finit par se voir dans son travail : sans âge, sans modèle ou précurseur, avec de simples formes colorées. Il va devenir un très grand abstrait, admiré, honoré, apprécié bien au-delà de la France.

Poliakoff a connu tous les peintres, mais c'est de son compatriote Kandinsky, grand inventeur de l'abstrait, qu'il est le plus proche, et de Delaunay, l'orphiste qui peint l'espace avec des cercles. Toutes les avant-gardes picturales lui sont passées sous le nez : cubisme, dadaïsme, futurisme, surréalisme, Bauhaus, école de Vienne, constructivisme et suprématisme d'un autre Russe : Malevitch. Lui, c'est plutôt le Russe conservateur, planant, amoureux d'icônes et de musique (il aime Paul Klee, le plus musical des Allemands abstraits). Poliakoff se définit en creux, en calme. Il recommence éternellement la même toile, faite de surfaces presque géométriques, de mêmes proportions avec des harmonies de couleurs incertaines. Mais son dessin est fin, équilibré et apaisant. Il semble construit, mais dans l'espace, il flotte. Ses couleurs – on devrait dire « ses tons » – souvent rabattues de noir ou de blanc tiennent davantage de la vibration. Il procède par superpositions et même corrections. Si une plage de couleur fait fausse note, il la recouvre, mais pas complètement : un orangé sur un noir qui transparaît en dessous, un blanc nacré sur un bleu qui fait des marques entre les touches. Avec ce système, il peut corriger, repeindre par-dessus et même le « repenti » lui sert d'équilibre.

Les collectionneurs adorent : c'est discret, élégant, ça va avec tout, le moderne comme l'ancien. Poliakoff donne ses lettres de noblesse à l'abstraction pure. Il devient donc un historique, un maître. Avec lui, on pense aux icônes de son enfance, à la majesté des peintures religieuses, à la spiritualité qui refait surface en ces années 1960 en Occident, à travers l'orientalisme, le bouddhisme et la méditation – Poliakoff le sage. Bien sûr sa peinture rassure, embellit, n'embête personne. Après les crises de l'art, voici les maîtres apaisés. Mais le talent est là, visible, énigmatique – le truc sans paroles.

Voyez aussi ses gouaches : plus petites, plus pâles, plus simples, encore plus dépouillées que les grandes huiles, peintes au couteau et moins fluides. Elles sont encore plus frappantes. On dirait des exercices d'enfants, faits à l'école avec la boîte de couleurs et un méchant gros pinceau. Pourtant le résultat est grand, beau, profond. On peut donc réussir quelque chose avec presque rien. La preuve par Poliakoff, l'orthodoxe.

CATALOGUE *Serge Poliakoff : Le rêve des formes*, MAM, Paris Musées, Paris, 2013.

Pop trip

Quand Andy Warhol s'appelait encore Andrew Warhola

À peine arrivé d'Angleterre sous forme de collages, photos et peintures, le pop art devient vite un enjeu – de succès et d'argent – en Amérique. Nous sommes en 1963, Andy Warhol (Andrew Warhola) et trois de ses potes (Gerard Malanga, Taylor Mead et Wynn Chamberlain) sont invités par Dennis Hopper pour rencontrer des stars d'Hollywood et accessoirement faire un film underground sur Tarzan ! Pari tenu. Deborah Davies nous conte par le menu cette virée américaine de milliers de kilomètres, ce road-movie-trip de New York à L.A. entre Route 66, *motels* et *advertising* géants bordant les premières *highways*. Toute cette aventure est bien sûr prétexte à déconnage, frimage et tournage, dans le plus pur esprit « Camp » (nos quatre pieds nickelés sont tous homos). On assiste à des comportements et des modes naissantes, à des manières de pionniers urbains, qui durent encore aujourd'hui. *Shopping vintage*, joints, dérives blasées, vannes branchées, et toute la verve de la génération post-Beat : l'envie de changer l'art, la société, et de tourner en *gonzo* (à l'arrache) du cinéma libre, frais et vrai.

Il y a cette anecdote unique où Warhol achète pour 50 dollars – à sa copine galeriste douée mais fauchée Muriel Latow – l'idée qui va faire sa gloire : peindre des « multiples » de billets de banques, de boîtes de soupe, de lessive, puis de visages de stars... et d'accidents. Ou celle, savoureuse, où il a l'idée de peindre des personnages de BD agrandis (Popeye, Superman, etc.), qu'il propose à la super-galerie de Leo Castelli, mais Roy Lichtenstein le fait déjà, en mieux ! C'est l'art vu en direct, cru et cruel. Une course à l'argent et une émulation doublées d'un timing absurde qui s'est imposé depuis. La faute à Andy ?

LIVRE *Andy Warhol va à Hollywood : Road Trip à travers l'Amérique pop des sixties*, Deborah Davies, Rivages, Paris, 2016.

Popol Vuh

Florian Fricke au Tibet

Florian Fricke (1944–2001) était un pianiste compositeur allemand qui créa le groupe de rock planant Popol Vuh, du nom d'un ancien manuscrit maya. Il composa aussi les musiques de certains films de son ami Werner Herzog : *Aguirre*, *Nosferatu*, *Fitzcarraldo*. Florian était passé par le free jazz, le cinéma amateur, la musique planante avec un moog, qu'il offrit à Klaus Schulze, pour ne plus jouer que du piano. Il finit même par enregistrer du Mozart. Les nombreux albums de Popol Vuh sont résolument planants, se déversant en cascades de notes cristallines et claires comme une rivière fraîche et jamais tarie. On a pu les rapprocher de Tangerine Dream. Chez Fricke, tout inspire le respect, le calme, l'harmonie, le détachement et la droiture. Visage d'aigle taillé en angles durs, il ressemble à un héros des *Nibelungen*. Sa musique hors du temps semble être ce qu'il a voulu : une musicothérapie, excellente pour les nerfs ou le surmenage. Elle vous plonge dans un bain de notes, d'ondes, de vagues, au-delà de la décontraction – la musique planante dans toute sa splendeur.

Florian Fricke nous a quittés à 56 ans des suites d'une attaque. Mais il a laissé deux douzaines d'albums et aussi des films d'inspiration spiritualiste réalisés dans des déserts : Liban, Israël, Mésopotamie, Maroc, Afghanistan, Népal et Tibet. Son parcours fut un peu l'inverse des autres musiciens : très vite, dans les années 1970, il a voulu retranscrire la musique électronique en acoustique, au piano, et non l'inverse, comme tout le monde.

Soul Jazz ressort un triple objet : un CD de piano, un CD de nappes planantes qui sont la musique du troisième objet, un DVD du film *Kailash* que Florian Fricke a réalisé au Tibet, sur la région la plus mystique du mont Kailash, le lieu le plus sacré des hindouistes, où Shiva méditait. Le CD de piano montre bien comment ses gammes et accords, ses interminables mélodies qui paraissent improvisées vont servir de base à ses compositions. Mais c'est surtout le film et sa musique qui sont stupéfiants : tous les plans des montagnes, vallées et désert tibétains (Ouest), semblent irréels malgré leur rudesse – aridité, immensité, cailloux et rochers. Mais les couleurs semblent peintes et les sons aux synthétiseurs, simples, en notes tenues, comme des paliers, sonnent comme des marches d'escaliers géants. On monte ou on descend, comme les *conquistadores* du film *Aguirre, la colère de Dieu*, plongeant des Andes dans les brumes amazoniennes.

Florian Fricke nous lègue sa magie en forme de méditation sur des lieux austères où passent quelques pèlerins hilares, sortis de nulle part, dans des étendues sans fin, balayées par un vent incessant, devant des montagnes titanesques. Des blocs de grès, de granit vert rose, bleu, gris, blanc rajoutent de l'étrange. Un ermitage rétro avec cadres, statuettes, tentures et photos semble une cabane d'enfant. Avec si peu, Popol Vuh continue d'émerveiller. Le romantisme visionnaire des Allemands n'est pas une légende.

CD *Kailash : Pilgrimage to the Throne of the Gods*, Florian Fricke / Popol Vuh, Soul Jazz Records.

POST-PUNK

Vague 1978–1985

Après la déflagration punk de 1975–1977, et malgré les ravages de cet ardent retour à un rock speedé, hurlé, déchiré et bastonné, il fallait bien continuer à avancer sur ce champ de bataille jonché de victimes. La génération suivante n'eut pas la tâche facile. On l'accusa d'être inféodée à MTV, trop lookée pour être honnête. Il faut dire que la comparaison avec les monstres sacrés des *sixties* et *seventies* – Joplin, Hendrix, Stones, Velvet, MC5, etc. – était difficile à soutenir, mais il fallait exister sans pop stars forcément mondiales. La musique avait aussi explosé en chapelles : pop, rock, punk, indus, reggae, disco, ska, funk, soul sans oublier world, jazz et électro – un choix salutaire pour les artistes, mais qui fractionnait le public (sauf ceux qui s'intéressaient à tout, comme Nova !). Voilà le tableau.

Plus de trente ans ont passé et il faut reconnaître que cette période (un peu comme les précédentes : 1964 – 1969 et 1970 – 1977) fut prolifique, surchargée en groupes et même en labels, mais sur un champ plus étendu que les médias eurent un mal fou à quadriller. Comme toujours, il faut des décennies pour assimiler ces avalanches de créations passionnées, de personnalités fortes, de sons inattendus ou de genres mixés, de tentatives gonflées, radicales, conceptuelles ou commerciales, dansantes ou flippantes !

Le temps a passé, et tous ces chanteurs et musiciens sont aujourd'hui burinés par leurs aventures, leurs excès et leurs écarts de conduite. Ils ont changé les sons, puis les sons les ont changés. Il est toujours temps de passer les héritages en revue : les oubliés (Lene Lovich), les météores (Slits), les étoiles filantes (Big Audio Dynamite), ceux qui n'ont fait qu'un ou deux tubes (Human League), ceux qui se sont perdus ou ont disparu en un éclair. PIL, Siouxsie, Talking Heads, Pretenders, Taxi Girl, Jacno, Stranglers, Nina Hagen, Billy Idol, Rita Mitsouko, Adam Ant, New Order, The Cure, Klaus Nomi, Depeche Mode, Frankie Goes to Hollywood, Eurythmics, The Smiths, Big Audio – une poignée de noms saisie parmi tant d'autres pour se rappeler que cette période foisonnante fut peut-être la dernière où le rock donna le ton général à la mode, aux magazines et au monde. Tous ces artistes croyaient en leur style, et au caractère sacré des concerts et de leur image, elle-même trempée dans le jus de tout ce qu'ils avaient aimé, en musique mais aussi en littérature, cinéma, art ou allure.

Éclectiques, les années 1980 ont ouvert un large domaine d'expressions et de styles encore loin d'être bien connus ou répertoriés. Il faudra encore des redites et des écoutes pour profiter pleinement des perles de cette tornade. La mode, les magazines spécialisés et les maisons de disques en font encore leurs modèles et leur profit, trente-cinq ans après. Respect.

LIVRE *Post-punk 1978 – 1985*, Pierre Mikaïloff, Éd. Carpentier, Paris, 2015.

Povera (Arte)

Le coup de l'art pauvre

À quoi bon s'intéresser à l'art si on ne comprend pas les raisons de chaque mouvement ou école ? Il faudrait même suivre chacune des bizarreries les plus inattendues des avant-gardes. En 1967, à Turin et à Gênes, des artistes exposent des œuvres étranges en rupture avec la culture et le pop art, déjà industrialisé. Et cela se passe justement en Italie, pays du design, de l'électroménager, des voitures de sport, du plastique et du formica, mais aussi de l'artisanat de luxe : verre, faïence, marqueterie, soie, mosaïque, marbre et dorures. Les artistes font une crise. Ils exposent des branchages, des chiffons, des cailloux, des haillons, des ferrailles, des branches, de la terre... En pleine contestation, ils veulent réagir contre l'esthétique industrielle générale : lisse et luxe modernes. En exposant des objets ramassés, des tas informes, ils engagent un combat de formes et d'apparences, mais aussi d'appropriation (notamment par le marché de l'art américain). Au consumérisme yankee, ils opposent un matérialisme brut, banal, où des objets pauvres, quotidiens, insignifiants, vont retrouver la spiritualité de la nature, mais aussi une ascèse et un régime nécessaires en pleine explosion de la consommation !

Ces artistes en révolte, intellectuels et politisés, s'appellent Giovanni Anselmo, Alighiero Boetti, Yannis Kounellis, Mario Merz, Giulio Paolini, Giuseppe Penone, Michelangelo Pistoletto. Présentés par le critique Germano Celant, ils vont s'imposer pour longtemps, chacun dans leur voie. Partant du geste artistique, mais refusant l'objet. Car leurs œuvres sont informes, intransportables, inexposables. L'artiste ou un assistant doit venir à chaque fois pour agencer les débris posés à même le sol. Ces artistes-guerilleros ont quand même réussi à ruiner pas mal de galeries et à décourager bon nombre de collectionneurs. Ils ont au moins gagné leur guerre de position. Mais ce mouvement a aussi ouvert la boîte de Pandore : tous les sous-doués, les paresseux, les suiveurs nous abreuvent encore aujourd'hui de toutes sortes de récup', de tas informes et autres fonds de poubelles qui n'ont rien de provocant ni de vivifiant. Par contre, ces « anti-œuvres » se prêtent à d'interminables discours sur la société, la politique, l'énergie, la religion. C'est dire à quel point l'intellect humain est envahissant comme le lierre, et les crânes d'artistes durs comme la pierre (pour rester dans le style *povera*). Mais la question reste posée : l'art des humains est-il vraiment indépendant des formes et des objets « travaillés » ? La nature est-elle l'« art de Dieu » ou de forces supérieures et invisibles ? Pas mal de *poveristes* ont quand même fini par rajouter miroirs ou néons sur leurs cailloux, histoire de faire briller un peu la théorie.

CATALOGUE *Arte Povera*, Centre Pompidou, Paris, 2016.

Progrock

La vague exaltée

Vers 1967, à peine remis des multiples merveilles anglaises ou américaines des années 1960, les fans de rock, blues, folk ou rythm & blues virent jaillir un drôle de geyser. La légende veut que ce soit l'album *Sgt. Pepper* des Beatles qui ait amorcé le feu d'artifice, avec les arrangements classiques et philharmoniques du cinquième Beatles, George Martin – violons et orgues, crescendo et fanfare, cuivres et mellotron. Le rock, déjà éclaté par le psychédélisme et autres délires hallucinatoires, en voulait plus. Batterie et guitares ne suffisaient plus. Les audacieux s'emparèrent alors des cuivres, orgues et clavecins, violons et violoncelles et de tous les claviers pour tenter de s'envoler idéalement plus haut, puisque plus équipés. Les Moody Blues avec *Night in White Satin*, Procol Harum avec *A Whiter*

Shade of Pale, ou David McWilliams avec *Days of Pearly Spencer*, avaient sauté dans le même train du romantisme mélancolique que les Fab Four avec *Strawberry Fields* ou *A Day in the Life*.

Le temps était venu de l'orchestration, crime de dilution pour les purs rockers, mais grand terrain de jeu pour tous les aventuriers idéalistes de la pop débridée. Bien sûr il y aura Pink Floyd et leur lenteur planante, mais accordons une place à part à Soft Machine et son inimitable bande, mère de la mystérieuse école de Canterbury : Daevid Allen, Kevin Ayers et Robert Wyatt, dont le mérite – ou le défaut, selon les goûts – sera d'avoir une inspiration jazzy mais surtout dadaïste. Et si l'Angleterre de cette fin *sixties* est une pépinière de talents, l'Amérique veut aussi y croire avec les Beach Boys et leur album symphonique *Pet Sounds* avec ses cœurs et ses mélodies décalées en canon, puis avec le cynique Frank Zappa et ses stridences et autres breaks, se prenant pour Stravinsky ou Dvořák. En 1969, le groupe de Robert Fripp, modestement nommé King Crimson, va estampiller le terme « progressif ». Mais la liste sera longue de tous ceux qui seront pris dans la spirale prog : tous les précités, plus Genesis (avec Peter Gabriel et Phil Collins), Vanilla Fudge, Van der Graaf Generator, Jethro Tull, Emerson Lake and Palmer et Yes pour ne citer que les principaux.

Les couvertures des albums vont aussi se différencier du précédent pop rock et passer des photos de groupes en grandes tenues à un style illustration, rétro, flirtant avec la science-fiction rayon « heroic fantasy ». Mais il y aura aussi des gravures, des peintures et des paysages et même des vaches et des lutins – les jeux de rôles inspirés de Tolkien ne sont plus très loin. Le rock atteint alors son âge de raison avec chansons prise de tête et envolées lyrico-poétiques, approche de mondes nouveaux, de énième dimension, des paroles pour penser, planer, imaginer, s'échapper encore de la terne réalité. Le passage de l'underground au mainstream se fera grâce à Mike Oldfield et ses *Tubular Bells*, répétition d'un thème de huit notes sur orgue avec écho utilisé pour *L'Exorciste* et tube mondial qui va faire la fortune de Richard Branson et de son label naissant, Virgin, en 1973 (Christian Vander, du groupe français Magma, dans le même studio au même moment, prétend que ce thème lui a été volé – une sorte d'extrait de *Mekanïk Destruktïw Kommandöh*).

On n'oubliera pas non plus tous les groupes du comeback prog rock des années 2000 : Radiohead, The Mars Volta, Sigur Rós, Archive et bien d'autres. Comme quoi, même un aspect décrié du rock peut revenir comme un boomerang, car la chose était riche d'influences et de possibilités.

LIVRE *Prog 100 : Le rock progressif, des précurseurs aux héritiers*, Frédéric Delage, Le Mot et le Reste, Marseille, 2014.

PUNKS

French Connection

Le label Soul Jazz Record, associé à Skydog, a sorti une compilation d'une bonne cuvée punk française originale (1977–1980). Ils sont presque tous là, les énervés de la première heure ! Les 19 titres s'accompagnent d'un livret de 40 pages avec photos et interviews, de Marc Zermati principalement, mais aussi des groupes Marie et les Garçons, Metal Urbain, Asphalt Jungle, Henri Flesh. Le collectif Bazooka, auquel j'ai participé de 1976 à 1979, y est souvent mentionné, même si les indications précises que j'ai envoyées sur demande à Stuart Baker n'y figurent pas vraiment. Mais chacun a sa version du punk, et c'est sans doute la preuve de l'appropriation de cette histoire par tous ses passionnés.

Cette compile m'émeut car elle me rappelle l'importance qu'eut le mouvement punk en France. Nous étions alors assez nuls en rock. Il y avait deux ou trois groupes prog comme Magma et Triangle et un groupe glam, genre les Frenchies, plus d'autres passionnés isolés, mais en gros la « variétoche » régnait comme une chape de plomb et de vide. Pourtant nous étions nombreux à adorer le Velvet, les Stooges, le garage et le pub rock, et comme le dit si bien Zermati (celui qu'on appelait Doctor Z ou le Godfather), nous étions des punk mods, façonnés par les groupes anglais (mods, psyche puis glam et pub) avec un vernis US (Seeds, MC5, Groovies) – une bonne base.

Le rock allemand avait frappé depuis Kraftwerk et en 1975, la « scène » parisienne était passée des *beautiful people* façon Ibiza ou Goa, un poil décadent ou rétro, à quelque chose de plus électrique, urbain et noir, tempéré par le glam *trash* des New York Dolls qui avait mis tous les agités d'accord. Adoubés par Alain Pacadis, Yves Adrien et bien d'autres *rock critics*, tous ces enfants perdus de France firent sauter le bouchon de l'imitation minable et se lancèrent dans ce qui les démangeait tant : le punk rock. Bien sûr, une deuxième British Invasion avait déjà lieu, mais en France ça démarrait enfin : Stinky Toys, Metal Urbain, Angel Face, Asphalt Jungle, Guilty Razors, Kas Product, Electric Callas, Olivensteins, Dogs – sans complexe ! Plutôt en anglais, les titres jaillissaient comme des fusées. Et curieusement le son était en place et la rythmique bien speed. Seules les voix aiguës déraillaient encore un peu, mais les punks français avaient la classe, et la culture : des restes de dada, de lettristes et de situationnistes soutenaient les inspirations. Nos Rimbaud, Verlaine et Baudelaire restaient des stars ; nos artistes – Picasso, Matisse – survivaient. Un groupe rock s'appelait Man Ray (comme Cocteau Twins). La vraie culture se regroupait enfin dans le rock. Bardot, la Nouvelle Vague, les romans policiers, les monuments de l'art plastique – constructivisme, cubisme, futurisme – revenaient sur pochettes et t-shirts. Michel Esteban sortait des t-shirts collectors ; la boutique Survival procurait des vêtements et des accessoires industriels ; les Halles devenaient un centre punk. Ce petit monde décidé de branchés pouvait enfin respirer, et amener de l'oxygène aux autres ! Les maisons de disques affolées étaient prêtes à signer. C'est un miracle que Skydog, le label de Marc Zermati, ait pu signer et sortir tant de monde. Son avance dans le domaine, avec l'Open Market et les deux festivals punks de Mont-de-Marsan, le plaçait en tête. Puis ce fut Ze Records, Rough Trade, etc.

Bien d'autres précisions sont dans le livret du disque. Quant aux morceaux, il faut les écouter sans *a priori*. Non, les groupes punks n'étaient pas inaudibles. La vérité, c'est que les oreilles françaises abîmées et bouchées ne comprenaient pas cette frénésie et n'arrivaient pas à suivre cette énergie. Pour ceux qui n'étaient pas là, c'est un excellent document d'archives. Pour les autres, c'est un rappel fiévreux de cet élan si romantique et généreux, de cette incroyable ouverture sur l'art, les magazines, la photo, le dessin et l'esthétique en général. Et depuis quarante ans, l'*establishment* pille le punk ! Pourtant ses enfants terribles n'y ont presque rien gagné. Les précurseurs, comme toujours, furent trahis et volés, en France comme en Angleterre. Ces groupes fusibles firent sauter les plombs d'un showbiz pantouflard, mais le retour de manivelle ne se fit pas attendre : désordre, bagarres, insuccès, bière et drogue, splits et arnaques firent le reste. Peu importe : le punk avait changé pour toujours la face du rock.

CD *Les Punks. The French Connection. The First Wave of French Punk 1977–1980*, Soul Jazz Records.

R

RAMONES

Pieds nickelés punks

Tout l'intérêt du gros témoignage de Marc Bell, a. k. a. Marky Ramone, est qu'il vient du seul membre du groupe qui a du recul, pour s'être absenté, et surtout pour avoir joué dans d'autres formations mythiques. Car Marc Bell fut le batteur émérite des Voidoids, avec Richard Hell, et aussi celui des Backstreet Boys de Wayne County, superstar à la fois warholienne et punk, à qui on doit l'hymne du club Max's Kansas City énumérant toutes les personnalités qui y traînaient (déjà travesti, Wayne deviendra Jayne avec son groupe The Electric Chairs à Londres).

L'Amérique nous vend ses histoires *trashes* depuis *Hollywood Babylon*, le livre de Kenneth Anger sur le côté obscur d'Hollywood. Et avec les Ramones, on est servi : Joey est sale et bourré de tocs, Dee Dee se défonce avec tout ce qu'il trouve et Johnny, sergent-chef de cette famille Adams du punk, est fasciste et raciste. Les proto-punks de l'époque, vers 1973, au début du livre, en étaient quand même à écouter le groupe Kiss ou Alice Cooper, le grand guignol du rock, qui hésitait alors entre hard et cirque ! Les New York Dolls, créatures inattendues, vont changer la donne. Mais avec Suicide, Television, Talking Heads, Patti Smith, James Chance, Lydia Lunch et bien d'autres, c'est une attitude artistique, minimaliste, tranchante, expérimentale qui va l'emporter, pour la plus grande réussite de ce rock électrique, romantique et désespéré ! Les choix des faux frères Ramones – un faux nom latino – leur look perfecto-jeans-déchiré-et-basket, leurs cheveux longs et leurs morceaux speedés de 2–3 minutes, le tout bastonné pendant des années de tournées mondiales, ont fini par les imposer.

Truffé de renseignements précieux, de références et de mises au point indispensables à la compréhension de la culture rock américaine, ce texte raconte par le menu les aventures de ces pieds nickelés, mauvais coucheurs, voleurs et menteurs, mais fidèles au punk de base. Après s'être copieusement insultés, ils ne se sont plus parlé, mais ont continué de jouer partout, pour survivre, sous la baguette de Johnny, et entourés par des êtres exceptionnels comme Danny Fields, héros de la contre-culture, qui avait déjà tout vu avec les Doors ou les Stooges. Les Ramones ont joué leur propre rôle dans le film *Rock 'n' Roll Highschool* du roi des indépendants provocateurs : Roger Corman. Ils ont fait la même erreur que Lennon en allant chercher le surévalué et armé Phil Spector (aujourd'hui enfermé pour meurtre) pour produire un album. Mêmes problèmes, mêmes ennuis et même bide. Merci en tout cas à Marc Bell pour ce témoignage qui m'a notamment fait redécouvrir le trop méconnu Robert Quine, fantastique orfèvre de la guitare avec Television, Voidoids et Lou Reed.

LIVRE *Punk Rock Blitzkrieg : ma vie chez les Ramones*, Marky Ramone, Rivages Rouge, Paris, 2016.

Ray Satyajit

Cinéma indien non végétarien

Les premiers films de Satyajit Ray (1921–1992) – auteur de chefs d'œuvres reconnus comme *Le Salon de musique*, *Le Monde d'Apu* et *La Déesse* – laissent voir la naissance de la méthode d'un génie du cinéma. Dans ces trois historiettes volontairement réduites que sont *Le Saint*, *Le Héros* et *La Grande ville*, l'esprit de Satyajit Ray est déjà à l'œuvre : unité de temps et de lieu, intrigue simple au départ mais finalement porteuse des méandres et revirements de l'âme humaine. Ces contes du passage au monde moderne de l'Inde traditionnelle semblent vouloir donner une morale, mais bien souvent l'histoire n'a pas de fin. Ils sont un moment de la vie, flirtant avec la tragi-comédie. Bien que situant ses films après le départ des Anglais, Ray se moque des Indiens qui singent encore leur ex-colonisateur, rivalisant de « bonnes » manières et de minauderies bien-pensantes. Mais il se moque aussi des traditionalistes et des dévots puritains. Les femmes, quant à elles, bien qu'effacées jusqu'à l'autisme, sont toujours pénétrantes, fascinantes, changeantes et indispensables au monde de Ray. Elles y incarnent mystère et désir, instruments du destin.

Un réalisateur aussi complet, un conteur aussi parfait et original que Ray a peu d'alter ego dans un siècle. Sa position était délicate : les Anglais partent en 1947, après des années de lutte non violente menée par

Gandhi et Nehru, et la partition avec les musulmans vers le Pakistan. Il faut tourner la page de la domination, mais les Anglais ont laissé des choses positives : organisation, ouverture et une langue commune. Voilà pourquoi le cinéma de Satyajit Ray est si nuancé, partagé entre deux cultures. Son honnêteté fait qu'il n'épargne pas les Hindous. Dans *Le Héros*, il se paie le luxe de critiquer le cinéma alors que l'Inde va devenir le premier producteur du monde. Dans *Le Saint*, il attaque les faux gourous et les bigots dans un des pays les plus religieux de la planète. Et enfin dans *La Grande ville*, il dénonce le blocage de la famille et les rouages de l'exploitation des femmes, alors que la tradition indienne en fait les servantes de leur époux. Ray est un aristocrate de l'intelligentsia bengali, et il combat déjà les communautarismes et les traditions religieuses dont nous souffrons encore aujourd'hui !

DVD *Le Héros*, *Le Saint*, *La Grande ville* de Satyajit Ray, Acacias Films.

RAYSSE MARTIAL

Le Beatle de l'art

Martial Raysse naît en 1936, près de Vallauris, dans une famille de céramistes. Vingt ans plus tard, il se lance dans de petites expos collectives avec des assemblages d'objets avec poèmes. Le temps d'échapper à la guerre d'Algérie (réformé mental), il rejoint la bande niçoise des Nouveaux Réalistes, dont César, Arman et Ben. En 1960, ils participent à *Art of Assemblage*, exposition décisive organisée au MoMA de New York. Dès 1962, Raysse présente une des toutes premières installations *Raysse Beach* au Stedelijk Museum d'Amsterdam : des portraits de filles colorés entourant un carré de sable avec accessoires de plage. Avalé par le pop art, vivant à moitié à Los Angeles, il utilise des objets de Prisunic dans ses assemblages, puis réalise une série de cartes postales géantes intitulées *Made in Japan*, toiles classiques recoloriées. Il va jusqu'à inclure un film sur écran TV dans un tableau. Ses colorations de photos et ses femmes tirées de grands tableaux classiques (baigneuses d'Ingres), ainsi que ses néons ou ses photos de nus psychédéliques solarisés, vont marquer le pop art.

Rentré en France pour mai 68, fuyant ce pop art devenu un cliché pour *drugstore*, il démarre une vie communautaire et fait des essais de films (différents de ceux utilisés pour son travail pop). Parallèlement et tout doucement, il va se mettre à dessiner et à peindre, à contre-courant du mouvement pop qui récupère ou détourne, et à l'inverse du minimal ou du conceptuel où aucun artiste ne se soucie plus de dessin. Martial Raysse fut un cas presque unique de retour au travail classique et figuratif des anti-plasticiens dans ces époques de refus. Dans ce retour aux sources, il va suivre le chemin de tous les hippies, les choix de la contre-culture, et l'itinéraire des *beautiful people*, du Maroc à la campagne (Dordogne), et même le parcours initiatique des drogues, dans un esprit chamanique ! En 1972, frappé par les films underground de Kenneth Anger et Jack Smith, il réalise *Le Grand départ*, fable communautaire hallucinée, épaulé par son frère Gilles Raysse, personnage de la scène française qui va lancer Kenzo et participer à la nouvelle culture mode *world* des hipsters et autres routards des années 1970. Puis ce sera *Camembert Martial extra-doux*, où une famille découvre les effets psychoactifs d'un fromage ! Humour, dérision, théâtre et *happening*, dans la lignée des groupes de la *free press*. Le mensuel underground *Actuel* montre ses images, et il travaillera aussi avec le groupe Gong (Daevid Allen, Didier Malherbe, Soft Machine). Cette parenthèse dans la marginalité antisystème triomphante, avec ces groupes parallèles d'avant-garde, ne l'empêche pas de multiplier de très fines petites peintures mythologiques, puis de se lancer dans des toiles de très grand format, des compositions figuratives de groupes humains à taille réelle ! Au cours de ces années 1970 bouillonnantes, Martial Raysse reconstitue un univers figuratif, un parcours de peinture et de technique, utilisant beaucoup de liant et d'émulsion – medium à l'eau (détrempe) puis *a tempera* (à l'œuf), méthodes anciennes qu'il redécouvre. C'est ce double parcours à sens inverse, moderne puis classique, conceptuel puis figuratif, qui fait de Raysse un peintre à part, déroutant et secret.

CATALOGUE *Martial Raysse*, Centre Pompidou, Paris, 2014.

REGGAE ROOTS

Prise de conscience et Gunmen

L'histoire de la Jamaïque moderne ne cesse de hanter les esprits, car inventer simultanément une religion, une musique et une attitude – avec en prime tous les accessoires d'un univers, des dreadlocks aux sound systems – reste exceptionnel. Vers 1960, suite aux indépendances africaines et après un long travail de prise de conscience des communautés africaines en Amérique et aux Caraïbes, se sont développées toutes sortes de cultures de résistance. Car avant les Black Panthers américains, il y avait eu les guerres d'indépendance en Afrique, mais aussi à Cuba et bien sûr en Jamaïque. Les musiques latines – boléro, mambo, merengue, biguine, rumba, cha cha, etc. – se répandaient dans le monde entier depuis des décennies, mais c'est la dernière-née de ces expressions qui allait l'emporter et devenir un drapeau de la jeunesse contestataire. Après le ska, c'est le reggae, avec ses saints et ses héros, ses grands fondateurs spirituels, apôtres de la dignité noire – Marcus Garvey, Leonard Howell, Mortimer Planno, notamment – qui devint réellement le grand socle de toute une partie de la musique pop, rock, électro, dub ou dancehall. Le plus fou est que les grands interprètes du reggae, rock steady et soul jamaïcains venaient tous du même quartier de Kingston, refuge de l'exode rural des campagnes comme des Rastafaris chassés de leurs campements dans les collines. Ainsi Trench Town et ses rues adjacentes comme

Orange Street, renommée Beat Street, virent grandir la crème des musiciens : Clement Dodd, Prince Buster, Lee Perry, Joe Gibbs, Augustus Pablo, etc. – une seule petite ville, puis un quartier, pour toute une colonie musicale !

Toute cette histoire est racontée dans le livret illustré de 20 pages de *Studio One – Black Man's Pride*, le CD de Soul Jazz qui poursuit l'histoire complète du Studio One. Au centre de cette galaxie, cette fois : le reggae roots de 1970. Alors que la Jamaïque fraîchement indépendante (depuis 1964) se débat avec des partis opposés et des clans devenus des gangs, justement dans ces quartiers magiques mais misérables, quelques interprètes d'un reggae cool continuent de balancer les mélodies les plus suaves. Car les Alton Ellis, Ken Boothe, Horace Andy, Sugar Minott, et bien d'autres de ces voix de velours, voilées et vibrantes, sont devenues une partie intégrante de la magie de l'île, comme une marque de fabrique supplémentaire, en plus du rythme, des orgues et des basses. Cette période de guerre civile fut aussi le moment où le reggae roots a commencé à se répandre à travers le monde, comme la nouvelle *cool attitude*, sur fond de spliffs et de rastafarisme mystérieux et exotique.

CD *Studio One – Black Man's Pride*, Soul Jazz Records.

RÉSEAUX

L'art reproductible

Comment en est-on arrivé là ? De la toile peinte à la main par un homme seul, emportée ensuite par un amateur – système qui perdura jusqu'aux années 1950 – 1960 – à une installation géante, coûtant une fortune, intransportable, inaccessible et généralement incompréhensible – système actuel – ? En moins d'un siècle, la mainmise de l'argent et de divers réseaux a eu raison de la liberté de création. Dès que les médias ont compris que l'art pouvait être un spectacle avec des stars (Dalí, Picasso, Warhol), ils se sont emparés du phénomène, à grand renfort de jet set. De leur côté, les grandes galeries sont devenues internationales, avec succursales à l'étranger. Et pour bien commercer, l'artiste « élu » devait fournir beaucoup d'œuvres : pour la vente, les expos un peu partout, le stock et les prêts (ce qui élimina les artistes lents, réflexifs, perfectionnistes). Puis le spectaculaire s'en est mêlé et, inspiré des muralistes mexicains, on a exigé des peintres qu'ils fournissent des formats géants afin de meubler les grandes galeries « lofts blancs » et de faire grimper les prix. Car les toiles sont vendues « au point », c'est-à-dire à la taille... Beaucoup d'artistes m'ont confié avoir souffert de ces exigences, qui n'ont rien à voir avec la création.

Bien sûr la qualité et l'exécution en ont pâti. Mais ce n'était que le début du parcours du combattant. Les plus malins, genre Warhol, reprirent alors repris l'idée des ready-mades (que Marcel Duchamp avait « piquée » aux dadaïstes) et l'alibi du pop art nous imposa les paquets de lessive Brillo et les boîtes de soupe Campbell (que Warhol avait « piquées » à Jasper Johns). Enfin ce fut Marilyn Monroe ou Liz Taylor en série de sérigraphies, le plus souvent exécutées par des assistants. La boîte de Pandore était ouverte. L'artiste allait devoir faire grand, spectaculaire, commercial et en quantité, – rien que ça.

Parallèlement, l'exécution manuelle d'œuvres palpables gênait les systèmes de production, mais aussi l'idéologie, car le geste véhicule toujours de l'esprit. Et ces plasticiens, travailleurs et inspirés, sont des emmerdeurs, des indépendants aux idées bizarres. Il fallait donc en finir avec ces « barbouilleurs », qu'on allait remplacer par les « bidouilleurs » (ce sont les termes des ateliers). Et, dès les années 1970, on généralisa l'art dit « conceptuel » pour liquider les arts dits « plastiques ». Là, on touchait le fond. En effet, toute esthétique vient aussi du cœur et du ventre, en plus de l'apprentissage du métier, alors que le concept ne vient que de la tête : un tas de briques, de branches, de téléviseurs, un fil tendu, et voilà : une « installation », un « *work in progress* ». De l'art « pur esprit », souvent sans forme, juste des idées.

Cette guerre souterraine émana d'un camp intellectuel, jaloux des artistes stars, doués et virtuoses, de Francis Picabia à Julian Schnabel, et imposa en douce des « intellos de gauche » dans les institutions et des créateurs façon Buren et ses éternelles rayures ou Lavier et ses objets juste posés. En prime, ces œuvres froides comme des « constats » ne disent rien et ne gênent personne. Car évidemment la politique, c'est-à-dire l'État, avait compris la force de l'art et le marché juteux, et avait donc décidé (surtout en France) de monopoliser le secteur : FRAC, DRAC, collections, multiplications des lieux d'expositions et arsenal de lois ont permis aux institutions de s'imposer en art (successions, dations, sortie du territoire, etc., soit 80 % de ce que possède l'État).

Aujourd'hui, quand Wim Delvoye crée la machine à fabriquer des excréments, l'idée vient de lui, mais ce sont des chimistes qui la fabriquent. Et quand il pense à vendre des peaux tatouées, il les fait faire en Chine avec des cochons d'élevage industriel. On pourrait aussi citer les vaches ou les requins de Damien Hirst, traités à grands frais par des labos de naturalisation payés par le publicitaire Saatchi. La boucle est presque bouclée : on délocalise des productions artistiques comme on le fait pour les voitures ou les cafetières.

François Pinault, sa collection et son musée sur l'île Seguin, a été recalé par l'État (et il est parti à Venise au palazzo Grassi), mais Bernard Arnault, lui, a été accepté pour son futur musée, le même qui – avec sa multinationale LVMH – a « acheté » Haruki Murakami et Yayoi Kusama, deux artistes japonais enfantins et décoratifs, pour ses sacs et boutiques Vuitton, sans oublier les emballages. L'art pour décorer les paquets-cadeaux... On en est là. Vous avez donc suivi comment l'art plastique a été phagocyté par l'argent (mondialisé), puis par les intellectuels (politisés) et enfin par l'État, qui n'a jamais digéré ni les écarts idéologiques et « incorrects » des artistes, ni les explosions artistiques comme le dadaïsme, le psychédélisme ou le punk, arêtes restées en travers de la gorge des producteurs-marchands ou des institutions, qui n'en avaient pas le contrôle.

P. S. : Il existe des nombreux sites de révolte contre ces phénomènes comme *schtroumpf-emergent.com* ou *stuckism.com*, entre autres mécontents ! Et il y a encore des quantités d'histoires sur cette saga.

Robbe-Grillet Alain

Lion suave

Comment définir Alain Robbe-Grillet (1922–2008) ? Intellectuel, pragmatique, mondain, chanceux, provocateur, culotté, coriace, déroutant, conceptuel ? Ingénieur agronome de formation, ce brestois sera un pionnier de la nouvelle littérature. En 1953, il publie *Les Gommes*, roman d'une enquête policière où chaque personnage donne un prisme de l'histoire et où la description maniaque des détails ajoute au style « piégé » d'une anti-littérature. À l'opposé du classicisme balzacien, Robbe-Grillet est contre l'histoire, la logique, le récit aux arguments calculés pour servir un scénario préétabli. La littérature, affirme-t-il, ne raconte rien qu'elle-même. Alors il va raconter ce qu'il voit (imagine voir) en super détails. Il casse la chronologie, revient sur la même scène avec de légers changements. Bref, il conceptualise le roman et devient le pape de ce qu'on appellera dès lors le « nouveau roman », secondé par son prestigieux éditeur, ami et complice Jérôme Lindon (les Éditions de Minuit). Sorte de Che Guevara grand et brun avec barbe et crinière, Robbe-Grillet plaît beaucoup. Il est beau, cultivé, paradoxal. C'est un homme nouveau et différent : psychologiquement, intellectuellement et même physiologiquement ! Il devient très connu, mais ses livres déroutent et les lecteurs sont peu nombreux. Émerge alors l'idée d'en faire des films. La mode intellectuelle a été existentialiste, puis situationniste – réinventer le réel, faire table rase des critères classiques, donc bourgeois. Alain Robbe-Grillet, justement, remet tout en cause, même le roman et le cinéma, domaines intouchables des *sixties* ! Cerise sur le gâteau, ses films s'attaquent à l'érotisme, au voyeurisme et au sadomasochisme ! Choquer et provoquer, mais avec tact, humour, culture et décontraction. Il rit quand on l'attaque, s'amuse quand on le traite de pervers et argumente sur son style décrié : lent, répétitif et froid.

Avec sa femme et plus grande supportrice, la sulfureuse Catherine*, ils sont très mondains. Premières, cocktails, dîners, ils se montrent partout où il faut être vu. La méthode va prendre. Il est invité dans le monde entier. L'Amérique latine voit dans ses œuvres une sorte de surréalisme. Le bloc de l'Est considère que la technique du nouveau roman se rapproche du réalisme socialiste. Conférences, débats, festival de Berlin

– malgré ses ennemis et détracteurs, Robbe-Grillet s'est fait un nom. Ses films lents et contemplatifs peuplés de créatures désirables et dénudées font recette. On va voir le dernier Robbe-Grillet pour son aura d'intellectuel, mais aussi pour les corps de Marie-France Pisier, Olga Georges-Picot, Anicée Alvina, Catherine Jourdan, et tant d'autres jeunes femmes aux formes juvéniles se prêtant volontiers au jeu de situations sulfureuses : attachées, violentées, poursuivies torturées et parfois tuées, mais le tout « *soft* », par ellipses, sans violence ni blessure, souvent symboliquement, finalement très bourgeois et propre ! Fin 1960 début 1970, les films d'Alain Robbe-Grillet font donc partie du cinéma dit « érotique », comme *Emmanuelle* ou *Bilitis*, *La Grande bouffe* ou *Le Dernier tango*, mais version « conceptuel », sans drame ni cris. Et c'est ainsi que les spectateurs sont devenus voyeurs en suivant ce joueur de flûte qui s'en amusait : « Pour une fois que le bon peuple est d'accord avec moi ! »

COFFRET 8 DVD d'Alain Robbe-Grillet, Carlotta Films.

*Catherine Robbe-Grillet a suivi une carrière parallèle d'écrivain et de maitresse SM sous le nom de Jeanne de Berg. Elle fut reçue à Nova pour ses mémoires sans complexe.

ROCK FÉMININ

Compile des chanteuses à poigne.

Steven Jezo-Vannier est l'auteur d'un excellent *California Dreaming*, livre complet sur le rock californien mais surtout sur les dizaines de groupes méconnus et ultra-originaux des *sixties*. Cette fois, il nous offre 350 pages sur les filles, sobrement réunies sous le titre *Respect*, en référence à la chanson d'Aretha Franklin. On y apprend notamment qu'Elvis Presley, pour ses déhanchements et postures, aurait suivi les conseils de Tura Satana, vedette du film de Russ Meyer *Faster Pussycat ! Kill ! Kill !* Cette *show-girl* américano-chinoise, karateka, que j'ai eu l'honneur de rencontrer, mettait au même niveau *go-go dancing*, *self-defense* et bonnes manières. Quant à Mick Jagger, c'est sa fascination pour Tina Turner (époque Ikettes) qui lui aurait inspiré quelques pas et autres allées-et-venues dynamiques sur scène, James Brown restant hors de sa portée. On pourrait ajouter le culot sexué de Ronnie Spector (épouse, égérie et fer de lance du paranoïaque Phil Spector) et ses Ronettes, mais aussi de Betty Davis (femme scandaleuse de Miles), toutes deux gravement courtisées par toutes les stars pop de l'époque.

L'auteur raconte aussi la méconnue Ma Rainey, son premier groupe – Assassinators of the Blues ! – et son aplomb, qui lui permet d'assumer son penchant pour le gin et sa bisexualité, et une arrestation en *party-group* de filles. « Je les préfère aux hommes », affirmerat-elle en 1928 dans sa chanson *Prove It On Me*. Changement d'époque et autres filles gonflées : Patti LaBelle et son tube *Lady Marmelade* inspiré des prostituées de La Nouvelle-Orléans, ou les Pointer Sisters, quatre filles de pasteur qui en 1981 sortent *I'm So Excited*, avec mode d'emploi détaillé et succès à la clé. J'apprécie aussi les Joan Jett et Suzi Quatro, sorte de bolides pop-rock taillés pour la scène, et qu'importe les *Spandex* moulants, les gilets en cuir, les coupes mulet et les riffs rageurs.

Le livre respecte l'ordre chronologique, mais les personnalités sont telles qu'on le savoure dans le désordre, par curiosité. Deux sacrés numéros comme Moe Tucker et Nico, respectivement batteuse et chanteuse du Velvet, ont marqué leur époque et ne peuvent laisser personne indifférent. Moe, petite brune garçonne et fermée, minimaliste et froide, cognant ses peaux debout, et Nico, grande blonde solaire et débridée, lancinante et grave, prêtresse à l'harmonium, déclamant ses visions – elles sont dans mon panthéon.

Mais si le livre revient beaucoup sur les déboires des filles noires avec leurs amants, maris, managers, dealers et autres proxénètes du showbiz US – abus et violence qui auraient mené toutes ces divas vers l'alcool, la drogue et les femmes – l'auteur oublie que ces messieurs ont connu exactement les mêmes enfers. Quand on pense que le groupe de Jamaïcains ultra-machos de Marley, père d'une vingtaine d'enfants, s'appelle les Wailers, c'est-à-dire « les pleureurs »...

Cet historique cite la plupart des paroles importantes des chansons, et pas mal de complaintes, mais il ne peut restituer la façon de crier, insinuer, murmurer ou hurler de ces filles, souvent des bêtes de scène qui changeaient tout avec leur corps. L'ouvrage adopte dans l'ensemble un angle féministe, revendicatif et contestataire qui convient bien au blues au féminin, mais dans le rock, c'est plutôt le contraire, et dans le punk c'est tabou ! Les Slits (fentes) crient leur liberté, comme la demi-éthiopienne de X-Ray Spex, Poly Styrene, et son exhortation au bondage. Ne parlons pas des Françaises qui, depuis Mistinguett, ont les hommes dans la peau : Piaf ne demande qu'à se faire sauter par son légionnaire ; Magali Noël réclame à son Jules *Fais-moi mal* ; Catherine Ringer drague *Andy* de force. Elles sont toutes là, dans ce livre encyclopédique.

Et il y en a pour tout le monde. Après les Afro-Américaines maltraitées, alcoolos et suicidaires, il y a les nymphos, mais aussi les lesbiennes militantes, façon Beth Ditto, ou Lesley Gore (Américaine des *sixties* à redécouvrir) avec son tube *You Don't Own Me* ironiquement repris par Klaus Nomi en *You Don't Know Me*. Chaque chapitre a son bloc de filles : typées, révoltées, agitées, déséquilibrées... Même les puissantes Nina Simone, Nico ou Aretha avaient leur lot d'émotions incontrôlées ou de pulsions négatives. Arrivé au bout de cette invraisemblable série de filles, on est un peu sonné, mais on a la mémoire rafraîchie. Tant mieux, car la plupart de ces Amazones ne doivent absolument pas être oubliées.

LIVRE *Respect : Le rock au féminin*, Steven Jezo-Vannier, Le Mot et le Reste, Marseille, 2014.

Rolling Stones (The)

Marquee Club 1971 : les Stones avant la prime

Le *live* des Stones au Marquee Club en 1971 me fait penser à une archive classée « secret défense ». On y voit un sobre *showcase* des Pierres qui Roulent, avant leur grand saut américain. Ils y sont au sommet de leur art : leur allure de gitans chics, leur jeu encore appliqué et concentré, leur jeunesse juste ébréchée. C'est leur premier tour en Angleterre depuis 1966, comme un au revoir au pays magique qui les a fait naître. Ils ont bouclé *Sticky Fingers* et ils s'apprêtent à filer en France, à cause d'une nouvelle taxe anglaise qui va prendre effet... Et ce sera le mythique séjour à la villa Nellcote et le futur album *Exile on Main St.* Mais là, fin mars 1971, ils sont encore en pleine ascension, un feu d'artifice qui dure depuis presque cinq ans : ils réalisent leur force, subodorent tout ce qu'on leur a déjà volé, et commencent à prendre le monde plus au sérieux. Ils ont encore des tronches de bosseurs, d'ouvriers du rock, et de tâcherons de tournée. Économes, appliqués, il y a une tension de l'effort, et du job à mener à bien.

Les images sont belles, juste dans le grand mythe naissant. Bill Wyman est entre vampire et vierge antique. Keith Richards en Mexicain déjeté, Charlie Watts en gitan inquiet, Mick Taylor ne fait que passer et Jagger est l'ange exterminateur (et on entend le piano de Ian Stewart, le fantôme généreux). Voilà, ce pic ou *climax* est donc le dernier avant le grand barnum américain qui démarrera après l'exil dope français. Tout ceci afin que ceux qui les considèrent à juste titre comme des zombies-dinosaures voient un peu le vrai truc de base.

DOUBLE DVD + CD *The Marquee Club (Live in 1971)*, The Rolling Stones, Eagle Vision.

ROTTEN JOHNNY

La rage est son énergie

C'est sous le signe de la colère que l'ex Sex Pistols et roi des punks Johnny Rotten (1956–) raconte sa vie dans *La Rage est mon énergie*. Si vous êtes prêts à une bonne dose d'égocentrisme, de grosses vannes et vacheries sur la scène rock, mais aussi à un paquet d'histoires et de vérités révélatrices, alors lisez comme un roman cette épopée punk capitale. Car ce qui est arrivé avec le mouvement punk fut un fantastique virage et une rupture salutaire, propageant un état d'esprit qui inspirera la planète pour longtemps – une renaissance pourtant très souvent incomprise et caricaturée.

Après une enfance difficile et semée d'embûches, avec pauvreté et maladie à la clé, entourée de *hooligans* et de laissés-pour-compte des années 1960, John Lydon – futur Johnny Rotten – est devenu un *self-made* punk intello, un lecteur curieux de tout.

C'est un bonheur de découvrir ses goûts éclectiques, surtout en musique. Il aime sincèrement les groupes allemands, mais aussi la soul. Il a été fan de progressif rock et il porte aux nues la pop et le hard rock. Le glam rock est père du punk, on le savait, mais son amour pour Can, Beefheart, Neil Young sont plus inattendus. Sa passion pour les Kinks, Roxy, T. Rex et Docteur Feelgood est preuve de discernement, mais quand il cite avec admiration le début de l'électronique de Faust, ou Edgar Broughton Band, puis Hawkwind, Mott the Hoople et Melanie, ou Kool & The Gang, on est scotché ! Les vrais amateurs savent naviguer parmi les trouvailles de toutes les musiques : les perles, les inventions, les réussites et les miracles se produisent dans tous les genres. John Lydon est non seulement un passionné, mais aussi un esprit ouvert ! Ce n'est pas parce que les punks ont beaucoup craché sur la société et les institutions que ce sont des anars hystériques détestant tout. En musique, je dirais qu'ils ont certes durci la sélection, mais en affinant, éliminant les poseurs et les bidons. Ils se sont faits de nombreux amis dans le reggae (Rotten est un fan de Doctor Alimantado), mais aussi dans le hard et le rap.

La Rage est mon énergie contient plein de moments émouvants, mais aussi de la jalousie et de la haine – inhérente à l'époque punk – et des anecdotes extraordinaires comme lorsque Lemmy Kilmister, le boss de Motörhead, renonce à apprendre la basse à Sid Vicious. Quant à Malcolm McLaren et Vivienne Westwood, ils se font rhabiller pour tous les hivers du monde – ils le méritent (je les ai vus à l'œuvre) – comme les

Thénardier d'un rock perpétuellement dérivant et d'une mode perverse. « Ce n'est pas parce que tu es parano qu'ils ne veulent pas ta peau », cette double négation qui invite à la méfiance et affirme la réalité du mal – une sorte de profession de non-foi – pourrait être la conclusion de cette autobiographie d'un homme en colère. Il nous fait rire, pleurer, crier, flipper mais souvent à juste titre. Après tout, il a fait l'amère expérience d'un succès planétaire inattendu, avec un retour de manivelle encore plus violent que celui que connurent les Stones, d'où ces mésaventures de pied nickelé sentimental. Johnny le pourri est un mec capable, mais qui fut souvent mal entouré.

LIVRE *La Rage est mon énergie*, John Lydon alias Johnny Rotten, Éditions Points, Paris, 2015.

ROUCH JEAN

Cinéaste ethnographique

Les nouvelles générations redécouvrent les films de Jean Rouch (1917 – 2004) comme une mémoire indispensable. Cet amoureux de l'Afrique, ami de la maison *Actuel*-Nova, fut un passeur unique de la world culture africaine. Que dire de l'homme qui voulait « des semelles de vent », toujours en quête de regard et d'enseignement sur l'Afrique ? Pionnier de l'ethno-fiction, il a voulu tout montrer du Niger et du Mali, ses pays de prédilection, retournant y planter sa caméra pendant plus de trente ans. Issu de la Nouvelle Vague, il a bouleversé le « cinéma vérité » en ramenant des documentaires extraordinaires sur les vrais Africains et leurs rites complexes, comme l'avait fait Lévi-Strauss en Amazonie avec les sociétés amérindiennes. Sauf que Rouch ne croyait pas à l'étude ethnographique purement scientifique. Il reviendra sur les Dogons et leur cosmogonie poétique, nous fera ressentir la magie des cérémonies africaines, le seul pays où l'on pouvait encore guérir la folie au moyen d'un théâtre symbolique et cathartique.

Quand j'ai vu *Les Maîtres fous*, j'ai été sidéré. C'était la première fois que je voyais les rites expliqués et vécus sous mes yeux. Dans *La Chasse au lion à l'arc*, j'ai admiré la décontraction savante et la patience des chasseurs, atteignant leur but avec presque rien. Mais il y a aussi de la philosophie quotidienne, de l'aventure burlesque, un esprit libre qui partage avec les Africains un goût immodéré et paradoxal mélangeant tradition et improvisation. Rouch l'anarchiste. Dans *Cocorico Monsieur Poulet*, un vendeur de poulets en 2 CV camionnette nous entraîne dans un voyage-épopée. Les *Faut pas rêver* de nos télés aujourd'hui sont les petits enfants pauvres de ses films. Sur les traces de son ami et maître le grand ethnologue Marcel Griaule (spécialiste des Dogons et grand défenseur de l'Afrique), mais aussi de Robert Flaherty (*Nanouk l'Esquimau*, le film sur les Inuits de 1922), Rouch propose le regard direct, les images, la vie visible, puisque les caméras se sont allégées. Il va réaliser des archives uniques, juste à temps, grâce à sa capacité à communiquer et sa passion de filmer. En ajoutant fiction et humour à la tradition anthropologique, il nous montre une Afrique inconnue, surréaliste et passionnante.

Dans la rafale des décolonisations en Afrique (1950–1960), la passion inhabituelle de Rouch lui valut des critiques : Ousmane Sembène, grand cinéaste sénégalais, le traita d'entomologiste ! Mais grâce à des liens amicaux tissés pendant des décennies en Afrique, il continua. Jean Rouch était vif, communicatif, tenace, curieux et il a fait entrer dans le documentaire l'esprit Nouvelle Vague, touchant à tous les aspects de la vie, élargissant les règles et assouplissant la discipline pour des archives toujours pratiques et intelligentes, créées dans l'action. Une mémoire vive, directe et décomplexée, presque désinvolte. On ne saura jamais vraiment ce qui fascinait tant ce Français dans ces pays d'Afrique de l'Ouest. Il y trouvait sûrement l'écho de bien des questions humaines, avec, comme réponse, des façons de faire ancestrales. Disparu en 2004 au Niger dans accident de voiture, Jean Rouch aurait eu 100 ans cette année (2017, ndlr).

Les films de Jean Rouch sont disponibles en DVD aux Éditions Montparnasse.

ROUSSEAU HENRI

Le Douanier, autodidacte raffiné

Henri Rousseau (1844-1910), peintre français, a été surnommé « le Douanier » car il travaillait dans un « octroi ». Autodidacte, il dut attendre la cinquantaine pour commencer à être apprécié. Sa vie a été dure, il a même fait de la prison pour un larcin, s'est engagé dans l'armée, a perdu sept de ses huit enfants de maladie, et vivra de ce petit poste de gardien. Ses peintures deviennent vite exotiques, notamment avec ses « jungles » – étonnant pour un homme qui n'a jamais quitté la France. Il s'inspire d'albums et de revues, et de récits d'aventure. Vers 1891, il rencontre d'autres artistes – Robert Delaunay, Guillaume Apollinaire, Paul Gauguin, Toulouse-Lautrec, Pablo Picasso – qui non seulement vont l'apprécier mais aussi le collectionner. Il va même influencer les surréalistes.

Sa peinture d'apparence maladroite laisse vite apparaître des qualités rares : des corps massifs, des visages archaïques, des détails troublants et une palette bien plus travaillée qu'il n'y paraît – une atmosphère de gentillesse inquiétante. En 1886, il tente le Salon des indépendants, où il se fait traiter de peintre du dimanche. Il sera longtemps moqué mais il s'obstine et il se fait progressivement apprécier, notamment par André Derain ou Henri Matisse, alors en plein fauvisme. Un an avant sa mort, il vend enfin quelques toiles au marchand Ambroise Vollard et peut s'acheter un atelier dans le XIVe arrondissement. De ses tableaux si posés, si nets, si fermes et détaillés – et malgré l'absence de perspective et des proportions discutables – ressort une impression de force et de modernisme. Rien de gentillet, ni de simple ou naïf!

Le Douanier Rousseau a peint environ 250 tableaux, dont 100 ont été perdus ! Mais les peintres l'ont élu de son vivant, reconnaissant son originalité et une forme de sauvagerie fantasmée. On dit qu'il ressemble aux primitifs italiens, on y reconnaît les à-plats de Paolo Uccello. C'est un excentrique, certes, et un autodidacte, mais il a le sens du merveilleux. Il est moderne car il ne respecte aucune norme et renoue même avec un certain archaïsme – un style à l'ancienne, évoquant l'art roman ou les miniatures mogholes, mais aussi les *exvotos* des marins. Gauguin, Matisse, Picasso veulent eux aussi renouer avec les estampes asiatiques, les styles romans ou africains. C'est ça la liberté nouvelle. Ses jungles inspirées du jardin botanique, de revues et de cartes postales ressemblent à des tapisseries fantastiques, ordonnées et invraisemblables. il faut regarder les images de Rousseau, faussement simples, et toujours impressionnantes. D'ailleurs on ne l'a jamais oublié, il est toujours parmi nous.

CATALOGUE *Rousseau. L'innocence archaïque*, musée d'Orsay, Hazan, Paris, 2016.

RUMBA CATALANE

Qu'es aquo ?

Les Gitans arrivés d'Inde, fuyant les grandes invasions seldjoukides et mogholes vers les XIIIe et XIVe siècles, passent par le Sud (Égypte, Afrique du Nord) puis par le Nord (Grèce, Europe de l'Est). On note leur présence en Espagne en 1425, mais sans doute étaient-ils là avant. D'abord acceptés comme forains et musiciens – plus quelques spécialités de ferronnerie ou d'élevage d'animaux – ils seront repoussés vers le Sud ibérique (Andalousie, Extremadura). Au XVIe siècle, l'Espagne invente la guitare, premier instrument à cordes « frappées » et le flamenco va naître, gitan sauvage ou espagnol plus classique. Deux branches se distinguent : le *cante chico*, petite chanson, une sorte de blues sur les malheurs de la vie et de l'amour, et surtout le *cante jondo* (ou *cante grande*), chant profond : métaphysique, plein de questions, de Dieu, de plaintes ou d'extase. Enfin, c'est au XXe siècle que vont se développer des écoles de flamenco, des familles, des styles et des stars. Grenade, Séville, Xérès. Au début des années 1960, à Barcelone, la famille de Carmen Amaya règne dans le *Barrio* de Gràcia. On y pratique le *ventilador* depuis les années 1950 : les doigts grattent les cordes puis frappent la caisse de la guitare dans un rythme rapide (chaka-boum, chaka-boum), différent des ruissellements de notes et des accords enchaînés. Aujourd'hui tout le monde connaît ce rythme par Manitas de Plata et ses neveux les Gipsy Kings. Mais dans les années 1960, ce sont les Gitans catalans de Barcelone qui, fascinés par les rythmes afro-cubains à la mode, se sont emparés de la rumba cubaine (d'origine africaine) et en ont fait la rumba catalane : un nouveau style était né.

La rumba cubaine possède trois variantes (guaguanco, yambu, columbia) développées au XXe siècle parallèlement au son cubano qui se pratique en salle et *dancehall*, la rumba est chantée en espagnol et dansée dans les *solar* (cours). Car le mambo et le cha-cha-cha font la joie des clubs et des plages de la Costa Brava et de même que Cuba a utilisé bien des classiques espagnols – boléro, paso doble, fandango –, l'Espagne se reconnaît en partie dans les *compas* cubains et sud-américains. Ces rythmes entremêlés empruntent aux Indiens d'Amérique, à l'Afrique et à la musique romantique européenne, mélangeant les instruments des trois continents (flûtes, pianos, cuivres, tambours).

Bref, les Gitans et les flamenquistes attrapent ce rythme ultra-dansant, ondulant et déhanché, soutenu à cent à l'heure par les *palmas* (double claquement de mains en inter-temps) à la place des bongos et güiros. Ce n'est plus exactement de la salsa, mais un nouveau mélange à base cubaine et flamenco, sur fond espagnol. Découvrez Peret, Ramonet, Moncho y su Wawanco Gitano, Dolores Vargas « la Terremoto », Chacho y sus Rumbas. À la fois flamenco gitan, avec *duende* espagnol, et rumba cubaine avec *compas* Caraïbes... Ça sera vite fait.

CD *Original Rythm of Gipsy Rhumba in Spain. 1965 – 1974*, Soul Jazz Records.

Russolo Luigi

Précurseur du son

Vers 1910, en pleine révolution artistique mondiale, et suite aux impressionnistes et fauvistes français, arrivent les expressionnistes allemands, les constructivistes russes et les futuristes italiens. Ces derniers, modernistes passionnés, veulent peindre le mouvement, les villes, l'électricité, les avions, la vitesse et la frénésie moderne. Tout leur art tend vers les machines, la rapidité, la science, les progrès techniques, qu'ils jugent révolutionnaires. À Paris, Raoul Dufy peint une immense fresque pour le musée d'Art Moderne : *La Fée électricité* ! Un élan général porte les artistes vers les découvertes techniques, dites « magiques » !

Délaissant la peinture, le futuriste Luigi Russolo (1885–1947) décide de se consacrer à la musique. Il se passionne pour les sons, les bruits, la symphonie moderne des villes : rumeurs, foules, moteurs, usines et même bruits de combats ! Marinetti, auteur du manifeste des futuristes en 1909, rapporte la guerre Turquie-Bulgarie (1912) en termes de spectacle, d'opéra, de mise en scène totale, avec sons, lumières et déflagrations. La vitesse est son *credo* ! De son côté, Russolo est convaincu que les sept ou huit notes de la musique occidentale sont dépassées, que les instruments sont poussifs et que les harmonies classiques, recomposées mille fois, sont parfaitement ennuyeuses et inadaptées au monde moderne. Dans la suite des autres manifestes futuristes, il va rédiger un court texte définitif expliquant sa vision de la nouvelle musique. Publié en 1913, *L'Art des bruits* expose l'essentiel de sa démarche : il existe des vents, des pluies, des orages, des véhicules, des foules, des rassemblements, des nouveaux matériaux, des techniques qui créent des sons. Sans le savoir, Russolo est en train de poser les bases de la musique concrète. Tous les bruits peuvent être recréés et harmonisés pour le concert moderne. Avec son ami Ugo Piatti, il fabrique carrément des *intonarumori* (« joueurs de bruits »), sortes de boîtes avec haut-parleurs, manivelles et leviers. En 1914, il donne un premier concert à Milan. Au programme : *Réveil d'une capitale*, *Congrès d'automobiles et d'avions* ou *Dîner à la terrasse du Casino*. Il déclenche émeutes et scandales, avec des bruits de vaisselle, de robinets, des sifflements, cliquetis, ronflements, claquements, rires, glouglous, et même des hurlements, des sanglots et toutes sortes de percussions expérimentales.

En 1921, après la guerre, Russolo donne enfin ses récitals à Paris, au Théâtre des Champs-Élysées, pour 27 bruiteurs et orchestre. Dans la salle : Paul Claudel, Manuel De Falla, Diaghilev, Mondrian, Maurice Ravel, Igor Stravinsky ou Tristan Tzara. Le russolophone sera son orgue à bruits et sa démarche est reconnue. Plus tard, dans les années 1950, Pierre Schaeffer, Pierre Henry, John Cage ou Edgard Varèse lui rendront hommage. Russolo a inventé un type de notation musicale encore utilisé. Mais les futuristes aimaient un peu trop la guerre, ce son et lumière titanesque, et leur penchant pour les fascistes – étranger à Russolo, qui fut exclu du mouvement – les a fait mettre au ban de l'histoire. Il n'empêche que leur génie plastique et optique, et leurs études sur le mouvement et sur les ondes provoquées par la vitesse, étaient prémonitoires. Aujourd'hui, la musique bruitiste, électronique et industrielle, est l'héritière du travail de Russolo et de son *Art des bruits*.

LIVRE *L'Art des Bruits : Manifeste futuriste 1913*, Luigi Russolo, Allia, Paris, 2013.

S

Saint Phalle (de) Niki

Double face

Il y a deux façons de regarder Niki de Saint Phalle (1930–2002) : par son œuvre apparemment débridée et colorée, ou par sa vie sombre et douloureuse. Ou comment une aristo, belle et suractive, a réussi, par une méthode style « reine des abeilles », à pérenniser une œuvre protéiforme et contradictoire. Marie Agnés Fal de Saint Phalle naît à Neuilly dans une famille de banquiers ultra catholiques... Château et univers romanesques, mais violée par son père à 12 ans. Gloups ! Elle va d'abord occulter le choc et faire ce qu'on attend d'elle : Beaux-Arts, mannequin, mariage chic, deux enfants... Puis devenir peu à peu une bombe à sous-munitions qui vont claquer les unes après les autres au cours d'une vie chaotique.

Niki commence vers 1960 à tirer au fusil sur des toiles plâtrées renfermant des pigments liquides. Les couleurs saignent et elle devient une égérie *sixties*, reine du *happening* et du nouveau réalisme (Klein, Arman, César, Tinguely, Villeglé, Hains, Ben, Raysse...). Car elle a divorcé d'un mari classe et idéal (Harry Mathews, père de ses deux enfants Laura Duke Condominas et Philip Mathews), pour jouer les Bonnie and Clyde avec Jean Tinguely, qu'elle épousera et qui deviendra le maître d'œuvre de ses sculptures géantes et habitables ! Et elle ne va plus s'arrêter, enrôlant toutes ses rencontres dans ses projets fous.

Elle va incarner toutes les dérives et excès des années 1960 : provocation, gauchisme, sexualité, libération, féminisme, psychédélisme, mégalomanie, délire, psychanalyse, communautés, créativité tous azimuts... et troubles hypocondriaques puis maladies réelles. Elle va user un grand nombre d'amants, d'amis, de mécènes, de responsables d'art, mais aussi d'ouvriers, d'assistants, demédecins, de psychothérapeutes, de magnétiseurs et de divers gourous... Son compagnon Jean Tinguely, pourtant fort et macho (voir ses machines et ses conquêtes), finira asservi par cette mante religieuse. Car Niki se voulait à la fois fée, princesse, sorcière, magicienne, maman, amante, prêtresse, amazone, chef de clan, idole, tueuse, enjôleuse... Toute sa vie elle s'est cherchée frénétiquement, projetant sur ses grosses « Nanas » sculptées et colorées – mais aussi sur ses autels, totems, lingams, tours, monstres et autres animaux – ce qu'elle voulait incarner, dominer, posséder, et imposer au monde... La part New Age et hippie se conjugue chez elle, leader de grande famille, avec autorité et jeux d'influences. Elle finira entourée d'aristocrates mécènes – comme elle –, le tout au nom de la juste cause de l'art, de la culture, et de la reine Niki !

Marquée à vie par le célèbre parc Güell d'Antoni Gaudí à Barcelone, elle va se battre frénétiquement pour faire ses réalisations géantes couvertes de mosaïques : Nanas, cyclopes, grottes, têtes, fontaines et parcs magiques remplis d'animaux de légendes et de références au tarot et à l'art roman. Elle habitera régulièrement dans certaines « sculptures » aménagées, au point d'en perdre la tête et l'équilibre... Percluse d'arthrite (à cause du froid des ateliers de sculptures) et rongée de bronchite chronique (due aux colles et aux vapeurs de polystyrène), elle paie cher ses fantasmes. Mais son côté jet set ne cessera pas de la servir, et la haute-société d'Europe et d'Amérique – ses « relations » mondaines sont nombreuses et internationales – va l'aider dans ses entreprises, parfois brouillonnes ou irréalistes. Elle agit comme une éternelle adolescente insatisfaite, véritable Peter Pan, mais doublé de visions, de mystique personnelle et poursuivie par une cohorte de démons (elle montrera dans deux films ses monstres et ses vengeances : son père à quatre pattes doit accoucher de gnomes !). Il faut donc se méfier de l'apparence joyeuse de ses sculptures pop et colorées, dansantes ou enfantines, car le noyau est souvent noir (sa sœur puis son frère se suicideront).

Son art est bourré de symboles phalliques, cabalistiques et totémiques. On se perd dans le labyrinthe de ses obsessions, on reste pantois devant sa résistance (elle fut malade la moitié de sa vie) et l'énergie déployée à imposer ses réalisations grandguignolesques sur trois continents (Europe, Asie, Amérique). Et on pardonne son goût parfois douteux, justement à cause de cette folie enthousiaste et dévorante. Amen.

CATALOGUE *Niki de Saint Phalle*, Grand Palais, RMN, Paris, 2014
LIVRE *Niki de Saint Phalle – La Révolte à l'œuvre*, Catherine Francblin, Hazan, Paris, 2013.

SAMPLE

Grandeur et misère du sampling

Jusqu'à récemment, les musiciens se servaient d'un instrument pour composer des mélodies au gré d'une inspiration mystérieuse. Mais après des siècles d'accords et d'harmonies plus ou moins réussies, les humains inventèrent des machines à enregistrer puis à réutiliser les musiques déjà créées. Cela se passait vers la fin du XXe siècle, alors que la vente de ces musiques gravées battait justement son plein et que des décennies de trouvailles musicales, de styles et de genres venaient d'être accumulées. Ces nouvelles machines à recopier, reproduire, séquencer, étirer, accélérer, hacher, voire mettre ces sons en purée, se trouvaient partout. L'idée vint alors de réaliser des patchworks avec ces trésors musicaux du passé – la corne d'abondance ! D'autant que ces arrangements, solos, chœurs ou rythmes avaient une « cote » de valeur, comme à la bourse.

Il y eut donc des centaines de photocopies musicales. Merveille du procédé : on revend le même, ou presque, avec un emballage différent, et le tour est joué ! On a sauté l'étape « création de mélodie », vieille alchimie en voie d'extinction. L'être humain, particulièrement retors et imaginatif en termes de survie et de prédation, transforma en une sorte d'art son habilité à utiliser cette méthode de reproduction, y ajoutant toutes sortes de sauces, parfums et épices (pitch, scratch, flow, etc.).

Voici donc les musiciens sans instruments, sans notes et sans partitions : le roi est nu, vive le roi ! Les rois du cocktail qui, après les disc jockeys, simples passeurs de disques élevés au rang de maîtres, vinrent ajouter l'indispensable touche d' « arrangements » : les mix. Et pour chanter les louanges de ces prestidigitateurs, as de la manipulation « comment faire du neuf avec du vieux », vinrent les exégètes, critiques, esthètes de la chose, vantant la nouveauté absolue de cette technique mystérieuse et magique, qui renforce les sons en les adaptant au goût du jour. Et il est vrai qu'il y eut des résultats : des vibratos, larsens, basses, scratchs, bégaiements, glissements, superpositions et accélérations (savez-vous que ce dubbing était interdit aux États-Unis jusqu'aux années 1950 ?). Oui, un nouveau monde était né. L'arrangement et la production étaient devenus la création.

Le livre *Sample !* rassemble quelques 200 tubes de ces quarante dernières années avec, pour chaque titre, le disque original dont il est issu – le modèle et le sample enfin réunis ! Et dans cette anthologie, pour chacun de ces titres, l'histoire, et bien sûr les bagarres, procès, jugements autour des parties réutilisées. Miracle : dans 99 % des cas, les parties originales ont gagné et raflé la mise, même sur ceux qui ont acheté les droits et demandé poliment. Aux dernières nouvelles, les rois du sample se tourneraient vers l'Afrique et l'Asie en quête de nouvelles pépites à mixer.

LIVRE *Sample ! Aux origines du son hip-hop*, Brice Miclet, Le Mot et le Reste, Marseille, 2018.

SCHROEDER BARBET

Expériences impossibles

Le Suisse Barbet Schroeder (1941–) a eu une carrière exemplaire de cinéaste producteur en France. Assistant de Godard sur *Les Carabiniers*, il crée Les Films du Losange dès 1963 et, sans moyens, il lance *Paris vu par...*, un film à sketches composé de six courts métrages de ses amis de la Nouvelle Vague : Jean-Luc Godard, Éric Rohmer, Claude Chabrol, Jean-Daniel Pollet, Jean Douchet, Jean Rouch. Puis il va produire les premiers films d'Éric Rohmer, dont l'inoubliable *La Collectionneuse*, film culte dont il sera aussi le comptable, l'électricien et l'assistant. Il ajoutera à ses productions des pointures comme Jacques Rivette, Jean Eustache, Rainer Fassbinder ou Wim Wenders. Mais c'est avec ses propres films de contre-culture qu'il va se faire un nom. *More* (1969), sorte de fiction documentaire à la fois planante (musique des Pink Floyd) et d'un réalisme cru, raconte la fuite de deux hippies de Paris à Formentera puis Ibiza. *La Vallée* (1972), avec sa femme Bulle Ogier, est une espèce de voyage initiatique au fond de la Nouvelle-Guinée et le premier film New Age où les mythes et les rêves se mêlent aux difficultés d'une expédition – *La Route* version mi-ethnographique mi-psychologique. À nouveau, la musique des Pink Floyd emporte les images, cette fois des Papous et de la forêt primaire. Schroeder est le premier à réaliser des films sur l'utopie, mais avec la précision méticuleuse d'un horloger. Il observe les parcours déjantés, mais sans complaisance. Puis il réalisera un documentaire sur Idi Amin Dada, le tyran ougandais napoléonien, en jouant sur la fascination que peut exercer un Ubu roi africain. Aimant décidément franchir la ligne rouge, Schroeder tourne ensuite *Maîtresse* (1975), avec Bulle Ogier et Depardieu, ou les difficultés de vivre avec une maîtresse sadomasochiste ! Là encore : réalisme, précision du détail et flirt avec notre côté sombre. Appelé aux US, il réalise *Barfly* (1987), un film sur (et écrit par) Charles Bukowski, le poète alcoolo, le super beatnik casanier, que la jeunesse underground admire pour sa franchise et son talent à briser les barrières. Schroeder met sept ans à décider les studios et double cet exploit avec un documentaire de 4 heures sur l'écrivain (1987).

Il faut saluer la volonté de ce réalisateur, documentariste passionné, hors des sentiers battus, peintre objectif de la contre-culture, aux expérimentations difficiles (il nous rappelle Werner Herzog, aventurier et professionnel comme lui, capable de rêver le monde comme de s'affronter aux pires difficultés des tournages). Schroeder a marqué une génération par sa force, son talent à « faire » les sujets impossibles. Il s'est lancé dans des entreprises très variées et toujours *borderline*, avec des sujets forts et décalés, tout en restant un vrai modèle de discrétion. Il a pleinement assumé les errances de la contre-culture et su regarder les marginaux avec une objectivité inattendue. J'ai toujours admiré cet homme actif, engagé, aventurier, mais « cool ».

SCHWITTERS KURT

Deux livres

Kurt Schwitters (1887–1948) fut un grand artiste moderne difficile à saisir – une sorte de franc-tireur, parallèle au mouvement Dada. Il créa son propre mouvement artistique, qu'il baptisa « Merz » par ironie en reprenant la deuxième syllabe de « Kommerz Bank », et dont le double objectif était d'utiliser des rebuts de la société industrielle et de lutter contre la bêtise ! Sa grande œuvre, *Merzbau*, recouvrait tout l'intérieur de sa maison de Hanovre, façon constructiviste : des centaines de surfaces en bois ou en plâtre, qui resculptaient l'espace, tout en y intégrant des collages, montages et œuvres de récup. Cet intérieur restructuré en œuvre totale, du sol au plafond, autour des mouvements cubistes, futuristes et suprématistes, fut hélas détruit en 1943 par les bombardements alliés. Peintre et sculpteur, mais aussi poète, chanteur, auteur de théâtre et écrivain, cet artiste complet sera régulièrement réédité. Ses deux récits *Auguste Bolte* et *La Loterie du jardin zoologique*, datant respectivement de 1922 et 1926, sont des textes pleins de fantaisie inspirés des dadaïstes (en l'occurrence plutôt absurdistes) et des précurseurs drolatiques du surréalisme. Auguste Bolte est une jeune femme obsédée par les chiffres et une logique absurde : elle suit des gens dans les rues en les comptant et lorsqu'ils se séparent, elle tente de les suivre dans différentes directions ! Cette expérience fera d'elle une « *docteur ès vie* ». Actions, désordres, engueulades et logique absurde composent ce texte à l'humour décapant, présenté par l'auteur comme une thèse de doctorat. Dans *La Loterie du jardin zoologique*, des Allemands moyens gagnent des animaux de zoo dans une loterie. Mais lorsque les Schulze gagnent un lion et les Schönwetter gagnent un hippopotame, ça se complique. Il y aura même des morts et des blessés. Schwitters termine sa nouvelle par un avertissement en forme d'aide sociale aux animaux, assignant aux zoos le devoir de donner à chaque animal son habitat naturel : désert, fleuve et montagne (au lieu de sinistres cages en fer et ciment).

Vous l'avez compris, Kurt Schwitters nous propose de petits contes modernes trépidants (pas si loin des films burlesques de Max Linder, Chaplin ou Keaton), où les *a priori*, les obsessions, le statut social et tant d'autres bizarreries nous enserrent comme des camisoles. Ce sont nos vieux archaïsmes, télescopés avec les nouveaux rouages de la vie industrielle et mécanisée, qui font de nous des pantins désarticulés, des automates ayant perdu leur but et gesticulant dans le vide. L'art doit faire réfléchir et changer, sinon il ne sert à rien. Les dadaïstes puis les futuristes et les surréalistes, et ensuite les lettristes et situationnistes, furent des militants de l'action, de la révolution intellectuelle et si possible sociale. Tous ont pondu autant de textes, de tracts, de manifestes que de toiles ou de collages.

LIVRE *Auguste Bolte*, Kurt Schwitters, Allia, Paris, 2013.
LIVRE *La Loterie du jardin zoologique*, Kurt Schwitters, Allia, Paris, 2013.

Science-fiction russe

Aelita, reine de Mars

À revisiter les films russes des années 1920, on réalise mieux la force du renouveau esthétique russe suite à la révolution et au développement des arts et des techniques. Dans *Aelita*, grand film de près de 2 heures, Mars est un reflet de la Terre, avec ses intrigues, ses dirigeants et l'exploitation d'ouvriers œuvrant sous terre. On pense au *Metropolis* de Fritz Lang, version galactique. Mais là, à part l'intrigue anticapitaliste sur Terre, on assiste à un super opéra spatial dans une cité futuriste martienne, avec grand décor cubiste, mais aussi constructiviste, voire suprématiste dans ses trouvailles aériennes. Dans son palais zébré de câbles transparents, la princesse est ultra moderne, avec coupe au carré « garçonne », antennes et robes dénudées. L'univers martien est fait d'escaliers géants, de murs obliques, de points de fuite en profondeur – tout est moderniste, tranché, avec des cadrages de tableaux modernes. Les admirables costumes partent de l'antique pour finir en géométrie avec des visières en rhodoïd transparent ; des éléments géométriques recouvrent les notables ou les gardes (on pense à *Star Wars* pour leurs armures).

Aelita est un opéra soigné comme au ballet du Bolchoï, avec des personnages expressionnistes sur fond de ce qui nous semble des actualités : la vie à Moscou, les trains, les gares, les usines, et soudain : Mars ! Un palais géant et dépouillé comme une maquette de

Kasimir Malevitch. Certains casques rappellent des motifs de Kandinsky et le travail du Bauhaus allemand, avec des formes élégantes qui se superposent dans l'espace. C'est un univers mental, moderniste et aérien, comme un rêve de *space opera* qui aurait choisi l'art révolutionnaire de l'époque. Et bien sûr, la révolution gagne Mars et ses esclaves : des foules sublimement éclairées grouillent et les grands sentiments propagandistes magnifient la révolte.

L'équipe du film a su directement transposer l'art moderne dans une œuvre à grand spectacle. Le réalisateur Yakov Protazanov s'appuyait sur des textes classiques (Tolstoï, Maupassant) pour une intrigue solide, puis les studios Mejrabpom mettaient le paquet ! La costumière Alexandra Exter a fait des merveilles et bien des stylistes comme Thierry Mugler ou Paco Rabanne ont l'air de descendre de ce film très mode années 1920. Il y a un choc esthétique (et de conception) à voir ces idées vieilles d'un siècle, encore si efficaces et porteuses d'une imagination qui ne se démode pas ! « Le beau est toujours bizarre », a dit Baudelaire. Le mouvement punk, puis la new wave, ont utilisé cette même esthétique graphique et géométrique sur des pochettes de disques. Des groupes comme Kraftwerk ou Klaus Nomi s'en inspirèrent également, tout comme le collectif Bazooka, ou encore les recherches de mode au Studio Berçot de Paris et les défilés avant-garde des années 1980.

COFFRET 4 DVD *Arsenal* d'Alexandre Dovjenko, *Octobre* de Sergeï Eisenstein, *Trois dans un sous-sol* d'Abram Room, *Aelita* de Yakov Protazanov. Lobster Films.

Sitwell Edith

English Eccentrics

Edith Louisa Sitwell (1887–1964), poétesse et écrivain anglaise, avait deux frères également poètes (Osbert et Sacheverell). Son père, l'aristocrate Sir George Sitwell, baronnet spécialiste de l'héraldique (la science du blason) et du paysage, écrivait des monographies genre « la tonte de la laine au Moyen Âge » ou « Histoire de la fourchette ». Sa mère, fille de comte, disait descendre des Plantagenet. Voilà pour le cadre. Les trois frères et sœur, élevés dans une famille sévère, se lancent à corps perdu dans la poésie. Edith déclame avec un porte-voix, publie une revue annuelle de poésie (*Wheels*) et écrit aussi des biographies de monarques anglais. Puis elle rédige son best-seller : *English Eccentrics*. Bien des peintres et des photographes se sont essayés à faire le portrait de cette femme aiguë, très gothique, à l'allure de reine du Moyen Âge : tenue, coiffure et bagues énormes, visage long, étroit et fin – d'un autre âge (allez la voir sur le Net). Mais avant d'acquérir cette personnalité et cette allure uniques, elle eut une enfance difficile. Mal-aimée, elle fut forcée par son père à porter un corset de fer, car elle se tenait voûtée. Fuyant ses parents « étrangers », elle partit s'installer à Londres avec sa gouvernante et se retrouva à 25 ans dans un petit appart à Bayswater.

J'avoue avoir été frappé par *English Eccentrics*, témoignage biographique, historique, sociologique et humain sur ces excentriques anglais, aristos ou quidams pris dans la spirale de leurs obsessions, dont Sitwell tire des récits savoureux. Comme cet aristocrate ayant la passion des accidents de carriole à cheval, ces cabriolets tirés par un pur-sang : il se jetait sur les haies, les murs, les arbres, pour l'ivresse de la vitesse et du choc. Ou ce richissime noble qui vivait en permanence dans l'immense bassin installé sous la verrière de son manoir, vêtu de laine tricotée, pataugeant là comme un poisson. N'oublions pas ces XVIIIe et XIXe siècles où les lords louaient un ermite de décoration pour leur jardin ! Sous contrat, celui-ci était logé dans une grotte et nourri, mais n'avait pas le droit de se raser ni de se laver...

Sitwell raconte de façon simple et directe les manies, lubies, obsessions et bizarreries de ses contemporains aristos *british*, un peu à la manière d'une entomologiste. Sa famille ruinée, elle continue ses poèmes, notamment sur la guerre. Après Paris où elle s'était exilée, toujours avec son amie et gouvernante, la voilà marraine de guerre tricotant des chaussettes pour l'acteur Alec Guinness. J'admire cette femme seule, pas belle, qui adorait Marilyn – qu'elle avait rencontrée – et qu'elle défendait comme une victime d'hommes affreux. Ses déclamations de poèmes, parfois en musique, étaient très courues, et elle garda toujours son allure de grande dame sortie de la tour de Londres, sans âge ni complexe. Philosophe, sociologue, savante en histoire, elle nous a laissé un témoignage touchant sur la folie et les manies anglaises.

SIXTIES

Le mauvais goût est-il révolutionnaire ?

Si le mauvais goût n'existe pas, les années 1960 l'ont vraiment approché. Après-coup, les mouvements de jeunes paraissent toujours sublimes, notamment parce que le temps ne garde que les meilleures photos et élimine les scories gênantes. Pourtant lorsqu'on revoit les vraies images, pochettes de disques, affiches de ciné, photos de presse, et les décors et tenues de ces générations, on frémit devant les couleurs criardes, les coupes de vêtement approximatives et les coiffures en toit de chaume de Brian Jones, les bouclettes de Bowie, les Shetlands trop courts et les filles en bas blancs (qui faisaient des jambes crayeuses de cadavre). Normal : on sortait du classicisme pur, filles en tailleur et mecs en costumes gris, et soudain, il aurait fallu être chic avec jabots et pantalons Marinette, moustaches en guidon de vélo et cols « pelle à tarte » (également surnommés « cols laborieux » pour leur taille géante). Même les minis ont été bizarres au début, sur des filles trop rondes, avec des coupes en abat-jour sur des bas (avant qu'elles ne s'adaptent à ces nouvelles lignes, aux collants et à la sveltesse, ou carrément aux cuissardes !). Et les garçons qui se voulaient cools avec des grosses bagues *cheap*, des colliers indiens faits avec des graines et des écharpes mauves qui pendaient jusqu'à terre... Ajoutez des sabots ou des semelles compensées – des *platform shoes* – pour un total look.

Carnaby Street n'était pas loin du quartier parisien de Saint-Michel en matière de fringues ratées et de mauvaise qualité, fabriquées en vitesse dans des ateliers clandestins, que ce soit à Delhi, Soho, Amsterdam ou dans le Sentier. Les manteaux afghans brodés puaient le mouton et vieillissaient mal. Le khôl coulait sous les yeux. Les filles avaient toutes les mêmes cheveux vieil orange passés au henné. Les parkas de surplus devenaient un uniforme, avec des fausses Clarks (*desert boots*) de chez André à 39,90 francs. Pire : les producteurs de showbiz, les usurpateurs acharnés du style pop, pour atteindre les jeunes à tout prix, copiaient mal, avec des caricatures commerciales ridicules. Bien sûr, il finit par y avoir les « hippies chics » et autres « *beautiful people* », mais ils étaient plutôt rares et loin (Grèce, Baléares ou Bali). Le film *More* de Barbet Schroeder qui les montre a bien vieilli, sans doute parce que les héros sont nus la plupart du temps, et que les îles d'Ibiza et Formentera étaient désertes.

Dans les villes européennes, la création était débridée. Tout le monde voulait tout faire, dans tous les styles : rétro, décadent, écolo, raffiné, fantaisie, fleuri, conte de fées, surréaliste, ultrapop ou futuriste. Et le design suivait : plastique criard, mousse délavée, meubles gonflables ou argentés, tapis à poils longs ou bouclés ! À la fin des années 1960, début 1970, ça sera une apothéose. Regardez toutes les pochettes de disques de rock progressif (progrock) : on voit des lutins, des vaches, des bébés, des images sous-surréalistes, moyenâgeuses, des collages pourris, des arcs-en-ciel, des surimpressions, des typographies molles ou criardes, des couleurs trop vives ou trop passées, des effets lourds. Et pourtant, de toutes ces tentatives approximatives, de tous ces essais plutôt infructueux, vont naître des styles véritables, pop et rock, qui vont s'affiner, se préciser. Les vrais tailleurs, marques et fabricants, vont mettre au point des formes plus fines. Le glam et le punk vont rajouter un coup de culot puis de style, et après le style disco encore indigeste (brushing et satin), on va enfin se vêtir avec plus de discernement et les magazines et photos seront enfin au niveau. Il aura fallu dix ans pour que la patine du temps et les tris successifs viennent arranger des délires mal maîtrisés de style pataud et criard.

P.S. : La même histoire va recommencer : à peine les genres underground, pop, rock ou folk seront devenus enfin plus stylés – et fidèles à l'esprit de leurs créateurs – que la new wave arrivera pour tout saboter avec mèche blanche et blazer épaulés, eye-liner et crêpage, Boy George et Kajagoogoo, Visage et Sigue Sigue Sputnik. Mais c'est une autre histoire...

LIVRE *Swinging sixties – Londres-Paris*, Christian-Louis Eclimont, Flammarion, Paris, 2009.

SKANK

La Jamaïque s'est réinventée plusieurs fois

En 1970, le label de Clement « Coxsone » Dodd, Studio One, devrait être sur le déclin. La concurrence, comme Island de Chris Blackwell, devient féroce. Sir Coxsone s'est fait piquer Burning Spear, Heptones et bientôt Marley et Wailers ! En plus, Don Drummond, figure importante de Studio One issue des Skatalites, a abattu sa compagne, la danseuse Anita Mahfood, au cours d'une crise de folie. Et l'organiste Jackie Mittoo, génial arrangeur du studio, est parti au Canada. La totale. Mais le studio en a vu d'autres. Il a déjà intégré plusieurs époques capitales de la musique jamaïcaine : mento, ska, rocksteady, downbeat, reggae. Cette fois, ce sont les *sound systems* qui vont apporter des idées et du sang neuf : les deejays, ces *toasters* géniaux qui imitent les présentateurs de radios américains, en plus inventifs, mélodieux et rythmés que leurs modèles. Avec les *seventies*, la montée du style *live* et personnalisé du *sound system* – amorcée depuis dix ans avec des pointures comme King Stitt, le Quasimodo de Trenchtown, ange gardien de Studio One que j'ai rencontré chez lui – va frapper fort et influencer le monde. Le rap lui doit tout. Ce sera le règne de personnalités uniques comme U Roy « The Originator », Big Youth et son tube *S90 Skank*, et Dillinger. Un style entre rastas excentriques et pop flashy avec chapeaux géants, boots, jaquettes, couleurs satinées, et surtout un chant syncopé, des cris, des invectives, le tout dans la langue du ghetto. D'ailleurs le style *skank* a deux sens : le contre-rythme du reggae, le contretemps des accords avec *delay*, mais « *skank* » en argot veut aussi dire « vulgaire », « pauvre », « sale » – toujours la malice jamaïcaine, insolente, provocatrice et fière !

Des appellations comme « *roots reggae* » ou « *natty dread* » entourent cette passion animée par les stars du « *toasting* », *showmen* et véritables porte-parole du ghetto, de la rue et des *sounds* (futurs *Dancehalls*). Prince Jazzbo, Dennis Alcapone, Tapper Zukie, I Roy, Prince Far I, etc., le nombre de ceux qui se lancèrent à l'assaut de ce genre, en même temps très chanté, crié, avec onomatopées et effets (le dub va venir « aggraver » leur style, avec écho, nappes de synthés et tous les gimmicks de mixage possibles) marque cette époque clé. Tradition orale, chœurs d'églises, spiritualité et électronique ont accouché de cette manière prodigieuse de raconter le quotidien. Et chaque orateur va développer sa propre manière vocale, jusqu'à l'excès.

Une nouvelle couche de sédiments de cette époque héroïque vient d'être exhumée par Soul Jazz Records avec la compilation *Studio One Showcase in the 1970s* : 18 morceaux réunissant les plus belles voix de Jamaïque, dont Horace Andy, Prince Jazzbo, Dillinger, Sugar Minott, avec des orgues sinuants et une chaleur humaine unique, qui va dramatiquement se fracasser dans les luttes politiques et les gangs des années 1975 – 1980. Collectors, Selectors, Aggrovators... Le vent de l'histoire.

CD *Studio One Showcase. The Sound of Studio One in the 70s*, Soul Jazz Records.

Skatalites (The)

Le ska de l'indépendance

Les Skatalites furent le groupe phare qui lança la nouvelle musique jamaïcaine dès 1963. Issus des fanfares militaires de la colonie anglaise, ces garçons formés dans les chorales religieuses et les orchestres traditionnels de calypso et mento firent vite sensation. En 1962, le twist fut lancé aux USA pour concurrencer le ska jamaïcain, qui venait de faire un boum mondial avec *My Boy Lollipop*, chantée par la charmante Millie Small au rythme déjà dévastateur du ska. À l'époque des satellites et du ska, on obtient Skatalites ! Cette avancée musicale, avec un rythme simple, comme une pompe qui souffle et aspire, tranchait avec les sons Caraïbes antérieurs, plus ondulants et doux. Accompagnant Prince Buster, ou assurant l'orchestre chez Coxsone (Studio One), les Skatalites firent merveille avec leurs cuivres au son clair. Les personnalités fortes de ce groupe – Don Drummond, Ernest Ranglin, Johnny Moore, Lloyd Knibb, Lloyd Brevett, Jackie Mittoo – rejoignirent le panthéon de la musique grâce à leurs trouvailles, leur culot, leur mélange de jazz, latin, musique de films ou de danse. Un grand style était en train de naître.

Soul Jazz Records ressort un bloc du dessous de la pile « ska » avec 20 morceaux du début des *sixties* (Don Drummond composa en 1963–1964 des dizaines de morceaux sur cette trouvaille musicale) aux titres évocateurs : *Pussy Cat*, *Christine Keeler*, *Jack Ruby*,

Marcus Garvey, *Fidel Castro*, *King Solomon*, etc. À l'écoute, on constate l'étendue de l'inspiration et de la fantaisie libératrice d'un groupe ouvert sur le monde qui allait essaimer pendant des décennies.

Je suis allé voir Johnny « Dizzy » Moore, le trompettiste mythique, dans sa campagne près de Kingston. Vêtu d'une longue chemise blanche au liseré rouge-jaune-vert, dreads et barbe, entouré d'enfants, si gentil, émouvant et simple, il ressemblait à un apôtre de l'Antiquité. Les aventures de ce groupe sont une bourrasque d'événements parfois violents mais toujours en parfaite adéquation avec cette île magique, au tellurisme électrique qui frappe comme la foudre.

CD *Skatalites, Independence Ska And The Far East Sound (Original Ska Sounds From The Skatalites 1963 – 1965)*, Studio One, Soul Jazz Records.

Slits (The)

Punk girl power

Qui se souvient des Slits et de la pochette de leur album *Cut* sorti en 1979 où on les voit nues, échevelées, couvertes de boue et pourtant si natures ? Cet invraisemblable groupe de filles issues du punk eut une carrière aussi hirsute que leur allure, avec autant de dents de scie que l'époque. Car on oublie que 1977 ne fut pas seulement l'année du punk, mais aussi celle du disco, du reggae, du funk, du latino, et encore de la world avec en prime des effluves de jazz. Bousculade au portillon des charts, bagarres de hits, mais aussi course au positionnement, à l'image et au qu'en-dira-t-on sur les frasques de musiciens débridés jouant fort et vite sans avoir appris le solfège.

Vers 1976, quatre Anglaises se réunissent pour offrir son pendant féminin aux Pistols. Sur le berceau de celles qui se baptisent les Slits (« fentes » en anglais) se penchent quelques fées : la mère de l'une d'entre elles, Nora Forster, pro du rock (et future Mme Rotten), Mick Jones (des Clash), Keith Levene (futur PIL), Don Letts (DJ du Roxy), Vivien Goldman (auteure au *NME* puis à *Actuel*), ou encore Dennis Bovell (producteur jamaïcain), etc. Beaucoup de monde autour de ce qui va devenir un groupe expérimental, provocateur, punk à bannière féministe-hippie (ancêtre du *girl power*) – une sorte d'outsider face à Siouxsie (and the Banshees) ou à Blondie (Deborah Harry), et dont la géométrie variable va faire des étincelles.

En 1977, les quatre filles intenables aux pseudos bizarres – Palmolive, Ari Up, Viv Albertine et Tessa Pollitt – vont commencer à tourner. S'enchaînent alors galères, bagarres, valse de maisons de disques et de musiciens. Don Cherry et sa fille Neneh se joindront parfois à elles, ainsi que des garçons attirés par ce gynécée speedé. Bien sûr l'avant-gardisme n'est pas vraiment commercial, le showbiz est plein de pièges et ces garçonnes ne jouent pas la carte sexy ni fashion (elles sont au-delà !). Palmolive, par exemple, est une batteuse sur-énergique, issue du groupe mythique Flowers of Romance où elle frappait en compagnie de Sid Vicious, Viv Albertine et les fiancées de Steve Jones et Paul Cook (des Pistols) : Jo Faull et Sarah Hall.

Au cœur du cyclone punk, les Slits sont fans de théâtre, de voyage, de jazz et de musiques primitives, de chamanisme et de révolution. Vivant en squats, elles expérimentent toutes ces directions dans un nuage de reggae et de spliffs (bien plus tard, j'ai rencontré Ari Up dans un *dancehall* à Kingston, en Jamaïque, avec des dreads énormes, gesticulant dans la foule, vêtue d'une mini et d'une brassière assorties rouge-vert-jaune, danseuse typique de l'époque *slackness* respectée par la faune impossible du Stonelove Sound System). Elles vivent à cent à l'heure, secouées par les modes, bataillant avec le chauvinisme mâle, ou anglais, ou showbiz – trop de combats pour quatre filles typiques de l'époque (*Typical Girls* est d'ailleurs un de leurs hymnes). Mais leurs quatre albums vont marquer d'une pierre rouge le rock féminin, avec un style relâché et nerveux à la fois, dissonant et frais, ambitieux et ouvert au monde. Il y aura des enfants, des pauses, des dispersions et même des *come-backs* reformations dans les années 2000 (Ari est décédée en 2010). Mieux vaut avoir entendu les Slits dans sa vie, faute de les avoir vues. Leur éthique généreuse, libre, irrespectueuse et anti-clichés, toujours en avance aujourd'hui, continue de faire des émules.

LIVRE *Typical Girls? L'histoire des Slits*, Zoë Howe, Éditions Rytrut, Saint Mury-Monteymond, 2017.

Sonic Youth

La formule

À quelle catégorie appartient Sonic Youth ? Rock américain, oui, mais aussi grunge, punk, indépendant, *noise*, hardcore, folk électrique, cold wave, psyché, expérimental, avec des traces de pop, de rap, d'underground et d'arty. Et s'ils avaient pu faire du jazz ou du classique… Voilà comment, de 1981 à 2011, ce groupe insaisissable a gardé sa réputation de grand représentant du rock indé américain. Ces éternels adolescents – bien que tous se soient mariés, parfois entre eux, et aient évolué – ont touché à tout et sont par conséquent auréolés d'une réputation de cerveaux, donc de génies.

Je n'ai rien contre Sonic Youth et leurs bandes de potes fureteurs et curieux, au contraire, mais je suis frappé par cette soif de genres, d'essais et de collaborations autour d'un pauvre quatuor à guitares. Chapeau aux artistes ! Trente années de tentatives, d'influences, de références et d'échanges autour d'un rock lâché, planant ou incisif, aéré ou bruyant. On admire ce qu'on ne cerne pas. Mais ce serait eux, les Sonic Youth qui seraient normaux ? Ils ont vécu, aimé, partagé tout ce qui s'est passé avant et pendant leur travail. Et ce serait ceux qui ne varient pas ou restent dans leur chapelle qui seraient fous, ou ignorants, ou imperméables ? La création est plus paradoxale que ça.

L'écoute des disques est un moment agréable, mais qui n'éclaircit rien : pas de direction ni de genre, de longues répétitions où chaque membre prend le manche, puis s'efface. Riffs, phrases ou cris psalmodiés, entre rêve et cauchemar, entre punk et hippie selon le feeling. On doit rendre hommage à ceux qui ne figent rien. La liste de leurs références est interminable, de Einstürzende Neubauten à Madonna, de Lydia Lunch à Joni Mitchell. Plus de trente grands noms du rock ont réellement servi à Sonic Youth dans leurs morceaux. Mais aussi des mixes, des samples à n'en plus finir et une folie de cassettes audios comme gadget de base, traces de sons, souvenirs et collectors. Facile à trafiquer, à vendre, à reproduire. Module de base pour musicien fauché, ou souvenir fétiche des débuts ? Si cool et naturel pour les fans du groupe.

Quant à la fille du groupe, Kim Gordon, la blonde, l'épouse, la hippie, c'est une sorte de Patti Smith mâtinée de Lydia Lunch ou d'Ari Up (Slits). Dès qu'une fille pas mal tient une guitare, on pense aussi à toutes les Chrissie Hynde (The Pretenders) du rock, sauf que Gordon a su – mieux que les autres – capter les médias en douce. Venue de l'art, elle a apporté une nouvelle attitude au rock. Mais un peu trop de mode, pour sa belle gueule. L'exhibitionnisme tue autant que la dope. Mais on accorde toujours au rocker le naturel et le culot, même si miss Gordon a quand même mangé à tous les râteliers. On est presque obligé d'aimer Sonic Youth, seulement ils ne peuvent pas rafler toutes les médailles. Trop d'influences et d'emprunts tue le style, ou le dilue. Et sur la question de l'art, l'Amérique est encore très endettée et le pillage continue.

LIVRE *Sonic Youth*, Matthieu Thibault, Le Mot et le Reste, Marseille, 2015.

SPAGHETTI SCI-FI

Pourquoi les Martiennes portent-elles des collants résille ?

L'intérêt des films italiens d'anticipation des années 1960 (période *Barbarella*) est qu'ils nous plongent dans un autre monde, non pas d'espace et de fusées, mais de physiques et de looks situés quelque part entre Courrèges et Cardin, version Via Veneto. Dans *Destination planète Hydra,* même les hommes terriens ont des mises en plis, du fond de teint et un balayage de mèches blondes ou blanches sur des physiques de mafieux (pour les extraterrestres) ou de maîtres-nageurs (pour les héros).

Le film aurait pu s'appeler *Soucoupes, cannellonis et fantaisie*, l'héroïne montrant aux Martiens que les pâtes sont meilleures que leurs pilules nutritives. Et pour se rendre sur la lune, elle aussi va vite troquer sa minirobe contre un *catsuit* (body transparent) accessoirisé d'un boa en plumes d'autruches rouges : ça ressort très bien sur la fusée argentée. Bref, tout est normal. Des Chinois s'en mêlent, mais n'empêchent pas la fin du monde. On voit Rome en ruines, mais aussi la ville des Martiens : le voyage a été si long que leur civilisation aussi s'est effondrée. Néanmoins des couples se sont formés et les survivants des deux planètes s'assemblent pour repeupler la galaxie sur fond de coucher de soleil.

À quoi ressembleront les enfants des Martiens et des Terriens ? À des ragazzi normaux, mais dans un style plus disco. Après les *sixties*, look Cortina d'Ampezzo, viendront les *seventies*, Rimini et San Marino, et les Martiennes ressembleront à Amanda Lear.

DVD *Destination planète Hydra*, de Pietro Francisi, Artus Films.

STRIP TEASE

Humain, trop humain…

Nous avons tous vu l'émission *Strip-tease*, d'origine belge, petite plongée libre et intime dans la vie d'individus particuliers. Né dans les années 1980, ce format de 4 x 13 minutes a révolutionné le reportage par sa force et sa simplicité. Ces mini-enquêtes-intrusions ont montré qu'une télévision simple et humaine reléguait les plateaux et leurs stars au rang de musée de cire. Richard Olivier fut l'un des réalisateurs de cette série. Son travail est un concentré de cette Belgique fascinante, décalée, surréaliste, dont les personnages oscillent entre *Tintin*, *Bob et Bobette*, Simenon et Magritte, le tout dans des décors de Delvaux ! Les mini-films d'Olivier suivent leur ligne d'humanité débridée et rejoignent le cinéma des frères Dardenne, quotidien et sans filtre, entre rires et larmes, toujours bon enfant, créatif, irrespectueux, ironique même avec nos meilleurs sentiments.

Les Belges avancent masqués, comme dans les tableaux de James Ensor, entre carnaval et fête foraine, puisque pour eux la vie est une plaisanterie, un guignol dont nous sommes les marionnettes. Peuple intermédiaire, divisé, bilingue, cent fois envahi, nos voisins flamands et wallons (pourvu qu'ils restent ensemble !) sont un cocktail de bons vivants, pour le meilleur et pour le pire. Je leur attribue sans hésiter l'invention de la bande dessinée moderne, pour leur goût du détail, du gag, du décor et de l'ambiance, avec un inimitable sens des personnages. Ils sont aussi les maîtres du surréalisme par leur capacité à s'envoler à partir de rien. Leur imagination est sans limite et leur sensibilité suit les mêmes chemins : ceux de l'école buissonnière et du libertinage. On retrouve tout cela dans les documentaires d'Olivier, empreintes fossiles et sociologiques d'humains indispensables au génie d'un peuple. On y effleure Brel, Barbara, mais aussi Marcel Broodthaers (sculpteur de moules), Wim Delvoye (sculpteur de merde), Jan Bucquoy (musée du slip), Magritte (peintre de pipes) et bien sûr Noël Godin (l'entarteur de prétentieux, qui fit la joie des petits et des grands). C'est cet esprit frondeur, décalé, émerveillé par lui-même, qui définit la belgitude, à laquelle nous devons tant. La Belgique, c'est le poumon de la France. Respirez !

DVD *La Belgique interdite*, de Richard Olivier, Bach Films.

SUN RA

Le pharaon noir du free

Je suis toujours fasciné par les êtres qui, bien que seuls et isolés, arrivent à suivre leur direction toute leur vie, sans fléchir ni faire de concessions. Sun Ra est l'une de ces étoiles filantes qui ont frôlé notre planète sans changer de trajectoire. Né en 1914 dans l'Alabama, Herman Blount est un assidu des bibliothèques, des concerts et aussi d'une loge maçonnique noire. Il est donc cultivé et politiquement averti. C'est aussi un timide, introverti et discret. À 22 ans, étudiant, il fait une expérience extrasensorielle et se voit transporté sur Saturne où on lui annonce son destin : faire de la musique pour sauver la terre du Chaos. Dès lors il répétera quotidiennement.

La saga va pouvoir commencer. Vers 1942, il refuse de porter un uniforme et menace de tuer quiconque tentera de l'enrôler. Réformé, classé « schizo », il se rend à Chicago. Plus tard il dira à de jeunes Noirs en pleine période Black Panthers : « Je suis un vieux rêve, envoyé vers vous. » Croyant le désarçonner avec des formules radicales de l'époque des slogans politiques, les jeunes s'exclament : « Qu'est ce qui le prouve ? Et même, qu'est ce qui prouve que vous existez ? ». Il leur répondra : « Je n'existe pas, et vous non plus. Dans une société où nous devons courir après nos droits civils, nous ne sommes rien. Mais je vous apporte le mythe, car les Noirs sont un mythe ! », leur clouant le bec et leur ouvrant la conscience.

Effectivement, tout ce que fera Herman Blount tendra vers une expression large, universelle, à la fois infinie et multiforme, intégrant les savoirs ésotériques et la technologie de pointe, alliant la liberté la plus débridée à une discipline maîtrisée. À Chicago, il sera arrangeur, pianiste et déjà sortent des titres éclairés comme *Deep Purple* ou *Sound Mirror*, du nom de son magnétophone vers 1947, un des tout premiers en vente. Puis il va s'incarner en Sun Ra (dieu solaire égyptien), annonçant avant l'historien Cheikh Anta Diop les pharaons noirs, et son groupe s'appellera l'Arkestra. Il apparaît vêtu de chasubles métallisées, coiffé de casques ethno-lunaires, paré de bijoux vénusiens. D'abord classé *free jazz*, il va sans cesse échapper aux catégories et devancer les hippies et le planant avec les longues compositions de son « *space trio* » (piano, percussion, saxo).

En 1951, avec Alton Abraham (radiologue, spécialiste des rayons X !) qui devient son ami, associé et manager, ils éditent des textes, des tracts et des manifestes définissant leur cadre de pensée et leur univers philosophique, qu'on retrouvera dans les quarante années de productions à venir ! Vers 1957, deuxième album, *Super Sonic Jazz*, après quelques 45 tours (*Saturn*, *Call For All Demons*). Car si Sun Ra est mystique, il est aussi politique, rêvant d'un futur « *space* » et progressiste. Sun Ra aura son label El Saturn dès le début des *seventies*. C'est pendant cette décennie de succès qu'*Actuel* (maison mère de Nova) éditera deux albums avec BYG Records. La Fondation Maeght éditera également les concerts qu'il réalise au musée de Saint-Paul-de-Vence. La France aime Sun Ra, sa vision, son ampleur. En une vingtaine d'années, l'Arkestra a intégré des éléments free, jazz, fusion, planants, africains, punks, électroniques, répétitifs – une sorte de New Age où la musique expérimentale flirte avec des éléments de performance et d'improvisation. On parlera même de musique concrète : il jouera dans les concerts pop, mais aussi avec le MC5. Plus tard Sonic Youth déclarera son amour de Sun Ra, le grand ancêtre et son sens des mots et des images : *The Heliocentric World of Sun Ra*, *Space Is The Place*, *Nuclear War*, *Love In Outer Space*, *The Second Stop Is Jupiter*.

Sun Ra a interprété des morceaux de musique pris chez Walt Disney, ce qui ne l'empêchait pas de donner un concert total *noise* en même temps. Ses détracteurs peuvent le trouver trop bruyant ou minimaliste : des faces entières de disques avec un ronflement de Moog ou des déchirements de sax. Avec ses allures de grand prêtre cosmique, calme mais scintillant, entouré de ses musiciens saturniens, à la fois archaïque et solarisé par un orage électrique, le grand ancêtre des hippies, de Funkadelic et de Lee Perry, a toujours fait mon admiration. Prophète de la liberté, il a déclaré : « J'ai été à la Maison Blanche, mais je n'ai pas vu la Maison Noire. » Amen.

LIVRE *Sun Ra - Palmiers et pyramides*, Joseph Ghosn, Le Mot et Le Reste, Marseille, 2014.

SUPRÉMATISME

Environnement total révolutionnaire

En 1917, la révolution russe allait rejoindre, au niveau artistique, tout ce qui se faisait en Europe de l'Ouest : art abstrait, modernisme, design, revues d'avant-garde, photographie et architecture. Puisque les Soviétiques voulaient construire un nouveau monde, les artistes comme Kasimir Malevitch, Olga Rozanova ou El Lissitzky devaient inventer un nouvel art. Il y eut deux branches à cette esthétique, deux styles partant de figures abstraites, géométriques – carrés, triangles, cercles et lignes – tout en donnant une idée d'espace. Le suprématisme d'abord, un style spatial, beau, quasi parfait : un spatialisme suprême (comme les Delaunay à Paris et leur art flottant, l'orphisme). Et le constructivisme : une esthétique d'équilibres, de masses, d'élégance graphique, de belles proportions, renvoyant une impression de force et de solidité (qui préfigure les plans d'architecture moderne). Bien sûr l'influence des cubistes et des futuristes se sent, mais aussi les travaux de Mondrian, de la revue *De Stijl* aux Pays-Bas (les néo-plasticiens) et enfin des dadaïstes comme Kurt Schwitters et Hans Arp, ou des abstraits comme Vassily Kandinsky en Allemagne. Ajoutez les architectes comme Mies van der Rohe (et ses grilles métalliques pour gratte-ciel en acier), Walter Gropius et l'école du Bauhaus, cherchant à généraliser cette esthétique au design, costumes, décors, objets et bâtiments – voilà l'œil du cyclone !

En plus, les Russes avaient l'atout révolutionnaire : tout revoir, tout refaire, et avec les moyens d'un État géant. Et El Lissitzky en fut l'ambassadeur culturel, ne cessant d'aller et venir d'Est en Ouest. Observant cet art moderne de l'Ouest et affirmé par Malevitch, il va répandre ce suprématisme constructiviste dans tout. Il va devenir peintre, photographe, architecte, maquettiste et designer, appliquant le projet révolutionnaire à toute œuvre : tableaux ou collages sont des « voies », des « projets », des « avancées » vers le futur, pour le bien de tous. Avec artisans et élèves à Vitebsk où il travaille, il va couvrir autobus, bâtiments et façades de ronds géants, de carrés, de triangles, de lignes dynamiques et d'affiches avec photomontages audacieux : car c'est aussi de la propagande pour le nouveau monde. Rouge, noir et blanc dominent, accompagnés de gris et de couleurs pures (jaune et bleu) : force, simplicité, évidence, pour mieux se débarrasser de l'ancienne esthétique en arabesques tortillonnantes et rococos, symbole du vieux monde décadent et bourgeois !

Appliqué aux magazines, affiches, tracts, catalogues, et avec l'apport de la typographie, de photomontages et maquettes de pages, l'art de Lissitzky va faire un malheur : c'est neuf, c'est beau, c'est clair.

Pour les stands des expositions internationales, les Russes vont encore se tailler la part du lion, avec ces formes puissantes en volumes géants. Colonnes, porches, cubes, sphères, tours métalliques avec lettres immenses : l'art moderne est entré dans l'environnement.

El Lissitzky fut d'abord romantique à la Chagall, puis suprématiste à la Malevitch et enfin staliniste, encadré par l'État (1930–1940). L'ironie de l'histoire, c'est que ce style ultramoderne pour les années 1920–1930 va faire la promotion et la propagande d'un système qui deviendra bureaucratique, arriéré et finalement passéiste.

LIVRE El Lissitzky, *L'Expérience de la totalité*, Hazan, Paris, 2014.

Tao

Au secours de la pollution

Et si l'antique philosophie chinoise pouvait encore nous aider très concrètement? Non pas avec Confucius qui prônait l'organisation, les règles et les rites, mais avec son contraire, Lao Tseu, opposé à toute ingérence humaine sur le cours de la nature. Contemporain de Bouddha (600 av. J. C.), ce dernier est devenu quasi mythique car ses idées sont uniques: une philosophie contemplative, recommandant le non-agir, privilégiant la nature et se méfiant des hommes. Archiviste à la cour de l'empereur, Lao Tseu finit par se retirer et fuir devant l'accumulation d'erreurs des gouvernants. Mais il connaît le pouvoir, les honneurs, les mécanismes, et leur inutilité. On lui attribue le *Tao te king* (*Dao de jing*), livre de la Voie et de la Vertu. Il tourne poétiquement autour de la notion de Tao, notion d'absolu, d'incernable, sans forme ni attribut, contenant rien et tout – pierre philosophale? Lao Tseu compare le Tao à l'eau: informe, invisible, s'évaporant, se condensant et se glissant dans les plus petits interstices. Mais finalement l'eau ronge les pierres et les fait éclater en gonflant sous forme de glace! La puissance des cataractes et des pluies façonne le paysage.

Les idées de Lao Tseu sont radicales: même la science ou la culture corrompent les âmes, la nature et la société. L'arc tue l'oiseau, la charrue augmente les récoltes, toute richesse attire l'envie, toute possession la jalousie. Lao Tseu interdit la concurrence, l'avidité, l'influence humaine dévastatrice, la possession de plus en plus de biens, le cercle vicieux et infernal de nos actions qui tue tous les cycles naturels. Voilà pourquoi les vrais écologistes, les apôtres de la décroissance, les partisans de l'An 01 redécouvrent le Tao et son maître Lao Tseu.

Ses idées vont jusqu'au paradoxe. Celui qui n'a rien est mieux loti que le riche, jamais en paix. Celui qui n'a aucun pouvoir est plus heureux que le ministre accablé de soucis ou que l'empereur écrasé de devoirs. Le bon gouvernant doit se faire petit, en retrait. Celui qui jamais ne lutte n'a pas de rival. Bien sûr le Tao est plus fin que ces formules grossières, mais la voie du Tao n'en est pas moins surprenante, et drôle ! Et non seulement Lao Tseu prône des principes qui pourrait aider notre planète, mais la Chine elle-même le redécouvre après des années de développement sauvage et de pollution chaotique ! Cerné par des populations en colère, le gouvernement chinois reconnaît les erreurs et la gestion brutale de la nature comme un échec coûteux. Bref, découvrez le Tao avant d'être vous-mêmes victimes. Et si vous êtes sages, la prochaine fois je vous parlerais de Tchouang-tseu, l'autre sage Taoïste, mais en plus punk et comique.

LIVRE *Lao Tseu et les taoïstes ou la recherche d'une vie harmonieuse*, Claude Llena, Le Passager Clandestin, Lyon, 2014.

Tatouage

Mémoires de tatoués

Les Éditions Allia ont la bonne idée de proposer un petit fascicule retraçant l'historique des tatouages autour de 1900. De quoi faire réfléchir les amateurs actuels d'encre sur peau. À cette époque, à part la tradition anglaise des marins – même les lords avaient leurs inscriptions de marine sur le corps – et quelques orthodoxes russes égarés, les Français étaient majoritairement des enfants perdus entre bagne et Bat' d'Af' (bataillons disciplinaires d'Afrique). Le tatouage était alors l'apanage des pauvres ouvriers, des bagnards et autres exclus de la société bourgeoise, et la première chose à inscrire sur soi était la définition « enfant du malheur ». Suite à quoi ces exploités continuaient de graver leur CV sur eux-mêmes : une sorte de carte d'identité pour ces enfants sans papiers et souvent sans logis, sinon un cachot, une caserne, une tente ou une cabine.

Ainsi inscrivait-on métiers, outils, puis religion, et enfin rencontres sur sa poitrine et ses bras, afin d'y lire un peu sa vie et ses croyances. Lorsqu'on n'avait pas d'intérieur douillet à décorer, on décorait son propre corps, et c'est ainsi que des anges, des généraux, des célébrités vont venir peupler torses et cuisses. Viennent ensuite les motifs de femme, souvent traîtres et maudites, mais aussi idéalisées ou érotisées : couchées, nues, fumant ou coïtant. Le phallus volant avec paire d'ailes est mon motif favori, surtout lorsque le tatoué l'apposait sur ses maîtresses, sur fesses, ventres ou cuisses. Enfin, il y a les inscriptions entre foi et révolte : « ami du contraire », « pensez à moi », « mort aux femmes infidèles », « honneur aux martyrs », « la liberté ou la mort ». Ce petit livre vous donne même les pourcentages de ces inscriptions.

La police se servait des tatouages pour identifier et ficher les délinquants et les marginaux – ex-soldats, marins ou hommes de peine – ayant eu la bonne idée de leur offrir sur un plateau des « signes particuliers » qui feront office de preuve pour les condamner (la méthode anthropométrique du « système Bertillon » était alors balbutiante). À noter l'histoire de cet homme qui tatouait toutes les femmes de sa famille, y compris filles et belles-sœurs, de dessins érotiques : ces « graffitis sur personne » prouvaient son autorité et son orientation. Tel un anti-seigneur, il avait inventé le droit d'ancrage sur son entourage féminin.

Il émane de ces histoires et témoignages, souvent médicaux ou policiers, une tristesse digne du XIXᵉ siècle, encore féodal en France, car la société industrielle naissante était sans pitié pour ses enfants. Les tatoués d'aujourd'hui imiteraient donc ces bagnards, taulards, condamnés, maudits et damnés de la terre ? C'est bien possible. Prenez les jeux vidéo : ils simulent guerres et combats, massacres et destruction, et nos enfants s'en régalent.

LIVRE *À fleur de peau – Médecins, tatouages et tatous*, Allia, Paris, 2014.

Techno berlinoise

Les noctambules prennent le pouvoir

Dans *Der Klang Der Familie*, gros historique de la période des pionniers (1989–1992), les Berlinois et autres techno fans nous racontent l'histoire de l'« après » punk, rock, rap et disco qui les a menés à leur folie de la techno hardcore, laquelle tournera presque à la secte. Exactement comme *Please Kill Me* de Legs McNeil sur le punk new-yorkais ou *English Tapes* sur le punk anglais, ce livre est composé uniquement d'interviews de tous les participants : DJs, designers, égéries, chanteurs, danseurs, disquaires, patrons de boîtes improvisées, de bars et de tous les lieux mythiques – bref, la « scène berlinoise » dans son entier, Est, Ouest et banlieue confondus. En prime et toile de fond : la chute du mur, la réunification, les mésententes, les déceptions, les excès et finalement la radicalité romantique de Berlin-Est qui va l'emporter sur l'Ouest, gavé et blasé. On se retrouve donc plongé dans un moment de l'histoire de la jeunesse allemande, généreuse et suractivée, qui, après les années de plomb, a besoin d'un nouveau moyen d'expression percutant. La techno va le lui offrir, dans le décor fantastique de Berlin (mais il y eut des événements un peu partout), avec ses immenses friches industrielles ou nazies, dignes des plus grands délires expressionnistes de Fritz Lang, transformées en lieux mythiques de clubs fous.

Voici la fresque de cette « famille », de ce petit groupe qui va devenir la « scène berlinoise », comme il y avait eu une scène londonienne pop, glam puis punk, une scène new-yorkaise rock et no wave, une scène parisienne avec le disco puis le punk, ou madrilène avec la Movida. Car la grande règle pour qu'une « scène underground » se développe, pour qu'un groupe de suractifs, branchés, démerdards et fonceurs puissent lancer un mouvement avec musique, fêtes et lieux mythiques, c'est d'avoir de la place, des quartiers abandonnés ou déserts. Tous les courants novateurs, désargentés, ont besoin de ce genre de tremplins : de grands endroits spectaculaires et vides pour se réunir, squatter et faire la fête.

On avait assisté au punk new-yorkais grâce aux lofts et *iron-buildings* de Manhattan Sud. Londres avait eu son underground à Portobello et King's Road en friches et terrains vagues, puis vers Camden ou plus récemment Brixton ou Spitalfields, de vieux coins mi-banlieues, mi-friches. Même le punk parisien avait eu ses Halles abandonnées. Imaginez maintenant Berlin juste avant et après le mur : un no man's land plein de bobos artistes subventionnés à l'Ouest et des lieux géants, déserts et spectaculaires dignes du « romantisme industriel allemand » à l'Est ! Depuis les sommets Can et Kraftwerk, nos voisins ont prouvé leur talent et affirmé leur style inimitable : Amon Düül, Faust, Neu, Tangerine Dream, Popol Vuh, Einstürzende Neubauten, D.A.F. – ce savant mélange de beat métronomique, d'électronique, de marteau-pilon, de robots, de sons industriels, de chocs métalliques ou de planant répétitif ou martial, mais toujours baigné d'un romantisme rêveur.

Avec ce gros livre où s'expriment une vingtaine de raveurs fous, pionniers de la techno et de la Love Parade, on voit défiler les personnages, endroits, tenues et décors de cette planète sous ecstasy, où se réunir pour avoir un choc esthétique et physique était devenu une règle de vie. Juste après les raves anglaises, l'Allemagne avait trouvé sa voie et adopté un style ultra tekkno (avec 2 K comme superlatif). Le lieu le plus mythique fut sans doute le Trésor, ancienne et immense banque de guerre remplie de coffres et de casiers, et en son centre une salle de danse entièrement en métal. Imaginez le son et l'atmosphère quand on sait que le tout ruisselait d'humidité avec en sus champignons, rouille et débris industriels dangereux. Ce fut pourtant le must absolu d'aller s'enfermer sous influence chimique dans cette boîte (au sens propre) animée par des DJs sans pitié, qui alignaient des sets de huit heures pour un public de fanatiques déchaînés balayés par des lasers perçant la fumée opaque ! Il faudrait analyser pourquoi une génération a choisi de se mettre ainsi à la torture pour s'amuser ! Parmi ces fous et ces explorateurs, en dehors des DJs et organisateurs, il y avait aussi des décorateurs, des danseurs, des rois de réseaux, des gardiens, des anges gardiens, des gays, des militaires, et quelques truands et prostituées – tous unis pour danser des jours entiers. Mais comme dans toutes les avant-gardes, les egos vont se réveiller. Avec la Love Parade de Berlin, le succès et l'argent, la famille rêveuse et anti-commerciale va se déchirer. Même leurs idoles de Detroit (Derrick May, Kevin Saunderson, Jeff Mills) vont s'embrouiller avec eux.

Témoignage pointu, édifiant et révélateur de cette fièvre berlinoise de 1898 à 1992, *Der Klang der Familie* (du nom d'un tube disputé) se lit comme un roman à vingt ou trente voix, et s'écoute comme un opéra. Wagnérien.

LIVRE *Der Klang Der Familie*, Felix Denk et Sven von Thülen, Allia, Paris, 2013.

TÉLÉMAQUE HERVÉ

Le retour de la figuration narrative

Le pop art français, passé par les appellations de Nouveau Réalisme (Arman, César, Ben), puis de Figuration Narrative (Rancillac, Arroyo, Erró, Fromanger, Télémaque), a souffert de son intellectualisme et même de ses engagements politiques. Les Américains, eux, assuraient leur succès avec des emblèmes forts et simples, sans aucun scrupule : drapeaux de Jasper Johns, BD de Roy Lichtenstein, séries de Warhol (boîtes de lessive, soupes, stars). Voilà comment une école en éclipse une autre à l'échelon international. Mais entre ventes et expos, on assiste actuellement à un *comeback* de nos pop figuratifs français (Niki de Saint Phalle, Martial Raysse, Erró) !

En 1961, l'artiste d'origine haïtienne Hervé Télémaque (1937–) arrive à Paris après trois années passées à New York. Les surréalistes veulent accueillir ce peintre des objets détournés et des associations étranges, à la fantaisie tropicale. La peinture de Télémaque est unique, avec un graphisme fin, une gamme de couleurs gaies mais raffinées, figurative avec une touche abstraite, faite d'objets volants non identifiés, comme récupérés. Les *Mythologies quotidiennes* qu'il présente dès 1964, ont déjà un côté critique, flirtant avec la contre-culture.

Avec Télémaque, on parle de négritude, d'anticolonialisme, de dessin « ligne claire », de ready-made... On est un peu perdu devant ses baskets, slips, tentes de camping et autres Mickey flottant dans les airs. Cette simplicité, cette franchise, ce côté rêveur, parfois enfantin, mais compensé par un sens de l'équilibre, de la composition, des masses et des traits habiles et nets, redeviennent aujourd'hui rafraîchissants, face aux néo-pop bling bling, ou aux conceptuels retors et chiants. Bien qu'à mon avis injustement méconnu ce cousin haïtien doué est quand même une figure de l'art contemporain. Et s'il est irrespectueux voire un peu « déconneur » ou bizarre dans son œuvre, c'est justement ce qui fait sa valeur d'artiste « espiègle », dans la lignée de Marcel Duchamp, mais en plus gai.

CATALOGUE *Hervé Télémaque*, Centre Pompidou, Somogy Éditions d'art, Paris, 2015.

Thoreau Henry David

La marche est-elle révolutionnaire ?

Henry David Thoreau (1817–1862) est considéré comme le précurseur de l'écologie et de la non-violence. Ses idées, livres et poèmes influenceront notamment Tolstoï, Gandhi, Martin Luther King et la *free press* ! Sa doctrine est de se ressourcer à tout prix, de se laver de la civilisation mercantile et sédentarisée qui nous a émasculés, rendus esclaves de nos petits commerces, d'une boutique ou d'un arpent. Sa solution, simple et à la portée de tous : marcher ! Thoreau prête toutes les vertus aux balades, si possible dans les coins les plus purs, sauvages et isolés. Facile en l'occurrence, car l'Ouest américain du milieu du XIXe siècle est encore vaste et sauvage. Marcher pour se purifier, marcher pour méditer, marcher pour observer et comprendre la nature, marcher pour réfléchir, marcher pour se renforcer, marcher contre la société, marcher contre l'hypocrisie, marcher pour reconstruire notre âme originelle, marcher contre la civilisation avilissante, marcher pour exister, être, vivre enfin. On le considérera donc comme un excentrique doublé d'un dangereux paresseux, asocial et révolutionnaire. Thoreau, si vous voulez, est un des premiers beatniks, routards ou hippies.

En 1836, l'écrivain et poète Ralph Waldo Emerson frappe avec *Nature*, un essai qui fera date et lancera le transcendantalisme en Amérique : désir d'élévation spirituelle, prise de conscience, exaltation de la nature libre et sauvage pour résister à la société industrielle qui gronde et va tout écraser. Largement influencés par les philosophies orientales (bouddhisme, hindouisme, taoïsme), les transcendentalistes sont les précurseurs des mouvements hip, beat et contre-culture. En 1881, Walt Whitman, autre chantre de la nature et de la liberté originelle, grand poète américain des grands espaces, écrira *Song of Myself*, inspiré du transcendantalisme. Proche de cette nouvelle philosophie idéaliste, Thoreau se situe à l'opposé de la civilisation américaine, mécanisée, en plein essor, envahissant l'Ouest américain, décimant Indiens et animaux, rasant les forêts, détournant les cours d'eau et rentabilisant chaque centimètre carré de terre vierge. Il est donc mal vu par la société puritaine des pionniers de l'Ouest, qui ne juraient que par la Bible, le travail et l'abstinence. Heureusement, il est soutenu par son ami Emerson, qui l'aide à publier articles et nouvelles, l'engageant comme jardinier ou instituteur pour qu'il survive entre deux longues marches (en vendant à des revues idéalistes et militantes ses carnets de notes et journaux de voyages). Car il faut survivre, même en 1840, et Thoreau devra souvent lui aussi écrire, travailler et ne se promener que dans les environs de son bourg (Concord, près de Boston) pour revenir le soir-même !

En plus d'admirer sa poésie et son talent de conteur, c'est fou de voir Thoreau maudire la civilisation et la culture, vanter les Indiens philosophes et spirituels (qu'il considère comme cent fois supérieurs aux pionniers et à leur rapacité aveugle), et énoncer en prime – un siècle avant les autres – les principes de l'agriculture biologique. Ancêtre chéri des écologistes inspirés, Thoreau continue de faire des émules, notamment en la personne de Kenneth White, un Écossais qui a parcouru le Grand Nord et qui en rajoute une couche en conchiant les missionnaires colonisateurs, puritains protestants et catholiques, bourreaux des Indiens et des cultures ancestrales chamaniques.

« Voici notre mère à tous, immense, sauvage, hurlante, la Nature... » (H. D. Thoreau)

LIVRE *Marcher* (suivi de *Une promenade en hiver*), Henry David Thoreau, Le Mot et le Reste, Marseille, 2017.
LIVRE *La Route bleue*, Kenneth White, Le Mot et le Reste, Marseille, 2017.

THRILLER

Pour en finir avec Tarantino

Au début des années 1970, Bo Arne Vibenius, cinéaste suédois de 30 ans, réalise un film d'action étrange avec des inserts pornographiques et une jeune fille comme héros. Cet ovni a plusieurs titres : *Thriller*, *A Cruel Picture* ou encore *They Call Her One Eye* pour la version américaine et *Crime froid* pour la française. L'actrice principale s'appelle Christina Lindberg, héroïne nordique de films porno soft au corps de statue et visage d'enfant. Cette fille à part aura une carrière éclair. Dans *Thriller*, elle est enlevée, droguée, séquestrée, violée, prostituée et en prime, son bourreau lui crève un œil !

En fuite, elle va apprendre art martiaux et maniement des armes en vue d'une vengeance au cours de laquelle pas mal de voyous vont y passer. Ça ne vous rappelle rien ? C'est la trame de base de *Kill Bill*. Car le fureteur et magasinier de vidéos série Z Quentin Tarantino avait repéré cette perle sans concession dans la lignée de *Faster, Pussycat ! Kill ! Kill !*, de Russ Meyer, où la belle fille cogne et tue.

L'Amérique a beaucoup recyclé les créations européennes : littérature, contes, légendes et histoires diverses, mais aussi peinture et architecture. « *Ex nihilo nihil* », disent les savants, et la foule enchaîne : « Tous les créateurs s'inspirent de quelque chose ! » Irréfutable ? Non. Un créateur sans peur et sans reproche ne craint pas de citer, de rendre hommage, d'honorer ses maîtres ou ses muses. « Devoir de mémoire », c'est bien ce qu'on nous rabâche. Pourtant sur Internet, le Suédois Vibenius n'a droit qu'à une ligne et ses films sont inconnus. Quand on évoque *Kill Bill*, on parle d'hommage au cinéma de Hong Kong – Bruce Lee est incontournable, comme son survêt' jaune et noir – mais la pauvre Christina Lindberg, malgré son bandeau sur l'œil, son maxi cuir et ses flingues, n'est jamais évoquée. Personnellement j'aime bien savoir d'où viennent les choses, et j'ai une passion pour les « versions originales », comme en musique. J'aime moins les « *covers* ». « Mieux vaut s'adresser au bon Dieu qu'à ses saints », dit un proverbe.

Et vous, vous en pensez quoi ?

DVD *Thriller*, Bo Arne Vibenius, Bach Films.

TOURNEUR MAURICE & JACQUES

Deux valent mieux qu'un

Il faut le dire et le répéter : le cinéma est un artisanat. De l'éclairage aux costumes, du son au cadre, et du décor au montage, tout n'est que métier et application. Chaque fois qu'un film touche au sublime, c'est que les artisans sur le plateau – mais aussi avant, aux étapes scénario et répétitions, plan et *story-board* – ont tout préparé et chiadé avec inspiration, minutie et expérience. L'argent n'y fait rien : c'est le métier et l'expérience qui emportent le morceau. Pas un chef d'œuvre dont on ne vante l'équipe : du producteur au chef-op, des acteurs aux directeurs et scénaristes. C'est comme la cuisine ou la couture : il n'y a pas de miracle, juste de la science.

Jacques Tourneur (1904 – 1977) eut la chance de naître au milieu d'un atelier de fabrication. Fils de Maurice Tourneur, cinéaste réputé des années 1920, 1930 et 1940, il va comme lui tourner aux États-Unis et réaliser des films qui vont s'imposer dans l'histoire du cinéma. En pleine époque de mélos hollywoodiens, il optera pour des films fantastiques, catégorie « angoisse ». Il existe un marché à part : *King Kong*, *Les Chasses du Comte Zaroff*, *Dracula* ou *Frankenstein*. Ce genre est plus ou moins méprisé, mais le succès public est immense. Le cinéma populaire de genre va s'imposer pour son inventivité, ses délires, son suspens, l'action et une certaine folie démesurée.

En 1942, Jacques Tourneur fait un hit avec *La Féline*, sublime thriller dans lequel une fille devient panthère et tue. Une scène de nuit dans une piscine couverte, avec reflets et clapotis, marque les esprits. Les producteurs lui demandent aussitôt deux autres films : *L'Homme-léopard* et *Vaudou* – deux modèles que devraient avoir vu tous les étudiants en cinéma. Petits budgets, petits tournages. Ni temps, ni moyens, ni stars. Ces films semblent condamnés à être des séries B, mais Jacques Tourneur et son équipe vont les transformer en chefs d'œuvre : des petits bijoux du noir et blanc, ciselés comme des diamants.

Héritées des films expressionnistes à la Fritz Lang, les histoires de Tourneur sont éclairées par une sorte de magie. Les acteurs sont très classiques – de jolies filles minces un peu mannequins, de beaux mecs virils et élégants – les dialogues ultra sobres, et les scènes très courtes. L'histoire avance à grand pas, avec un côté inexorable, un peu comme chez Hitchcock, mais sans grand guignol ni psychologie à l'américaine, et encore moins de psychanalyse à deux sous. On chemine à travers le destin et l'irréversible. Horreur et meurtres sont au même niveau que le reste des scènes, avec juste ce qu'il faut de bizarre et de décalé. Tout fait un peu peur, chaque scène ou presque est inquiétante. L'ensemble avance à un rythme plutôt lent. Pourtant, pas de temps mort et pas de quartier dans ce *slow motion*. Le découpage tombe comme un couperet. D'histoire simple, le film devient hypnotique. Beaucoup de noir, d'ombre, de nuit, de choses cachées. Des décors ultra évocateurs et des cadrages incroyables :

classiques mais fascinants, avec des angles rares, un peu au-dessus, ou éloigné. Il y a un truc, un je-ne-sais-quoi qui fait la différence.

Les critiques et Vincente Minnelli ont rendu hommage à Jacques Tourneur en vantant son utilisation du noir total, grâce auquel le spectateur imagine davantage que les meilleurs scénaristes ou réalisateurs. Mais cela ne suffit pas à expliquer ce charme général. À la façon d'un cocktail savamment dosé, ses films vous pénètrent insidieusement, goutte après goutte. Incroyable science de l'intoxication. Godard a dit que le cinéma, c'était ça : des ombres, des fantômes, à une certaine vitesse. Jacques Tourneur est un des maîtres discrets de cette alchimie.

DVD *L'Homme-léopard* et *Vaudou*, Montparnasse Vidéo.

TRANSE ARABE

Extases illicites

Musique et transe chez les Arabes est l'ouvrage d'un spécialiste – Gilbert Rouget – expliquant les notions d'écoute, de musique, de profane et de sacré dans la tradition arabe à travers quelques grands textes historiques. Nous voilà projetés dans un univers de nuances, de légendes, d'interdits, d'extases parfois mortelles, de derviches et de soufis. Et de mots : mots-concept, mots-valise ou mots-clé, comme *Sama* (audition), *Wajd* (transe), *Dikhr* (répéter le nom de Dieu),

Tarab (transe profane ou émotionnelle), etc. C'est un monde à part, étroitement corseté par le *Adab* (bons usages), car avec musique, extase et transe, on évolue sur le fil du recommandé, du toléré, ou de l'interdit, du païen. On ne badine pas avec la droite ligne de la tradition musulmane : on n'est pas dans une *rave*, ni à Goa ou Ibiza !

Un des bonheurs de ce petit livre est de confirmer l'universalité de la transe, de l'Afrique à l'Asie, mais aussi en Europe, des chamanes aux traditions ancestrales. Tous les peuples et toutes les religions – musulmane, hindoue, chrétienne, animiste, vaudou, bouddhiste, taoïste, chamanique, etc. – sont concernés à un niveau ou un autre. On y apprend tout sur les auteurs de textes, d'études, d'ouvrages pratiques ainsi que sur les philosophes et les poètes. Car les grandes religions sont toujours ultra complexes, avec différents niveaux de lectures, musulmans comme chrétiens, hindouistes comme israélites. Il manque les Amérindiens, mais nous avons une idée des pratiques rituelles du chant et de la danse, du Canada aux grandes plaines, du Mexique à l'Amazonie.

Il y a des façons de faire, comme de répéter des mantras tout en inspirant et expirant afin de créer une hyperventilation de la gorge et des poumons, un va-et-vient du diaphragme favorable au déclenchement de la transe. Bien sûr, ces moyens mécaniques ne sont pas très bien vus, car ils procèdent d'une gymnastique artificielle, moins pure et mystique donc que la transe extatique, par répétition du nom de Dieu, de paroles ou de versets vraiment en accord avec le dogme et le cheminement religieux. La tradition arabe distingue alors entre transe « induite » par des éléments extérieurs au sujet, et transe « conduite » par la danse ou l'effort. Pourtant les derviches tourneurs se servent de rotations pour appeler la transe. Ces notions d'effet et de cause font le caviar des différentes sectes et praticiens. Et dans la musique, certains tambours et flûtes sont autorisés et pas d'autres, de même que les luths, saz et autres instruments à cordes, soigneusement triés par les groupes religieux !

Il existe aussi une transe agitée, sorte de danse de Saint Guy, et une transe plus calme, plus planante. Le croyant peut aller jusqu'à déchirer ses vêtements, fondre en larme ou... mourir ! En tout cas, la transe émotionnelle est passive – on dit que l'individu est « musiqué » – quand d'autres sont musiquantes, donc actives. Certains tambourinaires irakiens peuvent en arriver à se casser sur la tête leur tambour en poterie, au moment de l'extase ! Bref, même si on est sidéré de voir à quel point la tradition arabe veut contrôler l'incontrôlable, on s'approfondit devant la subtilité des nuances ! La recherche de l'extase est recommandée, mais non sans une infinité de règles ! Les religions sont souvent paradoxales, et on ne sait jamais si c'est ce qui fait leur force dans un premier temps, ou leur faiblesse... à terme.

LIVRE *Musique et transe chez les Arabes*, Gilbert Rouget, Allia, Paris, 2017.

TURNER WILLIAM

De l'académisme à l'avant-garde visionnaire

William Turner (1775–1851) a eu trois vies – c'est ma théorie. Ce peintre-graveur aquarelliste surdoué, fils de boutiquier londonien, commence par accomplir son parcours du combattant au service des nobles de l'Empire et de la Couronne : première vie. Avant de devenir membre honoraire de la Royal Academy of Arts, il doit peindre ce que veulent les lords : des paysages, des architectures, des abbayes, des églises et des avenues, le tout à l'italienne, avec détails et personnages. Il fait le voyage en Italie, ramenant tous les formats de paysages, ciels, bâtiments, et même des marines et autres vues de ports et de baies – le tout hyper léché, avec luxe de détails minuscules pour faire beau dans les manoirs. Les nobles veulent du travail minutieux, lisse et parfait, et des mois de travail. En réalisant ces cartes postales hyperréalistes, véritable œuvre de tâcheron, Turner s'aperçoit que ces œuvres commerciales de courtisan lui permettent au moins de voyager. Commence alors sa deuxième vie.

En bateau, train, diligence et à pied, il parcourt l'Europe et ses sites exceptionnels : cirques grandioses, vallées, falaises... La mode est passée à la nature sauvage, brute et impressionnante. Noblesse oblige. Pareil pour les aquarelles et les gravures minuscules dont ces dames ornent leurs salons, cabinets et boudoirs. Une touche de nature exotique et précise pour faire rêver, à l'anglaise. Gavé de ces milliers de kilomètres à travers toute l'Europe, Turner découvre la couleur : les trois couleurs pures – jaune, rouge et bleu – qui enfantent toutes les autres, et surtout les couleurs opposées dans la gamme chromatique, rouge et vert, jaune et violet, bleu et orange, lesquelles mélangées donnent les bruns.

À force d'imiter la nature, Turner a compris les oppositions de couleurs qui font vibrer la toile et les juxtapositions qui permettent des illusions, des vibrations et des effets plus forts. Suffisamment reconnu et assuré dans sa carrière et ses ventes, il se met à peindre librement, sans plus se soucier des caprices maniaques des lords et de leur obsession du détail nuisible aux œuvres. Passant alors des brumes de Londres aux volutes célestes, puis aux reflets des océans ou aux couchers de soleil flamboyants, sa palette explose en jaunes, orangés, bleus, mauves, au grand dam des British qui critiquent cette liberté de tons sauvage et puissante. Le mauvais goût et l'ignorance des riches ne sont pas une légende. Mais c'est cette troisième vie qui le rendit légendaire.

Les reflets sur la Tamise et les vues de Venise de ce maître de la couleur ont rejoint le panthéon de la peinture. Sur cette partie de son œuvre totalement en rupture avec ce qui précédait, tout est nimbé de brumes et de halos de lumière. Même l'architecture est passée au flou ! C'est un bonheur de voir un homme se libérer des diktats de l'horrible académisme imposé par de vieux profs et critiques poussiéreux, et pratiqué par des artistes coincés par l'aristocratie. Turner a fini plus loin que les futurs impressionnistes. Il était déjà fauviste et aussi minimaliste – visionnaire par réaction.

CATALOGUE *Turner et la couleur*, Exposition à l'Hôtel de Caumont d'Aix-en-Provence, Hazan, Paris, 2016.

V

VALLOTTON FÉLIX

Suisse antisocial

En quoi Félix Vallotton (1865–1925), peintre suisse très XIXe siècle qui réalise en apparence des toiles néo-bourgeoises pour salle à manger Louis-Philippe ou salon de maison close, peut-il intéresser le XXIe siècle ? Les incongruités de ce demi-inconnu enfermé dans des collections de familles helvètes invitent à y regarder de plus près. Car si ses couleurs sont presque des à-plats un peu ternes, et ses nus des statues de cire dans les tons beiges et gris, son dessin est précis et sans concession, et ses cadrages sont carrément modernes. Il a bien vu les impressionnistes, mais il fait le contraire. Comme Bonnard et Vuillard, il peint des intérieurs, mais au lieu de faire vibrer chaleur et couleur, il ternit tout, pose des personnages hors cadre, de dos, ou vus de loin, dans des couloirs et autres enfilades qui paraissent des erreurs ! Il a été un peu de l'école Nabis-Symboliste, mais lui est sans pitié : les femmes ont des bourrelets, des avachissements et des couleurs de cadavres !

Quand on évoque Vallotton, on parle de sarcasme, de funèbre, de violence froide, de refoulement et de mensonge bourgeois, d'enfermement et de parfum d'étron ! Ça ne rigole pas – tout ça cache une attaque voilée. Sa réputation vient de gravures sur bois (xylographies) de scènes de rues et d'intérieur, belles et fortes, composées comme des estampes japonaises, essentielles et cadrées, où le noir et blanc se suffit à lui-même et où le dessin est fort et juste. Mais là, Vallotton avoue sa critique, son regard cruel ou social. Est-il cynique ? Il épouse Gabrielle Bernheim, une veuve avec trois enfants, mais fille d'une des plus grandes galeries !

Libre et tranquille, Vallotton réalisera plus de 1500 œuvres. Parfois, ses paysages ont la tranquillité molle d'Edward Hopper. Rien qui accroche. Ni dérangeant, ni surprenant, sauf parfois un personnage minuscule ou vu de haut. L'explication est qu'il travaillait d'après les photos qu'il prenait. Mais surtout, Félix Vallotton (un nom de théâtre de Labiche) peint un peu de tout, change de sujet, de style, de cadre, de matière, de manière... Il est partout et nulle part, inclassable, totalement étranger et indifférent aux avant-gardes qui explosent autour de lui. Cubisme, dadaïsme dans les années 1910, on dirait qu'il n'en connaît rien. Il meurt fin 1925 mais comme Marcel Proust, ayant vécu dans un autre monde, celui du XIXe siècle, des crinolines, des théâtres, des bourgeois engoncés, des intérieurs confinés, de l'académisme. Seule la guerre 14–18 lui inspire des vues de champs de bataille, théâtrales comme des couchers de soleil, des compositions avec flammes, volutes de fumées et éclairs presque artificiels.

N'appartenant à aucune école, aucun courant, aucune tendance définie, Vallotton se balade en peinture comme un curieux, un collectionneur d'images. On pense à Degas, Manet, Maurice Denis, aux peintres classiques sociaux ou décoratifs, mais Vallotton fausse le jeu en passant par tous les sujets, comme au hasard.

Il a même peint un derrière féminin, un cul nu et gras où aucun pli, bourrelet ou cellulite n'est oublié, cadré serré, des cuisses à la taille ! Preuve supplémentaire, s'il en était besoin, de la bizarrerie de ce peintre qui n'est toujours pas classé aujourd'hui. Mais ce mystère a un avantage : les critiques d'art peuvent en dire n'importe quoi, y greffer leurs délires et se laisser aller un bon coup devant ces œuvres peu impressionnantes. Et ils ne s'en privent pas.

CATALOGUE *Félix Vallotton : Le feu sous la glace*, Grand Palais, RMN, Paris, 2013.

VALSE DES PANTINS (LA)

Chef d'œuvre oublié, Scorsese bio : 0 % mafia

La Valse des pantins (*The King of Comedy*), sorti en 1983, est le film le plus atypique de Martin Scorsese : ni flingue, ni mafieux, mais deux grands coups de casting. Jerry Lewis, d'abord – *le* comique américain des années 1950 – 1960 devenu *has-been* – incarne un Jean-Pierre Foucault américain, gros naze cynique et animateur de télé à succès. Robert De Niro ensuite, totalement à contre-emploi, campe un minable « wannabe » gommeux voulant lui aussi devenir présentateur, plus ou moins dans la même catégorie. Entre ces deux monstres retors va se jouer une véritable partie de poker mental. Le vieux renard Lewis-Jerry Langford est loin d'être aussi con qu'il en a l'air avec son *show* à la gomme, et l'arriviste De Niro-Rupert Pupkin loin d'être un simple beauf. La ruse avec laquelle Scorsese fait chavirer le mépris total de Lewis pour cet incrusteur à moustache, brushing et veste à carreaux, et la jubilation de De Niro à se rouler dans la fange mielleuse du lèche-cul auto-satisfait, sont impressionnantes. On s'enfonce littéralement dans cette ambiance de studios télé, restos pour célébrités d'occase, frime pathétique et coups bas. Car il n'y a que des requins plus ou moins rapides et efficaces dans cet univers glauque dont le spectacle écœurant s'étale dans tous les magazines people.

Échec financier mais succès critique, *La Valse des pantins* est un thriller à l'envers. Car il y a bien menaces, séquestration et danger réel, mais au final – et c'est la claque du sujet – cette stratégie l'emporte. Dans le *show business*, tout passe et tout se négocie. Même le vitriol de ce film n'a pas entamé le vernis des combines des networks et des manipulations du public aux US. Le titre américain avait prévenu : « Roi de la comédie », du mensonge et des faux-semblants. Il y a une morale dans ce film-fable : l'amour de l'argent et des privilèges des ratés de la télé, jusqu'à l'absurde, les oblige à céder de la place à leurs pires ennemis. C'est le délire américain du *show*, de la fast-célébrité et des dérives qui s'en suivent comme des vagues de folies incontrôlées, et des schizos qui s'inventent des vies, des personnages, des amis. Lennon venait d'être abattu, De Niro avait été harcelé lui aussi et le film précédent, *Raging Bull*, montrait déjà un champion célèbre devenant une marionnette de cabaret après être parti en vrille. Enfin, deux cerises sur le gâteau de ce grand Scorsese : Sandra Bernhard, chanteuse et comédienne qui joue la complice exaltée de De Niro, et une apparition du groupe punk The Clash, comme un contrepoint au coin d'une rue.

DVD *La Valse des pantins*, Martin Scorsese, Carlotta Films.

VAN DER ELSKEN ED

Styliste de la rue

Ed van der Elsken (1925–1990) est un photographe néerlandais qui commença dès 1947 à photographier la rue. Installé à Paris, il travaille chez Pictorial où il tire des photos de Cartier-Bresson, de l'agence Capa. Il sera l'un des rares à immortaliser les situationnistes – Debord et sa bande – dans le Saint-Germain de la fin des années 1950, rétro et populaire. Dans la foulée, les blousons noirs, loubards et autres rockers, le conduiront jusqu'au Japon, pour d'incroyables bananes et choucroutes imitant les B-52's des Américaines. Puis ce sera les hippies d'Amsterdam – le Melkweg et le Paradiso étaient alors les Clubs 54 des « beautiful people », les hippies d'Europe – et enfin des motards et quelques skinheads, pour en finir avec ces tribus européennes souvent inspirées par l'Amérique, mais aussi l'Angleterre.

Le regard unique de van der Elsken, empli de curiosité pour tous ces marginaux, nous rappelle la préhistoire des mouvements culturels issus de la musique – jazz, bop, rock, pop, psyché, punk – et des allures qu'il fallait avoir pour faire partie intégrante de ces mouvements spontanés. Nan Goldin sera, comme beaucoup, marquée par son travail. On sourit devant ces dégaines comme on sourira longtemps encore devant celles d'aujourd'hui : gothiques, clubbers, rappers, etc.

CATALOGUE *Ed van der Elsken, La vie folle*, Jeu de Paume, Xavier Barral, Paris, 2017.

VAUDOU

Tambours d'Haïti

Il faut clarifier au maximum le sens et l'histoire du Vaudou, cette religion africaine qui a su voyager, s'adapter et survivre, notamment à deux siècles de crimes d'esclavage industrialisé (du XVIe au XIXe siècle) de l'Afrique et l'Europe vers le Nouveau Monde (Amérique et îles). Ce Voodoo, Vaudou, Vodun ou Vodoun, qui vient principalement du Bénin et du Dahomey, était la croyance des tribus Fon, Ewe et Yoruba. Elle va se retrouver partout entre Amérique du Sud, Caraïbes et Amérique du Nord. C'était le seul bien (immatériel) qu'il restait aux déportés : Santeria à Cuba, candomblé au Brésil, Shango à Trinidad, Obeah, Kumina et

Pocomania en Jamaïque, Dugu au Belize, et enfin le Vaudou d'Haïti, le plus célèbre.

Il s'agit d'honorer et prier les saints du Vaudou, les dieux et avatars – nommés Loas ou Lwas, entre autres Legba, Ogoun, Erzulie – pour chaque chose. Leurs noms varient selon la langue des pays où ils se sont installés, et parfois ils sont même associés aux saints catholiques ! Ces dieux doivent aider les croyants, au cours de cérémonies : parler, guider, libérer l'assistance (comme dans le gospel ou le spiritisme). Pour ce faire, musique et transe vont permettre aux inspirés, aux médiums, de se faire « posséder » par le Loa, qui va les « chevaucher » et révéler des parts de mystères, d'inspiration cachée, le tout guidé par un prêtre Vaudou.

Sur les parvis de nos cathédrales se jouaient aussi des « mystères », sous forme de théâtre d'initiés, concernant les saints, les miracles, les légendes, les martyrs, la passion du Christ. Dépossédés de tout par l'esclavage, les Africains ont réussi l'exploit de sauver et de transmettre leurs croyances à l'autre bout du monde, en réunissant les fidèles pour ces transes sacrées et libératrices. Et là, au pied de l'arbre, symbolisé par le « poteau mitan », interviennent une musique, des chants et des appels, structurés par des rythmes de tambour. Les tambours aussi sont des voix, aux formes et aux timbres variés, et aux fonctions spécifiques, avec des sons, formes et rythmiques différentes.

La maison Nova, dont de nombreux membres se sont rendus en Haïti (mais aussi en Jamaïque, Nouvelle-Orléans, Antilles, Brésil...), avait pour grand projet un documentaire sur ces allers-retours des dieux africains, devenus grands voyageurs, ordonnateurs de musique et surtout lien dans les deux sens, y compris vers nous, Européens. Car cette religion complète, qui intègre tous les éléments dans ses rituels – eau, terre, animaux, métaux, sang, feu et surtout le son et les réflexes humains –, mérite d'être comprise, notamment pour la beauté de ses éléments (costumes, statues, objets, et surtout dessins graphiques et symboliques). Elle fut le soutien et le pilier des Africains et continue d'être pratiquée partout : il y a des chars candomblé au carnaval de Rio, des fêtes sublimes dans les « solars » (cours) de Cuba, et partout ailleurs, de Saint-Domingue aux Antilles, ont lieu des cérémonies. Mon Guédé (esprit) préféré est Baron Samedi : en haut-de-forme, habit, gants et guêtres. Il représente un peu la Mort, mais aussi son opposé, la Vie et le Sexe. Renseignez-vous, le Vaudou est peut-être bon pour vous.

CD *Vodou Drums in Haïti. The Living Gods of Haïti. Ritual Drums & Spirit Possession*, Soul Jazz Records.

VELVET GOLDMINE

Retour de glam

Étrange film que *Velvet Goldmine* de Todd Haynes, qui tenta en 1998 de retracer très librement le trajet du mouvement glamour rock (entre 1969 et 1974 environ), également appelé « glitter rock » ou « mouvement décadent » pour les intellos. Avec l'accord des membres de Roxy et de Brian Eno, ainsi qu'un accord de principe d'Iggy Pop, la production démarrait bien, mais David Bowie refusa toute utilisation de sa vie ou de ses musiques. Le Thin White Duke, alias Ziggy Stardust ou Aladdin Sane, ne rigolait pas avec les droits d'auteur. Le film dut alors changer de direction pour devenir l'évocation nostalgique et fantasmée d'une période déjà compliquée. Mais ce long métrage reste un moment méritant du cinéma à risque, avec une esthétique générale réussie, fidèle à cette époque folle où les *platform boots* en lézard soulignaient des pantacourts pailletés surmontés de jaquettes patchwork en satinette, à épaules en pointe, cols « pelle à tarte » (ou « cols laborieux ») et manches « pagode » ! Toutes les excentricités unisexes de la pop se donnèrent rendez-vous après 68 : plumes, make-up, capeline, strass et paillettes, en un maelstrom de couleurs et matières allant des *Ziegfield Follies* des années 1920 aux modernismes flashy de la science-fiction. Ce fut une mode ravageuse et mondiale : des centaines de couturiers et de groupes pop se déguisèrent en mousquetaire de l'heroic fantasy, en Capitaine Flam mixé de Paco Rabanne – le chaînon manquant entre *beautiful people* et disco. De Slade à Marc Bolan, de Roxy Music à David Bowie, et jusqu'aux New York Dolls et même après, cette folie glam allait influencer durablement le monde du rock, et – aussi paradoxal que cela puisse paraître – accoucher de l'enfant bâtard punk.

Quant au film, il louvoie entre reconstitution – avec de beaux moments planants comme des clips glam qui n'ont pas vraiment existé à l'époque, à part quelques rares *live* filmés – et chansons à la Bowie, puisqu'il a refusé les droits. Les trois acteurs : Ewan McGregor, Jonathan Rhys-Meyers et Christian Bale s'en sortent bien, mais la plus crédible est Toni Collette, qui interprète une copie de la sulfureuse Angie Bowie, épouse et coach, mais surtout grande prêtresse mode, brevetée décadente et diplômée en dope. Quant à Eddie Izzard, il interprète une émanation de Tony Defries, manager et boss de Mainman, la prod de Bowie, œil du cyclone des exagérations et provocations à destination des médias. Sa devise, « Pour être une star, il faut commencer par vivre comme une star », permet de camper un tonitruant business-homo au *bad taste* nouveau riche et *glitter* façon « Camp ».

Le film s'alourdit d'une enquête bourrée de flashbacks, qui tourbillonnent entre le vrai et le faux, où l'on ne sait plus qui est qui et qui joue quoi (même Brian Molko de Placebo fait un *showcase*). Mais qu'importe la vérité pourvu qu'on ait l'ivresse du glamour rock. *Velvet Goldmine* a le mérite de s'être lancé avec témérité dans une pareille aventure, parsemée de strass et de barbelés. Michael Stipe de R.E.M. est venu conseiller et coproduire cet ovni esthétique : esprit *seventies* avec effet « queer » *nineties* ! Reste que Michael Jackson, Prince, Boy George, Freddy Mercury et tant d'autres, même dix ans après, ont pu dire merci à ce courant extrême et mal aimé que fut le rock décadent.

DVD *Velvet Goldmine*, Todd Haynes, Carlotta Films.

Vitebsk

Le Bauhaus russe ?

Dès 1918, l'influence de la révolution russe d'octobre 1917 se fait sentir dans tous les domaines, y compris les arts plastiques. Déjà gonflés à bloc par les explosions artistiques mondiales en Europe, les artistes russes attendaient de pied ferme l'occasion de s'exprimer à leur tour. À Weimar, les Allemands ouvrent le Bauhaus, avec un manifeste visionnaire et moderniste dû à Walter Gropius. Et c'est Marc Chagall qui réussit, malgré les évènements, à monter une université dans la ville russe de Vitebsk. Il souhaite développer un enseignement artistique ouvert et diversifié. Les tendances opposées ne le gênent pas, et il protège les figuratifs classiques, romantiques ou folkloriques. La chute du tsarisme a ouvert les universités à tous : les ateliers doivent développer un style russe, y compris dans d'autres domaines : objets, photo, architecture, théâtre, journaux. Un autre peintre vient le seconder, El Lissitzky, qui dirige les ateliers d'imprimerie, graphisme et architecture. Ce dernier insiste auprès de Chagall pour faire venir Kasimir Malevitch, le grand peintre, fondateur du suprématisme, créateur d'unc peinture spatiale et géométrique, s'éloignant de tout objet pour une vision futuriste et pure de l'abstrait. La personnalité de Malevitch est telle, et son inspiration si forte et si nouvelle, qu'elles vont balayer tous les autres courants. Les élèves s'enthousiasment pour cette peinture radicale, sans objet, révolutionnaire et dynamique, où rien d'ancien n'a survécu. Ils se font appeler les Unovis, « champions du nouvel art », et se lancent à corps perdu dans ce nouveau style cubo-futuriste qu'ils vont décliner partout. Leur guide, Malevitch, va approfondir toutes ses théories et exécuter son célèbre *Carré blanc sur fond blanc.*

De leur côté, les ateliers de Vitebsk se lancent dans la participation à la révolution bolchevique et dans la révolution culturelle. Dans un style suprématiste puis constructiviste ils vont concevoir costumes, affiches, tribunes-théâtres, fusées-sculptures, véhicules couverts de ronds et de triangles dynamiques... La ville semble magique et délirante avec ces tableaux géants, ces formes géométriques abstraites bleues, rouges, jaunes et noires sur fond blanc – un art révolutionnaire au service de la révolution !

Chagall est remercié. Son individualisme et son folklore n'ont plus cours dans la grande révolution. L'individu romantique et passéiste est balayé et des dizaines de nouveaux artistes russes émergent. Leur slogan : « Rien d'ancien, ni les formes, ni la vie ! » Ce qui va leur arriver est tout aussi radical. Bientôt le Soviet suprême (corps législatif russe) n'aura plus besoin de casser l'art ancien, mais de se faire illustrer par un « réalisme socialiste » à la gloire des leaders. Le culte de la personnalité exige de l'art utile : portraits officiels et scènes héroïques remplaceront les envolées abstraites et lyriques du suprématisme.

CATALOGUE *Chagall, Lissitzky, Malevitch : L'avant-garde russe Vitebsk, 1918 – 1922*, Centre Pompidou, Paris, 2018.

Voyage dans la lune (Le)

Réservoir muet

Avec le sauvetage du *Voyage dans la lune* de Georges Méliès (1902), le premier film de S.F. – français ! –, Lobster Films a réalisé un petit miracle de restauration, mais surtout trois versions musicales différentes signées Robert Israel, Jeff Mills et Dorian Pimpernel. Il aura fallu plus de dix ans pour sauver les vieux celluloïds de Méliès, magicien et décorateur doté d'une vision du cinéma sans limite, théâtral, forain, avec décors, prouesses, trompe-l'œil et distraction permanente. Son voyage lunaire, d'une quinzaine de minutes, réunit tous les ingrédients : fusée, rochers, glace, lunaires explosifs et exotiques, comme dans *Tintin* ou *Star Trek*. Passons sur le côté rétro, palais des glaces ou cirque Medrano. Cette sarabande de bonshommes et *chorus girls* dans l'espace est extraordinaire.

Grâce au sauvetage des couleurs on découvre des tons fluos : vert émeraude, rose fuchsia, jaune d'or, orange, turquoise et autre pourpre ! Limite LSD. Après le groupe Air pour remettre en musique la copie en noir et blanc en 2011, ce retour de la couleur en majesté a été confié à trois musiciens en 2016. Le chevronné Robert Israel, respectueux, livre une version orchestre très soignée, qu'on croirait d'époque, mais luxueuse. Le DJ historique Jeff Mills, quant à lui, a dû se sentir ramené en enfance. Sautillant puis répétitif, il envoie des cloches, des basses, des tintinements, des boucles. À la fin du set, on frise le gamelan balinais (xylophone sur lamelles de bois ou métal). *Glissendo* atmosphérique et atterrissage. Enfin, avec Dorian Pimpernel, groupe électro français indéfinissable, on entend des sons à la Gong (Robert Wyatt), mais aussi des touches de krautrock à la Can, et, comme en douce, des effleurements d'Ennio Morricone. Du grave bourdon, jusqu'à des guitares cristallines, batterie lointaine et roulante, des échos d'instruments à vent, le tout planant, ondulatoire et très réussi.

Démonstration faite que les images, même centenaires et orphelines, peuvent être un support de choix. Et lourd rappel que la musique de films mérite mieux que les rares cinéastes, de Kubrick à Tarantino, qui ont compris que le son devrait être à égalité avec l'image. Pas assez de Lalo Schifrin, Leonard Bernstein, Walter Carlos, Nino Rota ou Ennio Morricone. Il reste à « moderniser » musique et montage de bien des classiques (sacrilège !), ce qui relancerait la découverte d'un patrimoine mondial délaissé, avec des best-of d'extraits collectors, enfin mis au son qu'ils auraient mérité.

DVD *Le Voyage dans la lune* de Georges Méliès, Lobster Films.

W

WARHOL ANDY

Contre-culture rétro et mondanités creuses

À tous ceux qui voudraient y voir un peu plus clair dans les années 1970, je conseille *Holy Terror*, témoignage de Bob Colacello sur Andy Warhol (1928–1987), sa Factory et son magazine *Interview*. Colacello était l'homme de confiance de Warhol, et donc l'une de ses victimes, mais aussi son manager, son responsable des relations publiques et le directeur d'*Interview*. Dans *Holy Terror*, il fait l'interminable récit des tracas et disputes autour d'Andy, ange et démon de l'underground, de son obsession pour l'argent, les riches et les puissants, et de sa quête permanente de notoriété. Les étapes successives de cette saga révèlent l'évolution d'une petite bande et d'un état d'esprit pervers et décadent entièrement dévolu à l'argent, l'entrisme, l'homosexualité et la provocation.

Les rituels de Warhol sont ultra répétitifs : invitations à obtenir et à rendre, vente frénétique de portraits, enregistrement quotidien d'individus plus ou moins connus, polaroids et films, *shopping* et médisance. Passé la période vraiment novatrice – de 1966 à 1973 –, il faudra faire rentrer de l'argent pour promouvoir en permanence l'esprit warholien et trouver des idées d'images (pour les sérigraphies), de photos, de films, d'articles, de portraits, d'échanges ou même de copies. À cette fin, le maître mutique Warhol, fuyant et mauvais payeur, acheteur d'idées à bas prix, vampirise et exploite à l'extrême toute sa petite troupe, qu'il fouette pour plus de rentabilité. On est loin du glamour! Les ragots et jalousies vont bon train.

Le système des peintures en séries, grâce aux photos et sérigraphies, va rapporter gros mais aussi faire perdre toute qualité ou rareté à l'œuvre. La course à la vente de portraits à laquelle se livrent tous ceux qui espèrent une commission a un côté pieds nickelés, réjouissant de muflerie et de sans gêne – sans parler de la radinerie d'Andy lui-même et de ses clients. Au milieu d'un étrange bain culturel fait de vieilles stars hollywoodiennes et de médisances permanentes défile une galerie de personnages perdus, mi-underground, mi-pathétiques. Ajoutez une poignée de couturiers, de mannequins, d'escrocs, de brutes, de dandys et de travestis et vous avez le casting des *seventies*, méthode Warhol, pour la chasse aux people «*rich and famous*».

Cet énorme récit est un exercice de diplomatie: Colacello s'y livre avec subtilité, égratignant le mythe, mais pas trop, révélant, mais à moitié, la part sulfureuse de l'époque. On assiste notamment à quelques orgies homos masculines où Andy le voyeur rafle des images, lesquelles, recadrées et solarisées, feront des toiles pop osées. Bref le «colacellisme» est une religion hautement sado-maso, où l'on peut à la fois haïr et aimer la même personne. Amen à ce drôle d'oiseau, qui a réussi à imposer un art fictionnel, basé sur l'illusion mondaine.

LIVRE *Holy Terror*, Bob Colacello, Séguier, Paris, 2017.

WATERS MUDDY

Delta boueux et notes électriques

Le bluesman surnommé Muddy Waters (1915–1983), « eaux boueuses », oncle du blues qui a tant inspiré la vague british des années 1960 (Yardbirds, Animals, Stones), a vécu plusieurs vies et plusieurs époques distinctes de 1915 à 1983. De son vrai nom McKinley Morganfield, il a grandi dans le delta du Mississipi, dans les champs de coton à 8 ans, du lever au coucher du soleil, pour quelques *cents* de l'heure, ne connaissant pas son père et vivant dans une cabane. Toute sa vie fut une guerre : de sa première guitare à sa première femme, puis de son premier appartement (sous-loué) à sa première voiture (d'occase). Malgré son succès, il dut multiplier les cachets, puis les sessions de studio (ni payées, ni créditées), parfois dans une grange ou une chambre d'hôtel. Pilier du label Chess, il dut encore jouer, tourner, réclamer son dû et avancer l'argent quand les producteurs se défilaient. Il fut un véritable héros du Chicago blues, avec des solos particuliers, des intonations vocales uniques (obtenues par des échos dans la bouche ou des mouvements pour le vibrato), des breaks, de l'harmonica rythmé, du bottleneck (en verre ou métal) pour des *glissendos*. *Rolling Stone* est le titre d'une de ses chansons abruptes, dures et saccadées comme sa vie, le son des premières pierres, la naissance du monde. La bande de Mick Jagger y a trouvé son nom.

Cet homme unique au feeling *hard*, travailleur et obstiné, a même influencé le rock, la pop, le hard, jammant avec Chuck Berry, Howlin' Wolf, ou Bo Diddley en 1967 – le bluesman avec les rockers. Non seulement il a écrit, composé, mis au point, chanté et joué des standards, des classiques comme *Mannish Boy*, *Hoochie Coochie Man*, *My Babe* et bien d'autres, mais il a ouvert le blues au monde, aux influences, aux autres styles, à tous... tout en l'imposant. Ses femmes, ses enfants, ses nombreuses aventures prennent un tour mythique. Muddy est comme Hercule et ses douze travaux : un colosse du Sud gravissant les marches du succès, des *juke joints* (cabanes à danser) sans lumière du Delta aux clubs enfumés de Chicago, puis aux feux de la rampe illuminés des tournées.

LIVRE *Muddy Waters : Mister Rollin'Stone. Du Delta du Mississipi aux clubs de Chicago*, Robert Gordon, Rivages Rouge, Paris, 2014.

WELLES ORSON

Maure à Venise

Orson Welles (1915 – 1985) reste un génie insurpassable du cinéma. Avec *Citizen Kane* en 1939, il s'attaque au magnat-tyran de la presse, William Randolph Hearst, tout en le rendant mythique – film sur l'opulence et le pouvoir, dans un style rétro-gothique. En 1947, il tourne le polar magique *La Dame de Shanghai* avec sa femme

Rita Hayworth, dans un style exotique sino-caribéen, avec voiliers, villas, îles et théâtre chinois. Il transforme la plus belle rousse d'Hollywood (qui épousera ensuite Ali Khan) en blonde platine. En 1948, il booste Shakespeare avec son *Macbeth*, qui ressemble à Gengis Khan, sous ses propres traits, comme Hearst ressemblait à un riche WASP (White Anglo Saxon Protestant), et le marin de la « Dame » à un parfait héros de Conrad. Welles caméléon de ses rôles...

En 1949, avec bouc et fond de teint sombre, il se lance dans *Othello*. Shakespeare encore, qui doit se passer à Venise et à Chypre. Mais Orson Welles le visionnaire, et l'opportuniste, découvre Essaouira, le Maroc Atlantique, les pierres, le vent de son décor. L'ancienne Mogador, qui connaissait le secret de la pourpre, fabriquée à partir de coquillages pour teindre les toges, des cardinaux et des princes. Cité artificielle créée en 1760, et fortifiée par un Français, elle offre à Welles créneaux, murailles, passages, port, palais, colonnes et ampleur du style opéra renaissance qu'il veut atteindre cette fois. Le grand décorateur Alexandre Trauner y fait merveille : gigantisme, ombres portées, voûtes majestueuses, colonnes immenses, murailles jusqu'au ciel, allées interminables, et même une citerne médiévale, trouvée au Portugal à El Jadidas, pour tourner entre murs et eaux.

Ce film, comme un échiquier, va voir les pions valser : changement de producteur d'abord, puis Welles change d'acteurs et finit par trouver son Iago et sa Desdémone : la Canadienne Suzanne Cloutier, parfaite avec sa résille pleine d'une masse de cheveux blonds, jusqu'aux cuisses! Clairs obscurs, cadrages à la hache, contre-plongées, travellings fous, caméras obliques et jeux d'ombres, perspectives accentuées... on sort saoulés de plans larges immenses, puis de gros plans ou l'on semble toucher la peau des personnages, plus grands que nature. Welles y est Othello: le général maure glorieux, bon, fort comme un roi, sage et beau, adoré de Desdémone, fille d'un riche doge vénitien, ce qui va déclencher une cabale raciste contre cet arabe trop parfait et noble. Welles devra aller tourner *Le Troisième homme* pour payer ce tournage interrompu faute d'argent. *Othello* ne sortira qu'en 1952, obtiendra le Grand prix du Festival de Cannes, et la sortie américaine retravaillée arrivera sur les écrans en 1955.

En 1966, Orson Welles réaffrontera Shakespeare avec le merveilleux *Falstaff*, mais *La Soif du mal* (tourné au Mexique), *Mister Arkadin* (dans toute l'Europe), *Le Procs* (dans la gare d'Orsay) achèveront de le faire entrer dans la légende du plus beau cinéma: épique, héroïque, tragique, monumental, mythique et légendaire.

WHO (THE)

Le miracle

L'histoire des Who, qui s'étale sur six décennies, est exemplaire et un peu effrayante, car ils furent les dépositaires absolus de la British Invasion, des mods, de la pop originale et totalement anglaise. Oubliez les

Beatles dans l'Olympe et les Stones dans le blues, et sachez que les grands représentants du son des *sixties* furent aussi et surtout les Kinks, les Small Faces, les Yardbirds, les Pretty Things, les Animals, et donc les Who. Sur une ligne très arty et mode, ces derniers n'allèrent pas vivre aux US ni aux Bahamas. Malgré des chiffres ahurissants et d'énormes tournées américaines et mondiales, ils restèrent de vrais « *lads* » anglais. Au passage, ils réinventèrent le pop rock britannique, mais aussi le punk strident, speedé et destructeur, puis l'opéra rock (*Tommy* et *Quadrophenia*) et enfin le hard rock avec leurs « *power chords* ».

Même leurs managers historiques, Chris Stamp (frère de Terence, l'acteur) et Kit Lambert (fils du chef d'orchestre Constant Lambert), furent anglais jusqu'au bout des ongles et les poussèrent dans la meilleure des directions : l'art et le style, puisque Londres dominait la culture des années 1960. Avec en prime agressivité et destruction de matériel ! Nos quatre lutins étaient la pure famille Adams du rock : Pete Townshend, ultra créatif, auteur compositeur *lead guitar*, casseur de guitares et d'amplis, angoissé et insatisfait ; John Entwistle, le plus énorme et bruyant des bassistes, pilier impassible, mais ultra cynique et provocateur ; Roger Daltrey, le charismatique chanteur acteur interprète, viril et direct ; et enfin le terrible Keith Moon, batteur explosif, trublion excité et suicidaire, mort d'épuisement à 32 ans.

On reste pantois devant la quantité de morceaux, de thèmes, d'idées, de scénarios, de révolutions marketing et, passant de la frénésie électrique et sonique à des envolées romantiques, des dérives poétiques, des clips, des tenues et des looks, des scénographies qu'ils ont imaginés. Comme tous les groupes de rock, ils ont été escroqués, volés, exploités. Ils se sont aussi battus entre eux, fâchés, éloignés, mais ils sont restés soudés envers et contre tout, et fidèles à leurs amis, faisant équipe avec des membres de tous les autres groupes dès qu'une occasion se présentait.

Leurs compositions – *My Generation*, *Substitute*, etc. – sont des hymnes éternels du rock. Leurs concept-albums, leurs opéras, mais aussi leur utilisation de larsens, de son énorme, de destruction sur scène et de boucles de synthétiseurs, les ont placés en tête de l'inspiration British mods et ont donné lieu à un revival permanent. Même les punks ont reconnu en eux leurs *godfathers*. Leurs aventures regorgent de coups de théâtre, de trouvailles et d'énormités typiques du cyclone 1964 – 1974 : ils furent une locomotive pour de nombreux groupes et reprit maintes fois. Avec leur son inimitable, puissant, haché de « breaks » et de riffs inattendus (Pete Townshend écoutait Purcell mais aussi Wagner), ils ont brisé le conformisme des *sixties*, puis occupé une place centrale pendant quinze années de performances remarquables. Ils ont réinventé le rock, et déterminé toutes les étapes qui suivirent : mod, psyché, prog, hard, punk, opera, électro – une mine d'avant-gardes successives ! Les Who ont posé des bases de la culture encore en vigueur.

LIVRE *The Who : Getting in Tune*, Jean-Sylvain Cabot, Le Mot et Le Reste, Marseille, 2017.
DVD *The Who – Tommy – Live at The Royal Albert Hall*, Eagle Rock Ent.

WOLMAN GIL

Se souvenir des lettristes

En 1917, alors que la Première Guerre mondiale ravage le monde, un petit groupe d'artistes réagit et invente Dada, un art délirant et absurde, aussi fou que l'est le monde à leurs yeux: un art explosif pour une société folle. Après la Deuxième Guerre, encore plus monstrueuse, les artistes se tournent à nouveau vers les dadaïstes et créent le lettrisme. Ils tentent de répéter et exprimer le même dégoût et le même mépris, devant une société tarée, où même l'art (classique et moderne) s'est montré impuissante face à la sauvagerie des peuples.

Mais l'écœurement des lettristes prend cette fois des manières encore plus radicales. En 1950, avec Isidore Isou, Jean-Louis Brau, François Dufrêne, Maurice Lemaître, Gabriel Pomerand, naît un nouvel élan créatif anti-art, antisocial, anti-institutions, prêt à en découdre avec le pouvoir et la société. La même année, Gil Joseph Wolman (1929 – 1995) invente les « mégapneumes », poésies faites de souffles, de respirations et de bruits pulmonaires cadencés (les dadaïstes avaient déjà déclamé des poèmes d'onomatopées sauvages). En 1951, il projette des lumières intermittentes sur un ballon-sonde et baptise ce film l'*Anticoncept* (les situs reprendront l'idée). Puis les lettristes seront rejoints par Guy Debord et Serge Berna, futurs situationnistes. Il y aura des films, une revue (*Les Lèvres nues*), des textes comme *Mode d'emploi du détournement*, mais aussi des bagarres, des exclusions et des manifestations souvent violentes. On raconte qu'ils avaient des gardes du corps arabes, pour faire peur ! Car ces artistes activistes se réunissent dans les arrière-salles de cafés arabes, tissant des liens avec les Nord-africains, leurs frères d'exclusion. Ils inventent le *cut-up* avant William Burroughs. Les Américains vont d'ailleurs beaucoup puiser chez ces artistes maudits pour ânonner leur futur « conceptuel » ou « minimalisme ».

Wolman participe à une manifestation musclée contre Charlie Chaplin. Mais il invente aussi une drôle de technique : l'« art scotch ». Afin de ne pas intervenir avec dessin ou peinture directe (les lettristes refusaient chevalet, peinture, etc.), il imagine de scotcher des éléments sur des journaux, puis de les arracher et enfin de décoller le ruban avec de l'eau, après les avoir appliqués sur un support. Il réinvente la décalcomanie et arrive à créer des images collages ou des textes, avec ce procédé, sans avoir à écrire, dessiner ou peindre. Les lettristes ont bien d'autres trouvailles, provocs et scandales à leur actif, mais l'histoire a rejeté leur radicalité et refusé de retenir leur œuvre, alors qu'ils influencent encore une bonne partie de ce qui reste des avant-gardes. Peut-être étaient-ils les derniers ?

YÉ-YÉ GIRLS

Les dernières seront les premières

Le début des *sixties* pop fut en France un défilé inégal de musiciens, hélas trop souvent cornaqué par d'infâmes showbizeux, labels et managers sans scrupules, écrasant les talents sous des tonnes de mauvais goût. L'inclassable variété : des vieux requins arnaquant minettes et minets pour une poignée de nouveaux francs, leur faisant chanter niaiseries ou *covers* (copies mal traduites) de tubes américains – une honte, redoublée par le fait que nos voisins anglais, au même moment, révolutionnaient la variété pop de leurs trouvailles bluesy, folk, rock, jerk, avec un art et une électricité jamais égalés depuis. La British Invasion et les carabiniers franchouillards...

L'album de Jean-Emmanuel Deluxe sur les chanteuses yéyés, écrit en anglais, a le mérite– une fois passées les têtes d'affiche du genre : Sylvie Vartan, France Gall et Françoise Hardy, qu'il montre aussi sur des publicités, transformées en modèles des jeunes, poussées par des marques de vêtements, Prisunic ou savon Lux ! – de rendre hommage aux petites perles oubliées, les vraies, les branchées, celles qui ont échoué à cause de leurs qualités ! Trop fines, trop *in*, trop originales et indépendantes, comme Stella qui, dès l'âge de 14 ans, se moquait ouvertement des yéyés et deviendra la compagne de Christian Vander, du groupe Magma, pop hard symphonique ! On pourrait aussi citer Zouzou, véritable star underground, intime de Jean-Paul

Goude, de Brian Jones, des Beatles, des Who, puis de Jack Nicholson. Inclassable mannequin, actrice, chanteuse au profil à la Marlon Brando, Zouzou refusa les avances du système avec une détermination confondante. Et même Marie France, vraie égérie de la contre-culture, flirte avec les situationnistes, puis devient leader des Gazolines, à la fois décadentes et transgenres, avant de passer au punk rock ou au cabaret (elle fut la Marilyn du Paradis Latin, et la Marlene du *show* Thierry Mugler au Comédia à Paris !).

J'ajouterai Gillian Hills, sorte de Bardot à la plastique unique et à l'allure incroyable, reine du cha-cha puis du twist, qui deviendra actrice, notamment à Londres où elle apparaitra dans *Blow-up* (avec Birkin) puis dans *Orange mécanique* (de Kubrick). Ces trois-là en tout cas (Zouzou, Marie France, Gillian Hills) étaient fascinantes de présence et d'élégance naturelle, fines comme des brindilles et pourtant sexys, ultra mode avant l'heure, mais à la sauvage, créant leur style, montrant le chemin des super branchées libres.

Yé-Yé Girls n'a pu se passer des Anglaises – Sandy Shaw, Marianne Faithfull, Jane Birkin – et non plus de Nico l'Allemande. Elles aussi sont des pré-modèles, créant leur genre de starlettes internationales insaisissables, refusant toute standardisation. Mais il me manque la Belge Hermine et quelques perles *british* du genre Twiggy ou Julie Driscoll, mais aussi quelques grands modèles américains comme les Runaways, Shangri Las ou Nancy Sinatra, car elles ont influencé le panthéon du style de cette époque.

La lecture de ce genre de dictionnaire, basé sur de vraies histoires, des carrières plus ou moins réussies, laisse un goût amer. Car derrière ces filles douées, on sent la main moite des obsédés, profiteurs, escrocs, managers, amants, maisons de disques, tourneurs, vendeurs de minijupes et de déodorant, d'eye-liner et de lipstick. La malédiction des très jolies filles, exceptionnelles, gravant leur image dans l'époque, déterminant un genre, une allure, donnant une direction, veut que justement tous les marchands du temple se jettent sur elles pour transformer un peu de leur magie en argent vite encaissé. La grâce post-adolescente, ce moment magique des filles décrit par les Japonais, est éphémère. Toutes ces femmes l'ont fait durer plus longtemps, pour un peu de gloire, mais aussi beaucoup de peine à subir les pénibles amateurs de lolitas qui pullulent autour d'elles, vampires modernes du showbiz maudit.

LIVRE *Yé-Yé Girls of '60s French Pop*, Jean-Emmanuel Deluxe, Feral House, Port Townsend, WA, 2013 (en anglais).

Young Lords

Black Panthers latinos

Dans la tempête des années 1960 américaines, le jeu de sept familles compte beatniks, hippies, Panthers, pigs, féministes, gays, psyche, Hell's, etc., mais on oublie généralement les immigrés latinos. À la fin des années 1960, les Portoricains (et autres Latinos ou Cubains) forment le plus méprisé des groupes ethniques. À New York, ils vivent dans les immeubles insalubres de East Harlem et South Bronx, des zones abandonnées des pouvoirs publics. Les poubelles pourrissent dans les rues et les peintures au plomb des cages d'escalier provoquent le saturnisme chez des enfants. La police laisse le deal pulluler dans les rues, quand elle n'en profite pas, et le nombre de junkies et de délinquants est énorme. Poussés par les Black Panthers et les « Young Lords » de Chicago, les jeunes Portoricains de New York descendent dans les rues avec bérets violets, treillis et balais !

De 1969 à 1976, l'épopée des Young Lords va provoquer un vrai mouvement sur toute la côte Est et créer une prise de conscience chez ces populations abandonnées. Tout est à faire : santé, éducation, organisation, et des comités de lutte pour toutes les tâches militantes. Comme les Black Panthers, les enfants d'abord : cantines, vêtements, soins. Mais il faut aussi éduquer les militants, les gens isolés, créer un journal de liaison, trouver de l'argent. Dans leur épopée particulière, les immigrés portoricains ont aussi un souci majeur : leur île, Porto Rico, qui veut retrouver son identité, son indépendance, et aussi ses enfants dispersés. Ils vont subir la répression du pouvoir, de la police et des anti-révolutionnaires. Enfin, le COINTELPRO, sorte de contre-espionnage infiltré, aura raison d'eux comme des Panthers ! Les Lords doivent aussi régler des problèmes de traditions internes : l'homme machiste, la femme au foyer écrasée et les homosexuels pourchassés au sein de leur propre communauté !

Au fil de ce parcours du combattant, et comme toujours dans les révoltes radicales, les militants harassés vont se diviser et se battre entre eux, trahis par les espions et les luttes intestines. Malgré leur descente aux enfers, les erreurs stratégiques et l'éclatement des groupes, les femmes ont participé activement, les mentalités ont énormément évolué et le sexisme a reculé. Ce pan de l'imaginaire politique latino, méconnu malgré les violences, meurtres, arrestations, a changé la donne. Ce parti minoritaire a tout subi jusqu'à l'échec, mais il a secoué les archaïsmes. L'augmentation massive des Sud-américains aux États-Unis a fait le reste : culture, musique, style et attitude.

LIVRE *Young Lords : Histoire des Black Panthers latinos (1969–1976)*, Claire Richard, L'Échappée, Paris, 2017.

Zappa Frank

Roxy : The Movie

Frank Zappa (1940–1993) est assez peu cité et connu aujourd'hui, et je pense que peu de fans l'écoutent encore. Pourtant il fut un des phares de la côte Ouest, le hippie le plus grande gueule qu'on ait vu : cynique, ironique, acide et adoré de la critique. Certains de ses concerts devaient contenir plus de ses diatribes que de solos ou de riffs. Curieux personnage hyperactif (une cinquantaine d'albums !) qui écrivait, jouait, produisait, dirigeait, tournait des vidéos et des films. Sicilien d'origine, arrogant et autoritaire, il a dirigé son groupe, modestement appelé les Mothers of Invention, ou même des pointures réputées ingérables comme Captain Beefheart, ou encore les GTO (Girls Together Outrageously), célèbre groupe de groupies intenables et délurées, qui faisaient partie de sa tribu.

En réalité, Zappa fait du jazz rock, avec des influences contemporaines, genre Varèse, Stravinsky ou Webern. Sur des bases jazz et rythm & blues, il multiplie les *breaks*, les arythmies ou les accélérations de notes. Il utilise aussi des effets sonores et des collages d'éléments pris dans des films ou des discours politiques. Entre chaque envolée de notes et de sons, après un *break* abrupt, Zappa parle et critique la société, la morale, les religions, les hippies stupides, l'amour. On a pu dire que c'était une sorte de rap. Il a avoué plus tard ne pas pouvoir jouer et parler en même temps, d'où ce rythme syncopé : discours, puis avalanches de notes. Pas vraiment dansable, intellectuel corrosif, Zappa attirait une clientèle de jointés intellos, d'universitaires déjà un peu blasés et ronronnant, au scepticisme issu de la Beat Generation, et qui allaient voir le mythe hippie s'écrouler d'un coup. Ensuite, Zappa allait s'occuper de politique (avec Václav Havel), enregistrer avec l'Orchestre Symphonique de Londres ou être joué par l'Ensemble intercontemporain dirigé par Pierre Boulez, notre *mister* Musique Contemporaine.

Mais en dehors de ce côté officiel, reconnu, savant (ses mesures musicales asymétriques ou polyrythmiques) et ambitieux (il a au moins trois statues dans le monde : Tchéquie, Allemagne et Lituanie), il fut l'archétype du freak déconneur, *yippie* provocateur, discutailleur et raisonneur, ultra *in* entre 1969 et 1973... Ses titres d'albums ou chansons sont absurdo-dadaïstes : *Were Only in It for the Money*, *You Are What You Is*, *The Grand Wazoo*, *Hot Rats*, *Thing Fish*, *Bongo Fury*... Beaucoup de personnages très typés et marqués par une époque, ont un futur plus difficile, car ils « représentent » trop parfaitement un moment de notre histoire et risquent de se démoder d'autant plus vite, car le *feeling* n'existe plus. Mais les fans de Zappa sont nombreux et répandus partout, et ce mousquetaire de la pop décalée, qui se fit appeler Ruben (and The Jets), Sheik Yerbouti, Francesco Zappa et autres fantaisies reviendra toujours par là ou on ne l'attend pas.

DVD *Roxy : The Movie* (avec Frank Zappa et les Mothers of Invention), Eagle Rock Ent.

C

H

I

J

T

U

Achevé d'imprimer en avril 2018 sur les presses
de Laballery, à Clamecy. Nº d'impression 804008.
Assistante d'édition : Marie-Mathilde Bortolotti
Design : Yoann De Roeck

127 avenue Ledru-Rollin 75011 Paris
ISBN : 979-1096681-13-6
dépôt légal mai 2018